Plano de Recuperação Judicial

Plano de Recuperação Judicial

2ª Edição · 2021

Cinira Gomes Lima Melo

ALMEDINA

PLANO DE RECUPERAÇÃO JUDICIAL
2ª EDIÇÃO

AUTORA: Cinira Gomes Lima Melo

DIRETOR ALMEDINA BRASIL: Rodrigo Mentz
EDITORA JURÍDICA: Manuella Santos de Castro
EDITOR DE DESENVOLVIMENTO: Aurélio Cesar Nogueira
ASSISTENTES EDITORIAIS: Isabela Leite e Larissa Nogueira

DIAGRAMAÇÃO: Almedina
DESIGN DE CAPA: FBA
ISBN: 9786556273907
Dezembro, 2021

Dados Internacionais de Catalogação na Publicação (CIP)
(Câmara Brasileira do Livro, SP, Brasil)

Melo, Cinira Gomes Lima
Plano de recuperação judicial / Cinira Gomes Lima
Melo. -- 2. ed. -- São Paulo : Almedina, 2021.

Bibliografia.
ISBN 978-65-5627-390-7

1. Atividade econômica 2. Crises financeiras
3. Devedor e credor 4. Direito empresarial
5. Falências - Leis e legislação - Brasil
6. Recuperação judicial (Direito) - Leis e
legislação - Brasil 7. Risco 8. Segurança jurídica
I. Título.

21-85772 CDU-347.736(81)

Índices para catálogo sistemático:

1. Recuperação judicial empresarial : Direito comercial 347.736(81)
Cibele Maria Dias - Bibliotecária - CRB-8/9427

Este livro segue as regras do novo Acordo Ortográfico da Língua Portuguesa (1990).

EDITORA: Almedina Brasil
Rua José Maria Lisboa, 860, Conj.131 e 132, Jardim Paulista | 01423-001 São Paulo | Brasil
editora@almedina.com.br
www.almedina.com.br

AGRADECIMENTOS

Ao meu orientador, Professor Doutor Manoel de Queiroz Pereira Calças, pelos fundamentais ensinamentos e pela generosidade com que sempre me acolheu.

Aos Professores Doutores Marcus Elidius Michelli de Almeida e Sérgio Seiji Shimura pelas orientações prestadas no exame de qualificação que muito contribuíram para a conclusão deste trabalho.

Ao Professor Doutor Manoel Justino Bezerra Filho, grande mestre do Direito Falimentar que, com o seu enorme coração, além de participar da minha banca examinadora de doutoramento, me recebeu de braços abertos na Universidade Presbiteriana Mackenzie e, ainda, me concedeu o presente de escrever o prefácio desse livro.

Ao Professor Doutor Carlos Alberto Garbi pelo convívio na docência com preciosos ensinamentos que, desde o mestrado, me acompanham e amparam minha pesquisa acadêmica.

À Professora Doutora Rosemarie Adalardo Filardi, com gratidão pelos anos de aprendizado como sua monitora e pela contínua parceria, muito importantes para a minha formação docente.

Ao Professor Doutor Fábio Ulhoa Coelho, meu professor desde a especialização, que abrilhantou minha banca de doutoramento com a sua gentil presença e relevantes considerações.

NOTA À 2ª EDIÇÃO

O estudo do Direito da Insolvência está presente na minha vida há quase vinte anos. Passei pelo Decreto-lei nº 7.661/1945, durante a faculdade de Direito e os primeiros anos de atuação profissional. Acompanhei, atentamente, a chegada da Lei nº 11.101/2005 e o desenrolar de sua aplicação nos tribunais, até que recebi, com surpresa, as novidades trazidas pela Lei nº 14.112/2020. Embora as mudanças tenham sido amplamente divulgadas, é sempre um desafio desbravar novos caminhos, especialmente, diante do atual cenário social e econômico.

Nesse contexto, surgiu a necessidade de atualizar esta obra. O "Plano de Recuperação Judicial" é um tema fundamental ao estudo do Direito da Insolvência e sobre ele me debrucei por mais de quatro anos, durante o doutorado na Pontifícia Universidade Católica de São Paulo, sob a orientação do querido Prof. Dr. Manoel de Queiroz Pereira Calças. Agora, cabe o desafio de estudá-lo à luz das novas disposições trazidas pela recente reforma legislativa.

Importante lembrar que, desde o lançamento da primeira edição desta obra, além da mencionada reforma, tivemos o advento da Lei nº 13.874/2019, Lei da Liberdade Econômica que, ao inaugurar a Declaração de Direitos de Liberdade Econômica, com normas de proteção à livre iniciativa e ao livre exercício de atividade econômica, impactou diretamente no estudo da Falência e da Recuperação de Empresas.

A natureza contratual do Plano de Recuperação Judicial parece incontroversa e traz consigo a possibilidade das partes – devedores e credores, coletivamente – buscarem as mais variadas soluções para a crise do empresário ou da sociedade empresária no caso concreto.

Por isso, variadas também são as questões levadas ao Poder Judiciário quando se trata de avaliar a legalidade do plano aprovado ou rejeitado pelos credores, questões que vão desde a legalidade dos negócios pretendidos pelas partes, tais como, alienação de Unidades Produtivas Isoladas, busca de novos financiamentos pelo devedor, aos aspectos societários e até inter-relacionados ao Direito Público, como nos casos de atividades econômicas reguladas pelo Estado. Tudo isso sem falar nas questões tributárias que, apesar de não serem objeto de negociação, também são relevantes para o sucesso do processo de Recuperação Judicial.

A reforma da Lei nº 14.112/2020 trouxe, ainda, a possibilidade dos credores apresentarem Plano Alternativo ao proposto pelo devedor caso este não seja apreciado durante o *stay period* ou seja rejeitado pelos credores em assembleia, o que, por si só, representa mais um grande desafio para aqueles que atuam na área.

Assim, nesta 2ª edição, insisto na tentativa de sistematizar o estudo de legalidade do Plano de Recuperação Judicial sob a ótica da Escada Ponteana, de Pontes de Miranda, que classifica os negócios jurídicos segundo as condições de existência, validade e eficácia, agora considerando as novas regras introduzidas pela reforma legislativa e os preceitos instituídos pela Lei da Liberdade Econômica.

Desbravo essa nova jornada sem a pretensão de esgotar o tema ou de responder a todas as perguntas, mas com a intenção de contribuir para o estudo do Direito da Insolvência, fundamental para o tratamento jurídico da crise da empresa.

São Paulo, setembro de 2021.

PREFÁCIO

Neste mundo do estudo de instituições do direito empresarial, necessariamente frio e objetivo por força do próprio tipo de raciocínio exigido para o exercício de qualquer atividade jurídica, várias vezes a gente encontra manifestações que sensibilizam de maneira tocante. Uma destas situações ocorre quando o autor (no caso, a autora), vem pedir que você faça o prefácio do livro que está lançando. Quem já escreveu um livro sabe que o autor o vê quase como um filho, com o amor paternal (no caso, maternal) que se dedica àquilo que é o resultado do próprio amor, da inteira dedicação. E pedir que você faça o prefácio, quase corresponde a pedir que você seja o primeiro a ver o filho e mais, que você seja o primeiro a ter um contato mais direto com ele, para apresentá-lo ao mundo externo, para dizer quem está vindo. É assim que reajo, com emoção, sempre que alguém me pede para escrever o prefácio.

Com a minha querida amiga Cinira, é assim que me sinto, porém de forma especial, porque além de ter participado de sua banca de doutorado na PUC de São Paulo, tenho o privilégio de tê-la como colega no magistério da Universidade Presbiteriana Mackenzie, confesso que já com uma ponta de ciúme. Ela leciona recuperação e falência, entre outras matérias e, apesar de seu pouco tempo (pelo menos relativamente à minha senectude lá), já é considerada pelos alunos uma das mais queridas professoras desta matéria. Daí a minha santa inveja e, ao mesmo tempo, a minha alegria de confirmar mais uma vez que, por onde passa, a Cinira conquista os corações e as mentes.

Este livro é o resultado da tese de doutoramento da autora, sob o título "O Plano de recuperação judicial como negócio jurídico plurilateral: a análise da existência, da validade e da eficácia", elaborada sob a orientação do meu grande amigo e extraordinária pessoa humana, um dos mais profundos conhecedores da atual Lei de Recuperação e Falências, a LREF, Manoel de Queiroz Pereira Calças, hoje Presidente do Tribunal de Justiça de São Paulo, banca composta também pelos igualmente brilhantes doutores e diletos amigos, Carlos Alberto Garbi, Fábio Ulhoa Coelho e Rosemarie Adalardo Filardi. Como não poderia ser diferente, após a brilhante apresentação de sua exposição oral sobre o texto e após os questionamentos dos componentes da banca (questionamentos sempre cordiais por parte dos examinadores e sempre assustadores para os examinados), a tese foi aprovada com distinção e agora vem a lume, cumprindo a meta que a universidade sempre visa, ou seja, propiciar a expansão do conhecimento científico.

Este detalhamento da pesquisa necessária para a elaboração de uma tese, apresenta-se especialmente necessário neste campo de recuperação e falência, por força da jovem Lei 11.101, de 9.2.2005, ainda sob acesa discussão, não só pela sua constante aplicação nos foros judiciais, ante a pesada crise econômica que o País atravessa, como também por força de sua incompletude. O termo incompletude é adequado para dizer o mínimo sobre os defeitos da lei, aprovada às pressas, depois de ter sido discutida durante 12 anos, de 1993 a 2005, aprovação que se deu sob a sufocante pressão do capital financeiro, nacional e internacional. Além dos defeitos inerentes à sofrível qualidade da lei, que deu ensejo à criação de travas (bancárias, fiscais, societárias) que dificultam sobremaneira o atingimento dos fins visados, trata-se de lei que se imbrica com quase todos os demais campos da legislação, a exigir constante estudo, verdadeiramente holístico, do campo legislativo. E a par de tudo isto, a novidade para a qual as atenções se voltam, por se tratar do verdadeiro motor central, peça decisiva para o sucesso (ou não) do projeto de preservação da sociedade empresária, qual seja, o plano de recuperação. E sobre o plano de recuperação, a permanente discussão para se fixar o papel exato do poder jurisdicional na apreciação do plano, se amplo, se limitado aos aspectos da legalidade, se passível de inferência em aspectos de natureza econômica.

E é a delimitação desta questão que este livro objetiva, ao perscrutar com profundidade o plano apresentado nos autos, à luz dos clássicos elementos de análise do negócio jurídico, ou seja, existência, validade e eficácia. Antes porém, como é recomendável em todo início de estudo, a autora traz uma preciosa análise histórica da crise das empresas, com o exame a partir de institutos do Direito Romano, para caminhar em direção às legislações da Europa, desaguando no Código Comercial de 1850 e no Decreto-lei 7.661, de 1945, até aportar na lei hoje em vigor e que introduziu em nosso sistema a recuperação judicial, antes desconhecida em nosso meio, pelo menos com este tipo moderno de roupagem. No exame da atual lei, a autora se preocupa em identificar seus objetivos e princípios a partir de uma visão bastante abrangente, para logo em seguida detalhar a sujeição dos credores ao procedimento da recuperação, como também examinar o próprio sistema de andamento de tal procedimento.

Só depois de trazer todos estes elementos para a compreensão mais ampla da matéria, é que a autora passa a centrar seu exame na verificação da natureza jurídica do plano de recuperação, com a análise de sua existência, validade e eficácia. Logo após, parte então para a análise da angustiante questão sobre o limite da intervenção judicial no conteúdo do plano, questão que atormenta tanto os advogados quanto juízes e tribunais, no afã de trazer segurança jurídica para este ponto.

Aplicando então todos os conceitos trabalhados ao plano de recuperação, conclui que sua aprovação torna-o existente, para em seguida verificar sua validade e ressaltar os diversos casos de nulidade integral ou de algumas de suas disposições, tais como: infringência às disposições do artigo 104 do CC, fraudes à LREF ou qualquer outra disposição legal, bem como diversas outras situações possíveis de levar a tal resultado de nulidade. Na vertente da eficácia, examina quem são os credores sujeitos (ou não) à recuperação, bem como a possibilidade de subordinação desta eficácia a condições ou termos do plano.

Constatada, corretamente na obra, ser tarefa árdua esta do controle da legalidade do plano, lembra que é trabalho que só pode ser bem concluído com minuciosa análise de cada plano apresentado. Afirma ser indispensável, porém tal tipo de intervenção judicial para que se encaminhem todos, devedor e credores, em direção ao verdadeiro objetivo da lei, ou seja, a recuperação e a preservação da sociedade empresária viável, necessária para tanto a consistência do plano sob o aspecto econômico, bem como sua submissão ao princípio da legalidade, este a ser fixado pela atividade jurisdicional. Apesar de árdua, esta tarefa de controle "pode ser concretizada à luz da tricotomia existência-validade-eficácia, adotada por Pontes de Miranda", como afirma o texto ao propiciar segura indicação do caminho a ser trilhado.

Querida amiga Cinira Gomes Lima Melo, muito obrigado pelo honroso convite para o prefácio e parabéns pela obra, bússola a permitir o encaminhamento correto do pensamento para a instigante questão dos limites do controle da legalidade do plano pelo poder jurisdicional.

São Paulo, setembro de 2019

MANOEL JUSTINO BEZERRA FILHO
Desembargador aposentado. Advogado na área de consultoria.
Professor de Direito Comercial da Universidade Presbiteriana Mackenzie e da Escola Paulista de Magistratura. Mestre e Doutor pela Universidade de São Paulo

SUMÁRIO

Introdução

A atividade econômica é um dos pilares da ordem econômica constitucional, sendo assegurado a todos o seu livre exercício. Isto se justifica em razão dos benefícios que tal atividade traz à sociedade, desde o emprego dos trabalhadores, arrecadação de tributos pelo Estado, estímulo à livre concorrência, circulação de riquezas, dentre outros.

É incontroverso que toda atividade econômica envolve um risco inerente que deve ser assumido por aquele que se dispõe a exercê-la, ocasionando, por vezes, o que se denomina "crise da empresa"

A Lei nº 11.101/2005, buscando meios para superação dessa crise da empresa, estabeleceu os institutos da recuperação judicial e extrajudicial, determinando os sujeitos, os créditos, os efeitos e procedimentos que podem ser utilizados pelos empresários e sociedades empresárias na tentativa de superação da crise.

Dessa forma, o estudo do tratamento jurídico da crise da empresa é tema relevante, especialmente, no que tange aos seus impactos econômicos e sociais, em razão da necessidade de se estabelecer segurança jurídica a todos os agentes envolvidos na atividade econômica: os empreendedores, os trabalhadores, os consumidores e o Estado.

Assim, a presente pesquisa aborda o plano de recuperação judicial, ou seja, o instrumento por meio do qual o devedor, no processo de recuperação judicial, apresenta os meios que julga adequados para superação da crise.

O objetivo é o estudo do plano de recuperação judicial, notadamente, o seu conteúdo e limites legais, para compreender os elementos de existência, os requisitos de validade e os fatores de eficácia.

Para tanto, o primeiro capítulo aborda a evolução histórico-legislativa do direito recuperacional e falimentar, trazendo os fundamentos que culminaram na adoção do sistema de recuperação de empresas vigente.

No segundo capítulo, realizamos o estudo do instituto da recuperação judicial de acordo com a Lei nº 11.101/2005 com as alterações trazidas pela Lei nº 14.112/2020. São abordados os objetivos, os princípios basilares do instituto, o devedor sujeito à recuperação judicial, a competência, os créditos sujeitos, bem como, uma síntese do procedimento estabelecido pela legislação vigente.

Quanto aos aspectos processuais, são estudados os legitimados para o pedido de recuperação judicial, os requisitos da petição inicial, a decisão que defere o processamento e seus efeitos, o administrador judicial e a verificação dos créditos.

Ainda, tratamos da decisão concessiva da recuperação judicial, bem como do cumprimento e das consequências do descumprimento das obrigações assumidas no plano de recuperação judicial pelo devedor.

No terceiro capítulo, inicia-se o estudo da natureza jurídica do plano de recuperação judicial, momento em que são abordados: o conceito, o conteúdo, a natureza jurídica, a forma de apresentação, objeção dos credores e o sistema jurisdicional de aprovação, com a manifestação expressa ou tácita dos credores, além do instituto do *cram down,* bem como a possibilidade de apresentação de plano de recuperação judicial pelos credores.

Por fim, analisamos os aspectos relevantes sobre a existência, a validade e a eficácia do plano de recuperação judicial.

O plano de recuperação judicial é constituído a partir da manifestação das vontades dos credores e do devedor e está sujeito ao controle jurisdicional de legalidade. Por isso, relevante a análise da sua natureza e os limites do seu conteúdo como forma de nortear as partes – devedor e credores – no momento da sua discussão e aprovação nos autos do processo de recuperação judicial.

Não pretendemos aqui tratar das peculiaridades que envolvem a assembleia geral de credores, como as relacionadas aos eventuais problemas decorrentes da sua convocação ou dos votos proferidos pelos credores. A abordagem será centrada no conteúdo da proposta apresentada pelo devedor.

O estudo foi realizado à luz da doutrina e da jurisprudência dominantes, de forma a sistematizar as hipóteses objeto de julgamento pelos tribunais dentro desses três vetores basilares do negócio jurídico: existência, validade e eficácia.

Assim, tentamos estabelecer os elementos de existência, os requisitos de validade e os fatores de eficácia a ele aplicáveis, estudando-se os precedentes jurisprudenciais, especialmente as cláusulas e disposições objeto de julgamento, como hipóteses que atendam ou ofendam tais preceitos, bem como, as consequências do reconhecimento de vícios ou abusos eventualmente contidos no plano pelo Poder Judiciário.

A pesquisa foi construída à luz dos princípios basilares da recuperação judicial elencados no artigo 47 da LFR: a preservação da empresa e sua função social, bem como, contempla as alterações introduzidas pela Lei nº 14.112/2020.

Entendemos que o estudo dos interesses envolvidos no processo de recuperação de empresas e os limites de cada um deles é essencial na busca de equilíbrio necessário e pretendido pela Lei nº 11.101/2005.

1. Aspectos Históricos do Direito Recuperacional e Falimentar

1.1. Falência

1.1.1. Do direito romano às codificações europeias

O fundamento do conceito de falência e recuperação de empresas está na existência do crédito, ou seja, na possibilidade de se prorrogar os pagamentos. Waldemar Ferreira, ao tratar das cautelas para o estabelecimento comercial, ensina que:

> (...) Fazendo as despesas primeiras a fim de instalar o estabelecimento e sorti-lo convenientemente: pondo-o em atividade – proceda com prudência, sempre atento ao fluxo e ao refluxo das entradas e saídas de dinheiro, para que o tenha sempre em caixa, no tanto quanto o suceder de seus pagamentos reclame. Não é isso apenas matéria de contabilidade.
>
> Quem compra a dinheiro para vender a dinheiro, realiza logo o lucro esperado. Ademais dos descontos usuais nas operações à vista, o suceder dos negócios em moeda aglutina os lucros. Nem sempre assim pode ser. Infiltra-se o tempo em tudo, irresistivelmente, tantas as seduções, que o crédito oferece. No comprar. No vender.
>
> Adquirindo a crédito, dispõe o comprador de prazo, mais ou menos longo, para pagar o preço. O tempo, porém, é dinheiro. O uso do dinheiro alheio compensa-se com juros proporcionais.[1]

A partir da dinâmica descrita por Waldemar Ferreira, presente na vida de todo aquele que exerce atividade econômica, surge o risco ine-

[1] *Tratado de direito comercial.* São Paulo: Saraiva, 1965. v. 14º, p. 1-2.

rente de não conseguir cumprir com as obrigações assumidas. A consequência do descumprimento das obrigações foi regulada pelo Direito Romano.

Clóvis Beviláqua ensina que na vigência da Lei das XII Tábuas, assim era o procedimento adotado com o devedor insolvente:

> (...) Estabelecida judicialmente, a insolvência do devedor, podia o credor amarrá-lo ou metê-lo a ferros, não tendo que fornecer-lhe, para sustento, mais de uma libra de farinha por dia. Se, passado o tríduo do mercado, o infeliz não arranjava meios com que saldar suas contas, podia ser morto ou vendido além Tibre, não havendo fraude, se na hipótese de muitos credores, não fôssem as postas do cadáver proporcionais ao débito, como previne, com fia a sarcástica dureza, o velho código decenviral: *partis secanto; si plus minusve secuerint ne fraude esto.*[2]

Waldemar Ferreira explica que, decorridos os trinta dias do julgamento, o credor poderia, por meio da *legis actio per manus injectionem*, arrestar a pessoa do devedor e adjudicá-lo. A partir disso, o devedor teria sessenta dias para pagar ou conseguir alguém que pagasse sua dívida. Findo o prazo, o credor podia vendê-lo. Havendo mais de um credor, seria realizada a partilha entre eles.[3]

Observe-se que, no Direito Romano, não havia distinção entre devedor comerciante e não comerciante. Quando havia mais de um credor, determinava a lei que as partes fossem repartidas entre eles.

Sampaio de Lacerda[4] ressalta que a interpretação da *partis secanto* deu margem a divergências. Isto porque alguns afirmam que se partia o cadáver, outros que se partia o preço apurado com a venda do cadáver. De qualquer forma, a responsabilidade pela obrigação era pessoal, ou seja, o devedor deveria cumprir sua obrigação com o seu próprio corpo.

Em 428 a.C. surgiu a *Lex Poetelia Papiria* que pôs fim à responsabilidade pessoal do devedor, substituindo tal conceito pela ideia de responsabilidade patrimonial.

[2] *Direito das obrigações*. 8. ed. revista e atualizada por Achilles Bevilaqua. Rio de Janeiro: Editora Paulo de Azevedo, 1954, p. 37.

[3] *Tratado de direito comercial*. São Paulo: Saraiva, 1965. v. 14º, p. 6-7.

[4] LACERDA, J. C. Sampaio de. *Manual de direito falimentar*. 14. ed. rev. e atual. por Jorge de Miranda Magalhães. Rio de Janeiro: Freitas Bastos, 1999, p. 40.

Rubens Requião[5] ensina que foi instituída a *bonorum venditio*, sistema pelo qual os bens do executado eram alienados a uma pessoa que, recebendo-os, se obrigava a pagar os credores de acordo com um rateio proporcional para satisfação dos créditos. Alerta o autor que essa prática fez surgir muitas fraudes, razão pela qual, foi substituída pela *missio in bona.*

A *missio in bona* permitia ao credor imitir-se na posse do patrimônio do devedor, sob a fiscalização do pretor, o que somente era deferido mediante a confissão do devedor, sua ausência ou fuga. Após, ocorria a venda dos bens para pagamento dos créditos pela *bonorum venditio.* Nela se encontram as primeiras linhas do instituto da falência.[6]

Waldemar Ferreira explica que era determinada a publicação de um edital, afixado em lugares públicos, dando a oportunidade para que algum parente ou amigo do devedor viesse em seu auxílio. No silêncio, os credores eram convocados pelo pretor e elegiam o *magister*, responsável pela venda dos bens em bloco e o pagamento dos credores.[7]

Em 737 a.C. surgiu a *Lex Julia* com o intuito de estabelecer procedimento diferenciado para o caso de insolvência de devedor de boa-fé. De acordo com essa norma, o devedor insolvente, mas de boa-fé, abandonava o seu patrimônio aos credores para saldar suas dívidas. Os bens eram entregues ao *curator* que ficava responsável pela venda e partilha entre os credores, que eram classificados segundo determinação do magistrado.

Sampaio de Lacerda ressalta que, de acordo com a *Lex Julia*, ficava reservada certa parte dos bens do devedor para atender às suas necessidades para viver, era o chamado *beneficium competentiae.*[8]

Waldemar Ferreira ensina que a origem dos conceitos de *par conditio creditorum* e massa falida surgiram desse procedimento.[9]

Rubens Requião, por sua vez, afirma que esse instituto inspirou a criação da concordata preventiva da falência.[10]

[5] *Curso de direito falimentar.* 17. ed. atual. São Paulo: Saraiva, 1998, v. 1, p. 8.

[6] *Curso de direito falimentar.* 17. ed. atual. São Paulo: Saraiva, 1998, v. 1, p. 9.

[7] *Tratado de direito comercial.* São Paulo: Saraiva, 1965. v. 14º, p. 8.

[8] *Manual de direito falimentar.* 14. ed. rev. e atual. por Jorge de Miranda Magalhães. Rio de Janeiro: Freitas Bastos, 1999, p. 41.

[9] *Tratado de direito comercial.* São Paulo: Saraiva, 1965. v. 14º, p. 9.

[10] Ensina Requião: Sentimos nessa dissertação, colhida em vários autores, a real e direta influência que o direito romano exerceu, através das instituições medievais que o acolhe-

Na Idade Média surgem as primeiras normas do direito comercial, originadas dos usos e costumes e das decisões dos juízes consulares. Dentre elas, regras para regular a insolvência do devedor, comerciante e não comerciante. A insolvência era tida como um crime e, assim, sujeitava o devedor à prisão e penas das mais severas.[11]

Na Itália, se estabeleceram regras sobre a falência. Em Florença, em 1286, a falência era equiparada aos maiores crimes. Além do falido, a sua mulher e seus filhos eram presos até a liquidação da dívida.[12] Em Milão e Bolonha, o devedor era excluído de todo e qualquer benefício se não pagasse sua dívida em um ano.

Na França, por sua vez, o devedor era obrigado a usar o "boné verde dos forçados", para que não fosse esquecido pela comunidade.[13]

Rubens Requião explica que os historiadores registram duas formas de execução do devedor insolvente. No caso de ocultação ou fuga, se expedia o primeiro decreto do cônsul, de cognição sumária, chamado de *missio in bona*, através do qual, os credores assumiam a custódia do patrimônio do devedor. Caso o devedor não liquidasse suas obrigações, era expedido um segundo decreto. Assim, classificavam-se os credores, nomeava-se o *curator bonorum* que administrava e vendia os bens para posterior rateio entre os credores.[14]

Ressalta o autor que, em algumas legislações, vigorava a regra de que o primeiro credor a se manifestar teria prioridade no pagamento, mas tal regra não prevaleceu, dando preferência ao princípio romano da *par conditio creditorum*.[15]

ram em grande parte, no direito moderno. O desapossamento dos bens do devedor, a concorrência dos credores disputando a preferência ou rateio, a arrecadação dos bens postos sob a administração do *magister* ou *curator* (síndico), a venda pública dos bens sob supervisão do magistrado e tantos outros procedimentos, são técnicas de direito substancial e de direito formal, que perduram nos modernos processos de falência. (*Curso de direito falimentar.* 17. ed. atual. São Paulo: Saraiva, 1998, v. 1, p. 10).

11 REQUIÃO, Rubens. *Curso de direito falimentar.* 17. ed. atual. São Paulo: Saraiva, 1998, v. 1, p. 10.

12 FERREIRA, Waldemar. *Tratado de direito comercial.* São Paulo: Saraiva, 1965. v. 14º, p. 15.

13 LACERDA, J. C. Sampaio de. *Manual de direito falimentar.* 14. ed. rev. e atual. por Jorge de Miranda Magalhães. Rio de Janeiro: Freitas Bastos, 1999, p. 42-43.

14 *Curso de direito falimentar.* 17. ed. atual. São Paulo: Saraiva, 1998, v. 1, p. 11.

15 *Curso de direito falimentar.* 17. ed. atual. São Paulo: Saraiva, 1998, v. 1, p. 11.

Fundamental é a observação de Waldemar Ferreira que salienta o interesse público do procedimento, já que cabia ao Estado conduzir a arrecadação, venda e partilha dos bens do falido:

> (...) Não era em virtude de direito próprio dos credores, mas de acôrdo com idéia de alta tutela do Estado, que o devedor se desapossava de seus bens. Não podia ter essa tutela outro fim senão o de atender aos credores; mas essa finalidade não afastara o caráter eminentemente público do instituto. Não se tratava apenas de direito dos credores a efetivar-se pela tomada de bens do devedor a fim de reduzir-se a dinheiro, mas de direito do Estado, exercitando com aquêle objetivo.[16]

Com o passar dos anos, observa-se que as legislações passam a distinguir, como no direito romano, a falência fraudulenta da falência de boa-fé.

Nesse sentido, a Bula do Papa Pio IV, de 3 de novembro de 1570, pronunciava pena de morte aos *bancarroteiros fraudulentos* e penas graves aos que quebrassem por *negligência, por luxo, por prodigalidade ou para satisfazer a seus caprichos.*[17]

Em Portugal, desde as Ordenações Afonsinas, em 1446, a falência foi tratada com penas severas. Previa que "(...) *não pagando o devedor no tempo prometido e sendo por isso condenado judicialmente ao pagamento, sem em tal caso o devedor andasse com burla, escondesse ou bens ou os alienasse, com o fim de não satisfazer a dívida, havendo todavia por onde, seria êle detido e preso na cadeia, até que pagasse, a menos que o credor quisesse que não o prendessem.*"[18]

Apesar da regra ser a prisão, as Ordenações Afonsinas admitiam as moratórias concedidas pelo Rei, desde que o pagamento ficasse assegurado por fiança idônea e houvesse fundamento justo e evidente, alegado pelo devedor, para a concessão.[19]

Em 1521, as Ordenações Afonsinas foram revistas por ordem do Rei D. Manuel, razão pela qual, passaram-se a se chamar Ordenações Manuelinas. Nelas também havia regras para tratar da falência, prevalecendo a regra da prioridade do primeiro crédito exequendo, ou seja,

[16] *Tratado de direito comercial.* São Paulo: Saraiva, 1965. v. 14º, p. 13.

[17] FERREIRA, Waldemar. *Tratado de direito comercial.* São Paulo: Saraiva, 1965. v. 14º, p. 18.

[18] FERREIRA, Waldemar. *Tratado de direito comercial.* São Paulo: Saraiva, 1965. v. 14º, p. 20.

[19] FERREIRA, Waldemar. *Tratado de direito comercial.* São Paulo: Saraiva, 1965. v. 14º, p. 21.

sendo declarado falido ou quebrado (nomenclatura adotada por essas Ordenações), o devedor era preso até que lhe pagassem suas dívidas e o valor era partilhado entre os credores, priorizando-se o que primeiro executou.[20]

Admitia-se, porém, a cessão de bens do devedor que confessasse a sua insolvência, hipótese em que, entregava todos os seus bens aos credores, deixando a ele somente "*os vestidos, que a esse tempo tiver vestido, com tanto que não sejam de muito valor.*"[21]

Nas Ordenações Filipinas de 1603, o falido ainda era considerado um criminoso que deveria ser rigorosamente punido. Impunha-se ao mercador falido a inabilitação para o exercício do comércio. Nelas, fixaram-se as linhas do processo falimentar, com a introdução de institutos, tais como o da habilitação de créditos, da concordata majoritária e do sequestro geral do patrimônio do devedor.[22]

Em 1756, ainda na vigência das Ordenações Filipinas, sob a égide de Marquês de Pombal, foi promulgado o Alvará de 13 de novembro que alterou tais Ordenações. Nele se distinguiam a falência dolosa, culposa e inocente. A falência dolosa era a fraudulenta, considerada crime e punida com pena de morte. Rubens Requião transcreve a redação legal, elencando as modalidades de fraude na quebra:]

> Porquanto alguns Mercadores quebrão de seus tratos, levantandose com mercadorias, que lhe foram fiadas, ou dinheiro que tomarão a cambio, e se ausentão, e escondem suas fazendas, de maneira que delas se não pode ter noticia; e outros poem seus créditos em cabeça alheia; e para alegarem perdas, fazem carregaçoens fingidas: querendo Nós provaer, como os taes enganos, e roubos, e outros semelhantes se não fação: ordenamos, e mandamos, que os Mercadores e Cambiadores, ou seus Feitores, que se levantarem com mercadorias alheias, ou dinheiro, que tomaram a cambio, ausentandose do lugar, onde forma moradores, e esconderes seus livros Razão, levando comsigo o dinheiro, que tiverem, ou passando-o por Letras a outras partes, e esconderem a dita fazenda em parte de que se não saiba, assim neste Reyno, como fora dele, ou por qualquer outro modo a encobrirem; sejão havidos

[20] Requião, Rubens. *Curso de direito falimentar.* 17. ed. atual. São Paulo: Saraiva, 1998, v. 1, p. 15.

[21] Ferreira, Waldemar. *Tratado de direito comercial.* São Paulo: Saraiva, 1965. v. 14º, p. 23.

[22] Ferreira, Waldemar. *Tratado de direito comercial.* São Paulo: Saraiva, 1965. v. 14º, p. 25.

> por públicos ladroens, roubadores, e castigados com as mesmas penas, que por nossas Ordenaçoens, e Direito Civil, os ladorens públicos se castigão, e percão a Nobreza, e liberdades, que tiverem para não haverem pena vil.[23]

A falência considerada culposa era aquela em que os comerciantes perdiam seus bens, jogando ou gastando demasiadamente. Nessa hipótese, sofreriam as mesmas penas, mas não seriam equiparados aos ladrões públicos, nem condenados à pena de morte.[24]

A falência inocente era aquela vivida por comerciantes que sofriam grandes perdas vindas do mar ou em terra, não se constatando dolo ou malícia, hipótese em que não seriam punidos criminalmente.[25]

Além do procedimento criminal para a falência culposa e fraudulenta, o Alvará estabelecia o procedimento para liquidação do patrimônio do comerciante insolvente. Deveria o comerciante inocente procurar a Junta do Comércio e confessar a sua falência, entregando as chaves de seu estabelecimento, os seus bens e os livros. A Junta nomearia um de seus deputados para inventariar os bens do falido e vendê-los, partilhando o resultado entre os credores. Com o pagamento da dívida, o falido poderia *ressuscitar*, como uma *nova pessoa*.[26]

Após o julgamento, caso se verificasse tratar de falência fraudulenta ou culposa, a falência era remetida ao Juiz Conservador do Comércio que mandava prender o devedor.

Na França, em 1673, surge a Ordenação que tratava da falência. Tal norma foi substituída pelo Código Comercial de Napoleão, de 1807-1808, que dividia os falidos em três categorias: os que faliam por desgraça, que mereciam a proteção legal; os que faliam por incontinência, que deveriam ser corrigidos, e os que faliam por fraude, que deveriam ser julgados pela Justiça Criminal.[27] Em 1838 e 1889, houve reforma na legislação falimentar, no sentido de abrandar as penas impostas ao

[23] Requião, Rubens. *Curso de direito falimentar.* 17. ed. atual. São Paulo: Saraiva, 1998, v. 1, p. 17.

[24] Requião, Rubens. *Curso de direito falimentar.* 17. ed. atual. São Paulo: Saraiva, 1998, v. 1, p. 17.

[25] Requião, Rubens. *Curso de direito falimentar.* 17. ed. atual. São Paulo: Saraiva, 1998, v. 1, p. 17-18.

[26] Ferreira, Waldemar. *Tratado de direito comercial.* São Paulo: Saraiva, 1965. v. 14º, p. 26-28.

[27] Ferreira, Waldemar. *Tratado de direito comercial.* São Paulo: Saraiva, 1965. v. 14º, p. 31-32.

falido, considerando as hipóteses de falência decorrente da ausência de adaptação ao progresso econômico.[28]

1.1.2. No Brasil: do Código Comercial de 1850 ao Decreto-lei nº 7.661/45

No período colonial, vigoraram no Brasil as regras estabelecidas pelas normas vigentes em Portugal. Assim, a falência era regida pelas Ordenações. Mesmo com a independência, por força da Lei de 20 de outubro 1823, as Ordenações continuaram vigentes em nosso território, com a ressalva estabelecida pela Lei da Boa Razão, o Alvará de 18 de agosto de 1769, que mandava aplicar, de forma subsidiária, as leis das *nações cristãs, iluminadas e polidas*. Desse fato justifica-se a influência do Código Comercial de Napoleão no direito falimentar brasileiro.[29]

A Constituição do Império, de 1824, previa a criação de legislação civil e criminal. O Código Criminal foi promulgado em 1830 e tratava dos crimes falimentares que seriam qualificados pela lei do comércio.[30]

Assim, em 1850, foi promulgado o Código Comercial, primeira legislação brasileira a tratar da atividade comercial e do comerciante. Era dividido em três partes: a primeira tratava do Comércio em geral; a segunda, do Comércio Marítimo; a terceira, por sua vez, se intitulava "Das Quebras" e tinha por objeto o tratamento da falência. O processo de falência era regulado pelo Decreto nº 738, de 25 de novembro 1850.

De acordo com o artigo 797 do Código Comercial: "(...) *todo o comerciante que cessa os seus pagamentos, entende-se quebrado ou falido.*"

O Código Comercial tratava ainda da concordata, na sua modalidade suspensiva, ou seja, uma modalidade de moratória que poderia ser requerida pelo devedor durante o processo de falência.

Inspirado no Código Comercial francês, foi instituído no Brasil o contrato de união, por meio do qual, os credores dispunham em conjunto sobre a forma de liquidação do passivo. Rubens Requião explica que, após a instrução do processo, os credores eram reunidos em duas

[28] LACERDA, J. C. Sampaio de. *Manual de direito falimentar.* 14. ed. rev. e atual. por Jorge de Miranda Magalhães. Rio de Janeiro: Freitas Bastos, 1999, p. 43-44.

[29] LACERDA, J. C. Sampaio de. *Manual de direito falimentar.* 14. ed. rev. e atual. por Jorge de Miranda Magalhães. Rio de Janeiro: Freitas Bastos, 1999, p. 45.

[30] LACERDA, J. C. Sampaio de. *Manual de direito falimentar.* 14. ed. rev. e atual. por Jorge de Miranda Magalhães. Rio de Janeiro: Freitas Bastos, 1999, p. 45.

assembleias: na primeira, o magistrado trazia um relatório sobre o estado da falência e exibia a relação de credores, oportunidade em que se nomeava uma comissão para realizar a verificação dos créditos; a segunda, finalizava-se a consolidação da lista de credores e, havendo pedido do devedor, deliberavam sobre a concordata.[31]

Em 1864, por força da falência da Casa Bancária Vieira Souto, se estabeleceu o sistema de liquidação dos estabelecimentos bancários.[32]

Em 1882, por meio do Decreto Legislativo nº 3065, se instituiu a concordata preventiva que será abordada no próximo item deste trabalho.

Importante mencionar a crítica formulada por Waldemar Ferreira: "(...) *O de 1850, acolhido pelo comércio com esperanças, demonstrou-se, com o tempo, lento, complicado, dispendioso, a importar sempre na ruína do falido e no sacrifício dos credores.*"[33]

Nasceu então, a necessidade de reforma na legislação. Assim, Carlos Augusto de Carvalho foi indicado para elaborar um projeto de uma nova lei de falência no prazo mais curto possível. Cumpriu a missão em quatorze dias e em 24 de outubro de 1890, foi promulgado o Decreto nº 917 que derrogou o Código Comercial de 1850, na parte III, bem como, revogou o Decreto nº 738, de 1850.

Dentre as principais mudanças, estavam a instituição da impontualidade como forma de caracterização do estado de falência, desde que não houvesse relevante razão de direito, e a figura do síndico, nomeado pelo juiz, entre os credores do falido. Somente em caso de absoluta falta de credores é que se nomeariam pessoas estranhas.[34] Manteve-se, mesmo sob duras críticas, o contrato de união entre os credores.[35]

Infelizmente, grandes também foram as críticas ao Decreto nº 917, de 1890, razão pela qual, foi reformado pela Lei nº 859, de 16 de agosto de 1902. A principal mudança introduzida foi a substituição da nomeação dos síndicos: o juiz passaria a nomeá-lo de acordo com uma lista de

[31] REQUIÃO, Rubens. *Curso de direito falimentar.* 17. ed. atual. São Paulo: Saraiva, 1998, v. 1, p. 21-22.

[32] REQUIÃO, Rubens. *Curso de direito falimentar.* 17. ed. atual. São Paulo: Saraiva, 1998, v. 1, p. 22-23.

[33] FERREIRA, Waldemar. *Tratado de direito comercial.* São Paulo: Saraiva, 1965. v. 14º, p. 34.

[34] REQUIÃO, Rubens. *Curso de direito falimentar.* 17. ed. atual. São Paulo: Saraiva, 1998, v. 1, p. 23.

[35] FERREIRA, Waldemar. *Tratado de direito comercial.* São Paulo: Saraiva, 1965. v. 14º, p. 38.

quarenta nomes elaborada pelas Juntas Comerciais e não mais dentre os credores do falido. O objetivo era coibir o conluio entre o devedor e os credores.[36] Referida reforma, menos de um ano depois de sua entrada em vigor, já recebeu inúmeras críticas. Isto porque, constataram-se negociatas e disputas para formação das listas pelas Juntas Comerciais, chegando os síndicos a serem alcunhados de "Ali Babá" e de "os 40 ladrões".[37]

Diante das muitas queixas à legislação falimentar vigente à época, decidiu-se fazer mais uma reforma. O projeto foi apresentado por José Xavier Carvalho de Mendonça e deu origem à Lei nº 2.024 de 17 de dezembro de 1908. Esta lei vigorou por mais de vinte e um anos e recebeu vários elogios dos estudiosos da época.

Waldemar Ferreira elenca os seus principais aspectos: i) a impontualidade passa a não ser a única forma de caracterização da insolvência, surgindo a falência por atos, fatos e contratos; ii) o Ministério Público deixa de ter legitimidade para requerer a falência; iii) a escolha dos síndicos volta a ser realizada dentre os credores do falido, de preferência os de maior valor e idôneos, residentes no foro da falência; iv) a exclusão do contrato de união de credores; v) a regulação das habilitações retardatárias, das revogações de atos anuláveis, reabilitação do falido, revisão de créditos, entre outros.[38]

Em 1928, foi apresentado um novo projeto de Lei de Falências dessa vez elaborado por Waldemar Ferreira, que foi aprovado e constituiu o Decreto nº 5.746, de 9 de dezembro de 1929.

Em 31 de outubro de 1939, Trajano de Miranda Valverde apresentou projeto de nova Lei de Falências que acabou não sendo submetido à votação.

Em 1943, uma comissão nomeada pelo então Ministro da Justiça Alexandre Marcondes Filho, formada por Philadelpho Azevedo, Hahnemann Guimarães, Noé Azevedo, Canuto Mendes de Almeida, Silvio Marcondes de Luís Lopes Coelho, elaborou outro projeto que culminou no Decreto-lei nº 7.661/45, de 31 de julho de 1945.

36 REQUIÃO, Rubens. *Curso de direito falimentar.* 17. ed. atual. São Paulo: Saraiva, 1998, v. 1, p. 23.

37 FERREIRA, Waldemar. *Tratado de direito comercial.* São Paulo: Saraiva, 1965. v. 14º, p. 41.

38 FERREIRA, Waldemar. *Tratado de direito comercial.* São Paulo: Saraiva, 1965. v. 14º, p. 44-45.

O Decreto-lei nº 7.661/45 representou uma profunda mudança na legislação falimentar vigente à época, chegando a receber a alcunha de "regime autoritário de falência" por Waldemar Ferreira, que entendia que o novo regime tinha o propósito de beneficiar o devedor em detrimento dos credores.[39]

O autor elencou as principais alterações: i) os sócios de responsabilidade ilimitada não são mais considerados falidos com a sociedade da qual fazem parte, apesar de sofrer os efeitos dela; ii) desaparece a figura do liquidatário, pessoa eleita pelos credores para acompanhar a liquidação, passando a ser de atribuição exclusiva do síndico, nomeado entre os maiores credores; e, iii) instituição da chamada concordata de autoridade, sem qualquer participação dos credores na sua concessão.[40]

Referido decreto foi alterado pela Lei nº 7.274, de 10 de dezembro de 1984.

O Decreto-lei nº 7.661/45 dividia-se em dois grandes institutos: a falência e a concordata. A concordata será especificamente tratada no próximo item deste trabalho.

A falência, de acordo com a legislação de 1945, era o estado jurídico de insolvência do devedor comerciante. Deveria ser reconhecida judicialmente, por meio de requerimento apresentado pelo próprio devedor, por credor titular de crédito de qualquer valor, pelo sócio ou pelo cônjuge, herdeiro ou inventariante, no caso de comerciante individual falecido.

A declaração judicial da falência dependia da prova da configuração de uma das hipóteses de insolvência, que eram: a impontualidade, sem relevante razão de direito, deixa de pagar obrigação líquida no vencimento (art. 1º, Decreto-lei nº 7.661/45) e, os atos de falência, ou seja, a prática de uma das condutas elencadas no artigo 2º do Decreto-lei nº 7.661/45.

Reconhecida a falência e declarada por sentença, se iniciaria a arrecadação dos bens do falido e sua avaliação, bem como a verificação dos créditos para formação do quadro geral de credores.

Ressalte-se que a venda dos bens somente poderia ser iniciada após a publicação do quadro geral de credores e a apresentação de relatório

[39] FERREIRA, Waldemar. *Tratado de direito comercial.* São Paulo: Saraiva, 1965. v. 14º, p. 48-49.

[40] FERREIRA, Waldemar. *Tratado de direito comercial.* São Paulo: Saraiva, 1965. v. 14º, p. 49.

específico pelo síndico, previsto no artigo 63, XIX, do Decreto-Lei nº 7.661/45, o que implicava, quase sempre, no perecimento dos bens que compunham a massa falida. Realizado o ativo, iniciava-se a fase de satisfação do passivo de acordo com a classificação legal.

Havia ainda, a possibilidade de reabilitação do falido, chamada, pelo Decreto-lei nº 7.661/45, de "extinção das obrigações do falido", desde que cumpridos os requisitos ali estabelecidos.

Referida norma tratava, ainda, dos crimes falimentares, apurados mediante inquérito judicial.

O Decreto-lei nº 7.661/45 vigorou por mais de sessenta anos, mas com o passar dos tempos, revelou-se extremamente burocrático e ineficaz. Isto porque, quanto à falência, em raras hipóteses, alcançava o objetivo de satisfação dos credores. Com relação à concordata, não era instrumento útil para superação da crise do comerciante e acabava, na maioria dos casos, em falência.

Waldo Fazzio Junior tece duras críticas:

> O Decreto-lei nº 7.661/45, produzido logo após a guerra mundial concluída em 1945, concebia um modelo de empresa próprio da economia nacional defasada que refletia as coordenadas da ordem capitalista instaurada, em 1944, a partir da Conferência de Bretton Woods. Concebia o crédito como, simplesmente, mais uma espécie de relação obrigacional, desconsiderava a repercussão da insolvência no mercado e concentrava-se no ajustamento das relações entre os credores e o ativo do devedor.
>
> Por uma sistemática processual que prestigiava a morosidade e condenava ao relento os créditos não públicos, e enfatizando o componente punitivo do concurso coletivo, a LFC (Lei de Falências e Concordatas) já não dava conta dos intrincados problemas diuturnamente gerados pelos processos de concordata e de falência, cada vez mais complexos, burocratizados e inócuos.[41]

Por todas essas razões, em 1993, foi apresentado o Projeto de Lei nº 4.376/93, com o texto de uma nova Lei de Falências. Referido projeto tinha por objetivo realizar uma profunda modificação no regime de regulação da crise do comerciante no Brasil, inspirado também pelo sur-

[41] *Lei de falência e recuperação de empresas.* 5. ed. São Paulo: Atlas, 2010, p. 1.

gimento do conceito de empresa que viria o substituir o de comércio e o de comerciante.

Referido projeto sofreu inúmeras emendas e tramitou por mais de vinte e cinco anos, até que, em 9 de fevereiro de 2005, foi promulgada a Lei nº 11.101/2005, hoje em vigor no Brasil, alterada pela Lei nº 14.112/2020, objeto deste trabalho.

1.2. Concordata

1.2.1. Do direito romano às codificações europeias

A falência, como já visto, era entendida como uma forma de punir o devedor, prevalecendo o caráter repressivo e punitivo, já que era vista como um crime.

Com a evolução, muitas legislações passaram a admitir que o estado falimentar poderia advir de motivos alheios à vontade do devedor, de infortúnios sobre os quais o devedor não tinha controle. Por isso, começam a surgir alternativas para auxiliá-lo na superação da crise, possibilitando a continuação de seu negócio. Nesse sentido, Sampaio de Lacerda esclarece: "(...) *passou-se a cogitar de meios que moderassem a severidade para com os devedores desventurados, mas que, ao mesmo tempo, não sacrificassem os direitos e interesses dos credores e de terceiro.*"[42]

Ricardo Negrão aponta uma mudança de paradigma: "(...) *É o fim utilitário do instrumento que interessa e não mais a punição ou vingança social a impor penas difamatórias que o passado conheceu.*"[43]

Nessa toada, o instituto mais conhecido e aplicado foi a concordata, a par da existência de outros que serão mencionados a seguir. Rubens Requião definiu concordata como: "*O instituto da concordata visa resolver a situação econômica de insolvência do devedor, ou prevenindo e evitando a falência (concordata preventiva) ou suspendendo a falência (concordata suspensiva), para proporcionar a recuperação e restauração da empresa comercial.*"[44]

A concordata não surgiu no direito romano, mas havia dois institutos que se assemelhavam. O primeiro deles era o *pactum ut minus solvatur*, segundo o qual, em caso de falecimento do devedor, os herdeiros,

[42] *Manual de direito falimentar*. 14. ed. rev. e atual. por Jorge de Miranda Magalhães. Rio de Janeiro: Freitas Bastos, 1999, p. 242.

[43] *A eficácia do processo judicial na recuperação da empresa*. São Paulo: Saraiva, 2010, p. 21.

[44] *Curso de direito falimentar*. São Paulo: Saraiva, 1995, v. 2, p. 3.

em acordo com os credores, entregavam os bens do devedor para pagamento das dívidas por ele deixadas. Observe-se que, naqueles tempos, os herdeiros respondiam pelas dívidas do falecido e, se o patrimônio deixado por ele não fosse suficiente, a memória ficava marcada com a infâmia. Assim, por esse pacto, os credores renunciariam a parte de seu crédito para que as obrigações fossem quitadas. A decisão era tomada pela maioria dos credores, computados pelo valor do crédito. Ainda, havia necessidade de homologação do magistrado.[45]

O segundo instituto era o *induciae quinquennales*. Tratava-se de um benefício concedido pelo imperador ao devedor infeliz e de boa-fé que sustentava a impossibilidade momentânea de pagar os credores. O benefício tinha prazo máximo de cinco anos. Ainda, durante esse período, as ações movidas pelos credores e o curso da prescrição eram suspensos. Era a chamada *praescriptio ou exceptio moratória* que, mais tarde, passou a depender da deliberação dos credores, computados pelo valor do crédito, por ordem de Justiniano.[46]

Rubens Requião sustentava que os modelos romanos representavam apenas embriões da concordata. Para ele, foi no século XIII que a concordata se delineou com a reunião dos credores com o objetivo de firmar um pacto com o falido para superar a insolvência. Para tanto, havia necessidade da adesão da maioria, bem como, da homologação do juiz.[47]

No século XV, a concordata foi acolhida pela Lei das Sete Partidas, em Portugal, e depois foi incorporada às Ordenações. Waldemar Ferreira transcreve o texto legal:

> (...) antes de ceder seus bens, o devedor de muitos, os juntar a todos, e pedir certo prazo para pagar, poderá acontecer que o conceda a maior parte dêles, embora os outros não queiram; e se há de entender maior parte os que têm maior quantidade de suas dívidas. Se ocorrer discórdia entre os que concederem e os que negarem o prazo, sendo iguais uns e outros, assim a quantidade das dívidas como o número de pessoas, deverá prevalecer os votos dos que derem prazo, porque parece que se moverão por piedade: sendo

[45] *Manual de direito falimentar.* 14. ed. rev. e atual. por Jorge de Miranda Magalhães. Rio de Janeiro: Freitas Bastos, 1999, p. 243.

[46] *Manual de direito falimentar.* 14. ed. rev. e atual. por Jorge de Miranda Magalhães. Rio de Janeiro: Freitas Bastos, 1999, p. 243.

[47] *Curso de direito falimentar.* São Paulo: Saraiva, 1995, v. 2, p. 8-9.

todavia iguais em dívidas e desiguais em pessoas, valerá o que determinar o maior número destas.[48]

A concordata foi adotada, ainda, pelo Código de Napoleão, na França, em 1808.

1.2.2. No Brasil: do Código Comercial de 1850 ao Decreto-lei nº 7.661/45

No Brasil, a concordata esteve presente desde o Código Comercial de 1850. Este Código previa, em sua Terceira Parte, duas modalidades para recuperação do devedor comerciante em crise: i) a concordata, abrangendo os credores quirografários e excluindo os credores de natureza real, privilegiados e hipotecários e; ii) a moratória, que poderia ser utilizada pelo comerciante que demonstrasse a sua boa-fé e, ainda, que a crise pela qual passava advinha de fatos extraordinários, bem como, que possuía patrimônio para pagar integralmente seus credores, necessitando, apenas, de prazo para tanto.[49]

Na vigência do Código Comercial de 1850, a concordata somente era admitida na modalidade suspensiva, ou seja, após a decretação da falência com o objetivo de possibilitar ao devedor a retomada do seu negócio. Já a moratória era sempre preventiva, pois servia para evitar que o devedor tivesse sua falência decretada.

A concessão da concordata dependia da concordância de mais da metade dos credores, em número, e mais de 2/3 (dois terços) de todos os créditos, computados pelo valor, como previsto no artigo 847 do Código Comercial de 1850.[50]

[48] *Tratado de direito comercial*. São Paulo: Saraiva, 1965. v. 15º, p. 260.

[49] *A eficácia do processo judicial na recuperação da empresa*. São Paulo: Saraiva, 2010, p. 21-22.

[50] Rubens Requião descreve fato histórico interessante sobre a concordata: (...) Esse preceito tornou-se famoso, pois impediu que o Visconde de Mauá – exemplo edificante do espírito empresarial dos brasileiros – obtivesse concordata de seus credores. Tendo sofrido grande infortúnio em seus negócios, o que levou à falência de seu poderoso império econômico – não pôde reunir na assembleia os 3.000 credores dispersos pelo mundo a fora, tornando-se impossível consequentemente sua concordata. Esse acontecimento levou-o a representar ao Parlamento, em 1879, expondo a iniquidade do preceito legal. Precipitou-se, então, o movimento de revisão da Terceira Parte do Código, resultando na Lei nº 3.065, de 1882. Para a concessão da concordata exigia-se, daí por diante, a maioria dos credores que

Assim, pela Lei nº 3.065, de 1882, reduziu-se o quórum de aprovação da concordata suspensiva.

A Terceira Parte do Código Comercial de 1850 foi derrogada e substituída pelo Decreto nº 917, de 1890. Nele, havia previsão de alguns meios para recuperação do devedor comerciante.

O primeiro deles era a concordata por abandono, na modalidade suspensiva, por meio da qual o devedor adjudicava os seus bens aos credores para satisfação do passivo, livrando-se de todos os efeitos da falência.[51]

A segunda era a concordata por pagamento, também suspensiva, proposta por qualquer dos sócios, pela qual o devedor se mantinha na administração do seu negócio e apresentava proposta de pagamento aos credores. Referida proposta deveria ser aprovada por 3/4 da totalidade do passivo[52].

Havia ainda as modalidades preventivas: a moratória que só poderia ser proposta por aquele que comprovasse a existência de fatos extraordinários e imprevisíveis para justificar a insolvência[53]; a concordata preventiva, pela qual o juiz convocava a reunião de credores para aprovação da proposta apresentada pelo devedor. Em todas, a homologação judicial dependia da aprovação por 3/4 dos créditos.[54]

Havia ainda, o acordo extrajudicial que deveria ser assinado pelos credores que representassem mais de 3/4 do total do passivo e homologado pelo juiz.[55]

A Lei nº 859, de 1902, excluiu a possibilidade de propor concordata por abandono, bem como, a moratória.[56]

O Decreto nº 2.024, de 1908, extinguiu a concordata extrajudicial e estabeleceu apenas duas espécies de concordata, a preventiva, que servia para evitar a decretação da falência, e a suspensiva, que era proposta incidentalmente no processo falimentar já instaurado.

comparecessem à assembleia, tornando então exequível a concordata por abandono. *Curso de direito falimentar*. 17. ed. atual. São Paulo: Saraiva, 1998, v. 1, p. 22.

[51] *A eficácia do processo judicial na recuperação da empresa*. São Paulo: Saraiva, 2010, p. 24.

[52] *Curso de direito falimentar*. São Paulo: Saraiva, 1995, v. 2, p. 11.

[53] *A eficácia do processo judicial na recuperação da empresa*. São Paulo: Saraiva, 2010, p. 25.

[54] *Curso de direito falimentar*. São Paulo: Saraiva, 1995, v. 2, p. 11-12.

[55] *A eficácia do processo judicial na recuperação da empresa*. São Paulo: Saraiva, 2010, p. 25.

[56] *Curso de direito falimentar*. São Paulo: Saraiva, 1995, v. 2, p. 10.

A Lei nº 5.746, de 1929, apenas alterou o quórum de aprovação para concessão da concordata, mantendo as duas espécies.

O Decreto-lei nº 7.661/45, por sua vez, representou verdadeira mudança de paradigma no conceito de concordata. De acordo com essa norma, a concordata deixou de depender da vontade dos credores e passou a ser considerada um direito do devedor comerciante que preenchesse determinados requisitos legais.

Nesse sentido, é o comentário de Sampaio Lacerda: "(...) *Visou, com isso, a lei, evitar os acordos extraprocesso, entre alguns credores e o devedor, quebrando o princípio da igualdade que deve haver entre os credores.*"[57]

Assim, a concordata passa a ser concedida mesmo sem a concordância dos credores. Fundamental é a observação de Waldemar Ferreira:

> (...) a concessão da concordata independerá inteiramente da vontade dos credores. Estes, ainda que todos, em conjunto, se oponham ao pedido, embargando-o, poderão ser vencidos, se o Juiz o julgar procedente: sua sentença, disse a exposição ministerial justificativa da lei, "substitui a manifestação da vontade dos credores". Empregou-se, nessa frase, verbo impróprio. Evidentemente, a sentença não *substitui* a manifestação dos credores. Seria inadmissível; ademais, de manifesta impossibilidade. A sentença, em verdade, *dispensa* aquela manifestação da vontade. Isso, sim; e quem a dispensou foi a lei, que dela abstraiu.[58]

Conclui o autor: "Eis porque a concordata não é concordata."[59]

De acordo com o Decreto-lei nº 7.661/45, havia duas espécies de concordata: a preventiva, proposta pelo devedor antes da decretação da falência com o objetivo de evitar a decretação da falência; e a suspensiva, proposta no curso do processo falimentar já instaurado, com o objetivo de suspendê-lo.

Tanto a concordata preventiva como a suspensiva podiam ser remissória, dilatória ou mista. A concordata era remissória quando o devedor apresentasse proposta de desconto no valor do passivo. Era dilatória quando a proposta envolvesse apenas a concessão de prazo para

[57] *Manual de direito falimentar.* 14. ed. rev. e atual. por Jorge de Miranda Magalhães. Rio de Janeiro: Freitas Bastos, 1999, p. 245.

[58] *Tratado de direito comercial.* São Paulo: Saraiva, 1965. v. 15º, p. 269.

[59] *Tratado de direito comercial.* São Paulo: Saraiva, 1965. v. 15º, p. 269.

pagamento. Era mista quando o devedor requeresse remissão parcial da dívida e dilação de prazo.

A concordata suspensiva remissória previa desconto de 35% sobre os valores dos créditos habilitados. A remissória-dilatória ou mista previa remissão de 50% dos créditos para pagamento no prazo máximo de dois anos.

A concordata preventiva admitia as seguintes possibilidades: i) remissória, com o pagamento à vista, com desconto de 50% dos créditos; ii) dilatória, com o pagamento do valor total da dívida em vinte e quatro meses; iii) remissória-dilatória ou mista, com três possíveis cenários: pagamento de 60% do passivo no prazo de seis meses, 75%, no prazo de doze meses e 90%, no prazo de dezoito meses.

A concordata extrajudicial deixa de ser admitida e passa a ser considerada ato de falência, sob o argumento de que, nessa modalidade, não havia possibilidade de se fiscalizar a observância do princípio da *par conditio creditorum*, ou seja, do tratamento paritário dos credores, devendo o devedor em crise requerer concordata judicial.

1.3. A Lei nº 11.101/2005: a falência e a recuperação de empresas

A Lei nº 11.101/2005 foi promulgada em 09 de fevereiro de 2005 e entrou em vigor em 09 de junho do mesmo ano. É dividida em cinco grandes partes: a primeira trata dos institutos comuns à Recuperação Judicial e à Falência; a segunda trata somente da Recuperação Judicial; a terceira trata da Falência; a quarta, da Recuperação Extrajudicial e a quinta, das disposições penais. Além das disposições preliminares e finais.

No que tange à falência, algumas mudanças foram trazidas pela legislação de 2005, com o objetivo de tornar o processo falimentar mais célere e eficaz, possibilitando, inclusive a preservação da empresa e consequente manutenção da atividade empresarial.

A primeira mudança fundamental promovida pela Lei nº 11.101/2005 está no pedido de falência fundado na impontualidade injustificada, ou seja, na hipótese de impossibilidade de pagamento de suas obrigações pelo devedor empresário. Na vigência do Decreto-lei nº 7.661/45, qualquer credor, titular de crédito de qualquer quantia, poderia requerer a falência do devedor, mesmo sem prévia tentativa de execução, daí surgiu a ideia de que a falência era utilizada como meio de cobrança. A LRF resolveu a questão estabelecendo que, no caso de impontualidade, o credor somente ajuizará pedido de falência se o seu crédito for de valor superior a 40 (quarenta) salários-mínimos, medida que se mostrou eficaz para coibir a vontade voraz de credores que utilizavam o processo falimentar como forma de coagir o devedor ao pagamento da obrigação inadimplida.

As outras alterações relevantes estão relacionadas ao processo falimentar propriamente dito, à fase de liquidação do ativo e satisfação do passivo. Possibilitou-se o início da realização do ativo, ou seja, da venda dos bens do falido antes da formação do quadro geral de credores. A medida era necessária, já que o procedimento de verificação de créditos demanda certo tempo para sua finalização, especialmente, quando há muitos credores envolvidos, o que ocasionava o perecimento dos bens que compunham a massa falida. Assim, a realização da venda dos bens logo após a sua arrecadação e avaliação mostrou-se eficaz à manutenção do valor econômico dos bens e, consequentemente, à negociação em melhores condições.

Ainda, com o objetivo de preservar o exercício da atividade empresarial, em cumprimento à função social da empresa, estabeleceu-se uma ordem de preferência na venda dos bens do falido. Essa ordem privilegia a venda do estabelecimento em bloco. Somente em caso de insucesso parte-se para venda de cada uma das unidades em separado. Após, a venda de blocos de bens e, somente em última hipótese, a venda dos bens separadamente.

É notório que aquele que adquire o estabelecimento em bloco ou cada uma das unidades produtivas de um negócio tem a intenção de continuar exercendo a mesma atividade ou atividade semelhante, o que servirá para fazer cumprir o postulado no princípio da preservação da empresa, da fonte produtora e, quiçá, dos empregos dos trabalhadores.

Outra alteração legislativa importante é a que estabelece que o adquirente de bens da massa falida os recebe livre de ônus. Assim, não há sucessão do arrematante nas obrigações do falido. Os credores se sub-rogam no produto da venda dos bens, ficando o arrematante livre, inclusive, para contratar os mesmos empregados, mediante novos contratos de trabalho.

Como já esclarecido, a Lei nº 11.101/2005 privilegia a aquisição do estabelecimento em bloco, com o objetivo de incentivar a continuação da atividade empresarial exercida pelo falido. O sócio da sociedade falida, outra sociedade controlada por ele, seus parentes ou agentes poderiam adquirir o estabelecimento durante o processo de falência, mas assumiriam a qualidade de sucessor do falido nas suas obrigações.

Essa medida foi objeto de Ação Direta de Inconstitucionalidade (ADI nº 3937/DF) proposta pelo Partido Democrático Trabalhista (PDT) e julgada improcedente pelo Supremo Tribunal Federal, prevalecendo o entendimento de que a ausência de sucessão do arrematante nas obrigações do devedor representa um importante incentivo para a continuidade da atividade empresarial.

Por fim, a Lei nº 11.101/2005 realizou alterações na classificação dos créditos. A primeira foi a inclusão de limite para pagamento dos créditos trabalhistas. Pelo novo sistema, os credores trabalhistas com créditos de até 150 (cento e cinquenta) salários-mínimos são classificados em primeiro lugar dentre os concursais, mas o saldo será reclassificado como quirografário. Tal medida também foi objeto da ação acima mencionada, julgada improcedente pelo Supremo Tribunal Federal.

Ainda, os créditos com garantia real passaram a ocupar o segundo lugar dentre os concursais, até o limite do bem gravado, enquanto os créditos fiscais foram classificados em terceiro lugar, dentre os concursais.

Com relação à recuperação de empresas, as mudanças foram mais amplas. A mais importante delas foi a extinção da concordata em todas as suas modalidades e a criação de procedimentos de Recuperação de Empresas.

A Lei nº 11.101/2005 estabelece dois procedimentos para que o empresário ou sociedade empresária possam superar a crise: i) a Recuperação Judicial, que será objeto de estudo neste trabalho, inclusive com a possibilidade de plano de recuperação especial pelos microempresários e empresários de pequeno porte; ii) a Recuperação Extrajudicial, representada por acordo coletivo extrajudicial firmado entre o devedor e seus credores e homologado judicialmente.

Ressalte-se que tais procedimentos são sempre preventivos, abolindo-se, em definitivo, a possibilidade de recuperação da atividade após a decretação da falência, o que somente seria possível com a extinção das obrigações do falido.

A Recuperação Extrajudicial é um procedimento para homologação de acordo firmado entre o devedor e seus credores, na sua totalidade ou divididos em uma ou mais classes, para satisfação das obrigações do devedor em crise.

Pelo novo regime, admite-se que o credor procure o devedor extrajudicialmente para realizar composição amigável. Em caso de aprovação unânime, a homologação judicial é facultativa. Existe ainda a possibilidade de aprovação por maioria dos credores, hipótese em que a homologação judicial é necessária para vincular os credores ausentes ou dissidentes ao plano aprovado pela maioria.

Percebe-se que a Lei nº 11.101/05 retomou o conceito de acordo extrajudicial do início do século passado, coibido pelo Decreto-lei nº 7.661/45 que considerava tal acordo como ato de falência.

A Recuperação Judicial, por sua vez, é um procedimento para superação da crise do devedor fundado na contratualidade. O devedor apresenta em juízo um plano de recuperação judicial, uma proposta para superação da crise. Tal proposta é submetida à vontade dos credores. Havendo a aprovação pela maioria qualificada, o plano estará aprovado e a recuperação judicial deve ser concedida. Não havendo a aprovação, em regra, o juiz decretará a falência.

Mais uma vez, retomam-se os conceitos do Código Comercial de 1850 e das legislações posteriores, abolindo-se a ideia de concordata como favor legal estabelecida pelo Decreto-lei nº 7.661/45.

Ricardo Negrão resume as principais inovações da legislação atual: "*Distancia-se a legislação de 2005 de todas as revogadas em alguns pontos essenciais: (a) ampliação do universo de credores, até então limitado aos credores quirografários; (b) não limitação dos meios recuperatórios; (c) criação de ambiente próprio à negociação entre credores e devedor; (d) clara definição da finalidade do processo recuperatório*".[60]

Retoma-se também a discussão acerca da natureza jurídica de tal procedimento, bem como sobre as implicações da vontade da maioria sobre a minoria ausente ou dissidente. Esse será o objeto do presente trabalho.

[60] *A eficácia do processo judicial na recuperação da empresa*. São Paulo: Saraiva, 2010, p. 36.

1.4. A reforma promovida pela Lei nº 14.112/2020

O ano de 2020 foi marcado pela pandemia da Covid-19 e, com ela, veio o temor de que o número de pedidos de recuperação judicial e falências sofressem um explosivo aumento, o que poderia fazer com que o Poder Judiciário entrasse em colapso.

Em razão da realidade econômico-social naquele momento histórico, logo foi apresentado o Projeto de Lei nº 1.397/2020 que previa a criação de um regime emergencial que seria aplicado enquanto perdurasse o estado de calamidade pública instalado em razão da pandemia. Referido regime previa a aprovação do "Sistema de Prevenção à Insolvência", com a ampliação do conceito de empresário para agente econômico, criando um procedimento de negociação preventiva com a consequente suspensão das execuções e trazendo diversas modificações na recuperação judicial, extrajudicial e falência, com o objetivo de tentar proporcionar ao devedor condições mais favoráveis para superação do momento atípico.

O Projeto de Lei nº 1.397/2020 acabou por não ser colocado em votação. Uma das críticas recebidas era a de que a LRF precisaria de uma reforma definitiva e que uma reforma temporária não resolveria as questões estruturais.

Em razão disso, apresentou-se na Câmara dos Deputados uma nova versão do Projeto de Lei nº 6.229/2205, projeto apresentado em novembro de 2005, pelo Deputado Medeiros, do PL/SP, com o objetivo inicial de submeter os créditos de natureza tributária na recuperação judicial. A tramitação do referido projeto com a nova redação foi rápida, tendo sido aprovado pelo Congresso Nacional em novembro de 2020.

Assim, em 24 de dezembro de 2020, foi sancionada a Lei nº 14.112/2020 que promoveu uma profunda alteração na LRF, Lei nº 11.101/2005. Dentre as mudanças, podemos destacar:

i) a possibilidade de utilização da mediação, inclusive em caráter antecedente com a suspensão das execuções por 60 dias, o que garantiria maiores chances de sucesso na negociação;

ii) a regulamentação da recuperação judicial dos grupos econômicos, com a disciplina da consolidação substancial e processual;

iii) a possibilidade expressa de prorrogação do *stay period* por mais um período de 180 dias;

iv) a possibilidade de os credores apresentarem plano alternativo de recuperação judicial nas hipóteses em que o devedor não colocar o seu plano em votação antes do fim do *stay period* e quando o seu plano for rejeitado pela assembleia geral de credores;

v) a possibilidade de realização da assembleia de credores virtual, inclusive com a sua substituição por termo de adesão e a regulamentação do voto abusivo;

vi) a regulamentação do financiamento do devedor em recuperação, chamado de *DIP (debtor-in-possession) Financing*, estabelecendo privilégios concretos aos empreendedores que desejem conceder crédito a devedores em recuperação judicial;

vii) a alteração do quórum de aprovação na recuperação extrajudicial;

viii) a regulamentação da Insolvência Transnacional, inspirada na Lei Modelo da UNCITRAL, para tratar dos processos de insolvência transfronteiriços;

ix) na falência, a possibilidade expressa de desconsideração da personalidade jurídica nos casos de sociedades cujos sócios tenham responsabilidade limitada; e, de extensão dos efeitos da falência no caso de sócios de responsabilidade ilimitada;

x) a regulamentação das novas modalidades de reabilitação do falido, chamada de *fresh start*, que possibilita ao devedor o retorno célere às atividades econômicas, dentre outras.

A reforma proporcionou uma alteração substancial na disciplina da recuperação judicial, da recuperação extrajudicial e da falência pela quantidade de dispositivos modificados e pela relevância das alterações feitas.

Entendemos que ainda é cedo para julgar o sucesso ou insucesso das alterações. Sabemos que muitas questões precisavam ser disciplinadas, especialmente, a insolvência transnacional, pois a matéria já estava consolidada internacionalmente, mas que, em outros aspectos, a LRF ainda estava engatinhando e, alterá-la nesse momento, talvez não tenha contribuído para deixar as coisas mais claras para os *players* do mercado.

De qualquer forma, sabemos o desafio que espera o Poder Judiciário com a aplicação desses novos regramentos e, como ocorre sempre, caberá a ele buscar o melhor sentido e alcance dessas normas na sua aplicação aos casos concretos.

Sabemos que o mercado, em razão da instabilidade econômica, social e política instalada pela pandemia da COVID-19, clama, mais do que nunca, por segurança jurídica. Parece-nos ser missão de todos a busca pelo apaziguamento dos ânimos e isso passa pela consolidação de posicionamentos jurídicos sobre questões relevantes, inclusive no que se refere à Lei nº 11.101/2005, tão fundamental no tratamento da crise da empresa.

Nessa singela obra, cuidaremos das alterações pertinentes ao plano de recuperação judicial e dos temas que o circundam.

2. Recuperação Judicial na Lei nº 11.101/2005

2.1. Objetivos

Como já mencionado, a Lei nº 11.101/2005[61] estabelece duas formas de recuperação de empresas: a recuperação judicial, procedimento que tem por objetivo viabilizar a superação da crise econômico-financeira do devedor mediante a homologação de um plano de recuperação judicial consensualmente alinhado entre devedor e credores; e a recuperação extrajudicial, que nada mais é do que o processo para homologação de acordo coletivo extrajudicial firmado também entre o devedor e seus credores. O presente trabalho tratará da recuperação judicial.

O artigo 47 da LRF define o objetivo do processo de recuperação judicial.

> Art. 47. A recuperação judicial tem por objetivo viabilizar a superação da situação de crise econômico-financeira do devedor, a fim de permitir a manutenção da fonte produtora, do emprego dos trabalhadores e dos interesses dos credores, promovendo, assim, a preservação da empresa, sua função social e o estímulo à atividade econômica.

A LRF define como objetivo da recuperação judicial *viabilizar a superação da situação de crise econômico financeira do devedor*. Alcançado tal objetivo, entende o legislador que se poderá ainda: *manter a fonte produtora, o emprego dos trabalhadores e preservar os interesses dos credores*, o que acarre-

[61] Para fins didáticos, a Lei nº 11.101/2005 será mencionada como LRF.

tará *a preservação da empresa, o cumprimento de sua função social e o estímulo à atividade econômica.*

Importante é a observação de Waldo Fazzio Junior:

> A recuperação judicial não se restringe à satisfação dos credores nem ao mero saneamento da crise econômico-financeira em que se encontra a empresa destinatária. Alimenta a pretensão de conservar a fonte produtora e resguardar o emprego, ensejando a realização da função social da empresa, que, afinal de contas é mandamento constitucional.[62]

Manoel Justino Bezerra Filho trata da importância de se observar a ordem estabelecida pelo legislador no artigo 47 da LRF:

> (...) a Lei, não por acaso, estabelece uma ordem de prioridade nas finalidades que diz perseguir, colocando como primeiro objetivo a "manutenção da fonte produtora", ou seja, a manutenção da atividade empresarial em sua plenitude tanto quanto possível, com o que haverá possibilidade de manter também o "emprego dos trabalhadores". Mantida a atividade empresarial e o trabalho dos empregados, será possível então satisfazer os "interesses dos credores". Esta é a ordem de prioridades que a Lei estabeleceu – o exame abrangente da Lei poderá indicar se o objetivo terá condições de ser alcançado.[63]

Percebe-se que a superação da situação de crise econômico-financeira do devedor será o ponto chave para se alcançar todos os demais objetivos propostos pelo legislador.

Assim, primeiramente, é importante definir o conceito de *crise econômico-financeira*. A LRF não conceitua tal expressão. Fábio Ulhoa Coelho faz a distinção entre crise econômica, financeira e patrimonial.

Explica o autor: "*Por crise econômica deve-se entender a retração considerável nos negócios desenvolvidos pela sociedade.*"[64] A crise econômica seria aquela relacionada à atividade exercida. É representada pelo desinteresse dos consumidores no produto ou serviço oferecido pelo empresá-

[62] *Lei de falência e recuperação de empresas.* 5. ed. São Paulo: Atlas, 2010, p. 113.

[63] *Lei de recuperação de empresas e falência comentada: Lei nº 11.101/2005: comentário artigo por artigo.* 11. ed. rev. ampl. e atual. São Paulo: Editora Revista dos Tribunais, 2015, p. 155.

[64] *Curso de direito comercial: direito de empresa.* 15. ed. São Paulo: Saraiva, 2014, v.3, p. 241.

rio; pelo alto custo na produção, fazendo com que o preço deixe de ser competitivo, por exemplo.

A crise financeira, por sua vez, está relacionada à impossibilidade de realizar pagamentos, representada pela falta de liquidez.[65] Sobre o assunto, importante é a lição de Waldo Fazzio Junior:

> A iliquidez projeta-se, no universo jurídico obrigacional, pelo seu efeito: a impontualidade, atestada ou não por protesto de títulos. Alude à chamada "crise de caixa". É uma conjuntura em que o devedor solvente não consegue solver com pontualidade. Tem patrimônio suficiente para superar suas obrigações, mas não consegue realizar, imediatamente, os valores necessários para cobrir os débitos nos respectivos vencimentos, por razões de etiologia diversas.[66]

Por fim, a crise patrimonial é representada pela insolvência, ou seja, pela ausência de ativo para satisfação do passivo.[67] O empresário estará insolvente quando o seu patrimônio for inferior às suas obrigações.

Ao que parece, a crise patrimonial é a mais grave delas. Waldo Fazzio Junior explica que a recuperação judicial visa evitar a insolvência, permitindo que a crise econômico-financeira não se agrave ao ponto de provocar tal estado patrimonial.[68]

Por outro lado, Fábio Ulhoa Coelho esclarece que a insolvência nem sempre representa uma condição temerária. Explica o autor: "(...) *O patrimônio líquido negativo pode significar apenas que a empresa está passando por uma fase de expressivos investimentos na ampliação de seu parque fabril, por exemplo. Quando concluída a obra e iniciadas as operações da nova planta, verifica-se o aumento de receita e de resultado suficiente para afastar a crise patrimonial.*"[69]

[65] Coelho, Fábio Ulhoa. *Curso de direito comercial: direito de empresa.* 15. ed. São Paulo: Saraiva, 2014, v. 3, p. 241.

[66] *Lei de falência e recuperação de empresas.* 5. ed. São Paulo: Atlas, 2010, p. 123.

[67] Coelho, Fábio Ulhoa. *Curso de direito comercial: direito de empresa.* 15. ed. São Paulo: Saraiva, 2014, v. 3, p. 242.

[68] *Lei de falência e recuperação de empresas.* 5. ed. São Paulo: Atlas, 2010, p. 123.

[69] *Curso de direito comercial: direito de empresa.* 15. ed. São Paulo: Saraiva, 2014, v. 3, p. 242.

Afirma o autor que a crise somente pode ser caracterizada pela presença das três formas, ou seja, crise econômica, financeira e patrimonial.[70]

Waldo Fazzio Junior, por sua vez, entende que a presença da crise patrimonial é característica da inviabilidade da empresa: "(...) *Empresa insolvente não é viável, ou seja, recuperável. A insolvência em sentido estrito ultrapassa o âmbito meramente financeiro; é patrimonial. Representa estágio negativo mais grave* (...)".[71]

Levanta-se aqui, questão essencial relacionada à viabilidade da empresa. Empresa é a atividade econômica organizada para a produção ou circulação de bens e serviços, conceito que se extrai do artigo 966 do Código Civil.[72]O conceito de empresa remonta ao direito italiano do século passado, com a entrada em vigor do Codice Civile, de 1942, que adotou a "teoria da empresa", posteriormente abarcada pelo direito brasileiro. À época, Asquini propôs estudar a empresa sob quatro perfis: i) o perfil subjetivo, a partir do qual a empresa é considerada como a pessoa do empresário, o sujeito de direitos e obrigações; ii) o perfil funcional, que considerada a empresa como a atividade empreendedora; iii) o perfil patrimonial ou objetivo, que considera a empresa como o conjunto de bens, ou seja, como o estabelecimento, e; iv) o perfil corporativo, que considera a empresa como instituição. Rubens Requião[73] salienta que o conceito de empresa que se firmou foi aquele que a considerou como exercício de atividade produtiva.

A atividade empresarial, por sua vez, é econômica, ou seja, tem por objetivo a partilha de resultados entre os seus exercentes. O resultado almejado é o lucro. Assim, a empresa será viável quanto puder atingir o objetivo que é gerar lucros. Perceba-se que esse é o objetivo daquele que exerce a atividade empresarial.

[70] COELHO, Fábio Ulhoa. *Curso de direito comercial: direito de empresa*. 15. ed. São Paulo: Saraiva, 2014, v. 3, p. 243.

[71] *Lei de falência e recuperação de empresas*. 5. ed. São Paulo: Atlas, 2010, p. 124.

[72] Dispõe o art. 966 do Código Civil: Considera-se empresário quem exerce profissionalmente atividade econômica organizada para a produção ou circulação de bens ou de serviços.

[73] *Curso de direito comercial*. 28. ed. rev. e atual. por Rubens Edmundo Requião. São Paulo: Saraiva, 2009, v. 1, p. 55.

Porém, é cediço que o exercício da empresa não possui reflexos somente em quem a exerce, mas também na coletividade a ela relacionada: empregados, consumidores, Estado e demais agentes. Daí a importância da recuperação judicial e da verificação da viabilidade econômica.

Fábio Ulhoa Coelho salienta que a recuperação judicial traz um ônus para toda a sociedade: "(...) *o ônus da reorganização das empresas no Brasil recai na sociedade brasileira como um todo. O crédito bancário e os produtos e serviços oferecidos e consumidos ficam mais caros porque parte dos juros e preços se destina a socializar os efeitos da recuperação das empresas.*"[74]

> Assim, continua o autor: "(...) *a recuperação da empresa não deve ser vista como um valor jurídico a ser buscado a qualquer custo. Pelo contrário, as más empresas devem falir para que as boas não se prejudiquem.*"[75-76]

É uníssono o entendimento de que somente as empresas viáveis devem ser recuperadas. A grande questão que se coloca é: em que situação fática a empresa será considerada viável? Ainda, quem é responsável por analisar a viabilidade econômica da empresa em recuperação judicial?

Waldo Fazzio Junior afirma que há parâmetros objetivos para aferição da viabilidade e que tais parâmetros são verdadeiros pressupostos para concessão da recuperação judicial. São eles: "(...) *importância social e econômica da atividade do devedor no contexto local, regional ou nacional; mão de obra e tecnologia empregadas; volume do ativo e do passivo; tempo de constitui-*

[74] *Curso de direito comercial: direito de empresa.* 15. ed. São Paulo: Saraiva, 2014, v.3, p. 396.

[75] Coelho, Fábio Ulhoa. *Curso de direito comercial: direito de empresa.* 15. ed. São Paulo: Saraiva, 2014, v. 3, p. 244.

[76] No mesmo sentido é o posicionamento de Newton De Lucca: "(...) Torna-se indispensável que exista, portanto, uma real e inequívoca viabilidade econômica da empresa em dificuldade, a fim de que se tenha um fundamento axiológico razoável para poder legitimar o cerceamento da reação legal daqueles cujos direitos foram conspurcados... Caso contrário, estar-se-á premiando, mais uma vez, as manobras cavilosas daqueles maus empresários que elegem, sem nenhum pudor, a instituição do calote como a mais emblemática em suas vidas (...). de Lucca, Newton e Simão Filho, Adalberto (coord.).*Comentários à nova lei de recuperação de empresas e de falências.* São Paulo: Quartier Latin, 2005, p. 210.

ção e funcionamento do negócio; e faturamento anual e nível de endividamento da empresa."[77]

No mesmo sentido, são os vetores apresentados por Fábio Ulhoa Coelho: importância social, mão de obra e tecnologia empregadas, volume do ativo e passivo, idade da empresa e porte econômico.[78]

Os parâmetros apresentados serão analisados, no processo de recuperação judicial, a partir dos documentos juntados aos autos na petição inicial, bem como no momento da apresentação do plano de recuperação judicial.

O artigo 51 da LFR elenca o rol de documentos que instruirão a peça exordial. Dentre eles, estão as demonstrações contábeis, os extratos das contas bancárias, a relação de ações judiciais em que o devedor é parte, dentre outros.[79]

[77] *Lei de falência e recuperação de empresas.* 5. ed. São Paulo: Atlas, 2010, p. 127-128.

[78] *Curso de direito comercial: direito de empresa.* 15. ed. São Paulo: Saraiva, 2014, v.3, p. 397-399.

[79] Dispõe o art. 51 da LFR: A petição inicial de recuperação judicial será instruída com: I – a exposição das causas concretas da situação patrimonial do devedor e das razões da crise econômico-financeira; II – as demonstrações contábeis relativas aos 3 (três) últimos exercícios sociais e as levantadas especialmente para instruir o pedido, confeccionadas com estrita observância da legislação societária aplicável e compostas obrigatoriamente de: a) balanço patrimonial; b) demonstração de resultados acumulados; c) demonstração do resultado desde o último exercício social; d) relatório gerencial de fluxo de caixa e de sua projeção; III – a relação nominal completa dos credores, inclusive aqueles por obrigação de fazer ou de dar, com a indicação do endereço de cada um, a natureza, a classificação e o valor atualizado do crédito, discriminando sua origem, o regime dos respectivos vencimentos e a indicação dos registros contábeis de cada transação pendente; IV – a relação integral dos empregados, em que constem as respectivas funções, salários, indenizações e outras parcelas a que têm direito, com o correspondente mês de competência, e a discriminação dos valores pendentes de pagamento; V – certidão de regularidade do devedor no Registro Público de Empresas, o ato constitutivo atualizado e as atas de nomeação dos atuais administradores; VI – a relação dos bens particulares dos sócios controladores e dos administradores do devedor; VII – os extratos atualizados das contas bancárias do devedor e de suas eventuais aplicações financeiras de qualquer modalidade, inclusive em fundos de investimento ou em bolsas de valores, emitidos pelas respectivas instituições financeiras; VIII – certidões dos cartórios de protestos situados na comarca do domicílio ou sede do devedor e naquelas onde possui filial; IX – a relação, subscrita pelo devedor, de todas as ações judiciais em que este figure como parte, inclusive as de natureza trabalhista, com a estimativa dos respectivos valores demandados.

Ainda, no momento da apresentação do plano de recuperação judicial, o artigo 53 da LFR determina a apresentação de demonstração da viabilidade econômica do devedor.[80]

Pela sistemática da LFR, o plano de recuperação judicial será apresentado pelo devedor aos credores, cabendo a eles a sua aprovação ou rejeição. Em regra, o magistrado está adstrito à decisão dos credores.

Assim, em última análise, pela sistemática atual, são os credores que analisam a viabilidade econômica do devedor. Esse tem sido o entendimento adotado pelo Superior Tribunal de Justiça:

> (...) Deveras, o magistrado não é a pessoa mais indicada para aferir a viabilidade econômica de planos de recuperação judicial, sobretudo aqueles que já passaram pelo crivo positivo dos credores em assembleia, haja vista que as projeções de sucesso da empreitada e os diversos graus de tolerância obrigacional recíproca estabelecida entre credores e devedor não são questões propriamente jurídicas, devendo, pois, acomodar-se na seara negocial da recuperação judicial. (REsp nº 1.359.311-SP, Rel. Min. Luis Felipe Salomão).

Essa conclusão, todavia, tem sido combatida, de forma veemente. Nesse sentido é a lição de Newton De Lucca:

> Imagine-se um plano de recuperação visivelmente inconsistente que venha a ser aprovado pela assembleia de credores (não por convicção íntima destes no êxito do plano, de resto um grotesco mistifório, mas sim à míngua de alguma alternativa para eles que não a declaração da falência do devedor...): Estaria o juiz obrigado a aceitá-lo?
>
> Também aqui, a meu ver, a resposta deverá ser igualmente negativa. Não vejo como possa entender-se que o magistrado, convencido da inconsistên-

[80] Dispõe o art. 53 da LFR: O plano de recuperação será apresentado pelo devedor em juízo no prazo improrrogável de 60 (sessenta) dias da publicação da decisão que deferir o processamento da recuperação judicial, sob pena de convolação em falência, e deverá conter: I – discriminação pormenorizada dos meios de recuperação a ser empregados, conforme o art. 50 desta Lei, e seu resumo; II – demonstração de sua viabilidade econômica; e III – laudo econômico-financeiro e de avaliação dos bens e ativos do devedor, subscrito por profissional legalmente habilitado ou empresa especializada.

cia do plano, esteja obrigado a fazer o papel de *inocente útil*, referendando uma solução que, de antemão, sabe ser absolutamente inadequada (...).[81]

No mesmo sentido, ensina Fábio Ulhoa Coelho:

> Pela lei brasileira, os juízes, em tese, não poderiam deixar de homologar os planos aprovados pela Assembleia dos Credores, quando alcançado o quórum qualificado da lei. Mas, como a aprovação dos planos inconsistentes levará à desmoralização do instituto, entende-se que, sendo o instrumento aprovado um *blá-blá-blá* inconteste, o juiz poderá deixar de homologá-lo e incumbir o administrador judicial, por exemplo, de procurar construir com o devedor e os credores mais interessados um plano alternativo.[82]

Verifica-se necessária uma séria e criteriosa análise sobre a viabilidade econômica da empresa em recuperação para se alcançar os objetivos traçados pela LRF.

O presente trabalho abordará, com mais profundidade, o plano de recuperação judicial, sua natureza, elementos de existência, requisitos de validade e condições de eficácia.

2.2. Princípios

A LRF, em seu artigo 47, menciona expressamente que a recuperação judicial tem por objetivo a preservação da empresa, sua função social e o estímulo à atividade econômica. A preservação da empresa e a sua função social são dois princípios basilares do Direito Comercial.

Ricardo Negrão observa que o destinatário da norma contida no artigo 47 da LFR, já citado, é o juiz, na medida em que cabe a ele dizer o direito aplicável.[83]

Thomaz H. Junqueira de A. Pereira, por sua vez, ensina: "*Princípios desempenham uma função particularmente importante quando são invocados*

[81] de Lucca, Newton e Simão Filho, Adalberto (coord.). *Comentários à nova lei de recuperação de empresas e de falências*. São Paulo: Quartier Latin, 2005, p. 33.

[82] *Comentários à lei de falências e de recuperação de empresas*. 9. ed. São Paulo: Saraiva, 2013, p. 224.

[83] Negrão, Ricardo. A preservação da função social como objetivo da recuperação judicial de empresa. In: Bruschi, Gilberto Gomes (coord.). *Direito processual empresarial: estudos em homenagem ao professor Manoel de Queiroz Pereira Calças*. Rio de Janeiro: Elsevier, 2012, p. 692.

como argumentos no sentido da existência de um direito ou obrigação em um caso concreto em que não haja uma regra jurídica que claramente o determine. (...)".[84]

Assim, os princípios explicitamente mencionados na LRF servirão de fundamento para que o juiz decida os processos de recuperação judicial, especialmente, as questões não reguladas expressamente pela legislação vigente.

O primeiro princípio previsto é o da preservação da empresa. Fábio Ulhoa Coelho ressalta que este princípio trata da: "(...) *proteção da atividade econômica, como objeto de direito cuja existência e desenvolvimento interessam não somente ao empresário, ou aos sócios da sociedade empresária, mas a um conjunto de sujeitos. (...)".*[85]

Salienta o autor que o conceito de empresa aqui empregado é o conceito técnico, aquele que a identifica como a atividade econômica organizada para a produção ou circulação de bens ou de serviços.[86]

No mesmo sentido, é a lição de Sheila C. Neder Cerezetti:

> (...) em face de uma situação de crise econômico-financeira da empresa, o legislador houve por bem considerar que sua liquidação afetaria não apenas os próprios detentores do capital da sociedade e os credores diretamente a ela relacionados. O fundamento para a afirmação da necessária preservação da empresa encontra-se na constatação de que a empresa constitui um centro ao redor do qual gravitam diversos interesses, que, não obstante muitas vezes colidentes, devem ser respeitados durante sua vida regular e sua eventual crise.[87]

Assim, a LRF traz como fundamento da recuperação judicial a manutenção da atividade produtiva, na medida em que é o exercício dessa atividade que proporcionará a manutenção do emprego dos trabalhadores. Esse princípio é observado, por exemplo, na regra contida no artigo 60

[84] PEREIRA, Thomaz H. Junqueira de A. A função dos princípios do direito recuperacional e falimentar brasileiro. In: BRUSCHI, Gilberto Gomes (coord.). *Direito processual empresarial: estudos em homenagem ao professor Manoel de Queiroz Pereira Calças.* Rio de Janeiro: Elsevier, 2012, p. 969.

[85] *Princípios do direito comercial.* São Paulo: Saraiva, 2012, p. 40.

[86] *Princípios do direito comercial.* São Paulo: Saraiva, 2012, p. 40.

[87] Princípio da preservação da empresa. In: COELHO, Fábio Ulhoa. *Tratado de direito comercial: falência e recuperação de empresa e direito marítimo.* São Paulo: Saraiva, 2015, v. 7, p. 28.

da LRF[88], de acordo com a qual o plano de recuperação judicial pode apresentar como meio de recuperação a venda de filiais ou unidades produtivas do devedor, o que aconteceria observando-se os preceitos da lei. O parágrafo único do referido artigo, por sua vez, garante que o arrematante que adquirir a filial ou unidade produtiva não sucederá o devedor em suas obrigações, podendo continuar a exploração do negócio, inclusive contratando os mesmos empregados, nos termos previstos no artigo 141 da LFR.[89]

Trata-se de medida que atende ao princípio da preservação da empresa, na medida em que tem o nítido objetivo de estimular que investidores adquiram estabelecimentos comerciais de sociedades ou empresários em recuperação judicial sem o risco de serem responsabilizados por dívidas deste.

Outro princípio basilar da LRF é o da função social da empresa que decorre da função social da propriedade prevista na Constituição Federal, como ensina Fábio Ulhoa Coelho:

[88] Art. 60. Se o plano de recuperação judicial aprovado envolver alienação judicial de filiais ou de unidades produtivas isoladas do devedor, o juiz ordenará a sua realização, observado o disposto no art. 142 desta Lei. Parágrafo-único. O objeto da alienação estará livre de qualquer ônus e não haverá sucessão do arrematante nas obrigações do devedor de qualquer natureza, incluídas, mas não exclusivamente, as de natureza ambiental, regulatória, administrativa, penal, anticorrupção, tributária e trabalhista, observado o disposto no § 1º do art. 141 desta Lei.

[89] Art. 141. Na alienação conjunta ou separada de ativos, inclusive da empresa ou de suas filiais, promovida sob qualquer das modalidades de que trata o art. 142: I – todos os credores, observada a ordem de preferência definida no art. 83 desta Lei, sub-rogam-se no produto da realização do ativo; II – o objeto da alienação estará livre de qualquer ônus e não haverá sucessão do arrematante nas obrigações do devedor, inclusive as de natureza tributária, as derivadas da legislação do trabalho e as decorrentes de acidentes de trabalho. § 1º O disposto no inciso II do caput deste artigo não se aplica quando o arrematante for: I – sócio da sociedade falida, ou sociedade controlada pelo falido; II – parente, em linha reta ou colateral até o 4º (quarto) grau, consangüíneo ou afim, do falido ou de sócio da sociedade falida; ou III – identificado como agente do falido com o objetivo de fraudar a sucessão. § 2º Empregados do devedor contratados pelo arrematante serão admitidos mediante novos contratos de trabalho e o arrematante não responde por obrigações decorrentes do contrato anterior. § 3º A alienação nas modalidades de que trata o art. 142 desta Lei poderá ser realizada com compartilhamento de custos operacionais por 2 (duas) ou mais empresas em situação falimentar.

> A propriedade dos bens de produção deve cumprir a função social, no sentido de não se concentrarem, apenas na titularidade de empresários, todos os interesses juridicamente protegidos que os circundam. A Constituição Federal reconhece, por meio deste princípio implícito, que são igualmente dignos de proteção jurídica os interesses metaindividuais, de toda a sociedade ou de parcela desta, potencialmente afetados pelo modo com que se empregam os bens de produção.[90]

Ainda, sobre esse princípio, fundamental é a lição de Waldírio Bulgarelli:

> É natural que, como centro polarizador da atividade econômica moderna já chamada de *cédula-mater* da economia em nossos tempos, convergisse para a empresa uma variada gama de interesses, dizendo respeito aos trabalhadores, aos credores, ao Estado (quer na sua função mais mesquinha de arrecadador de impostos, quer como incentivador das atividades produtoras, quer ainda como intérprete das aspirações populares ou do bem público), aos sócios ou acionistas em relação aos empresário coletivo; aos consumidores, à comunidade etc. E sem dúvida que a regulação ou proteção desses interesses chega a extravasar a área delimitada do Direito Comercial indo alcançar outros ramos do Direito. Era natural também que se acrescessem os deveres da empresa para com a sociedade e consequentemente sua responsabilidade, ficando-se autorizado a conferir-lhe, por isso, uma *função social* consequente com a ideia natural de bem público. Por essa razão, vem-se dando ênfase a essa posição da empresa no cenário da Sociedade, que ultrapassa de muito a antiga colocação como mera organização produtiva, no âmbito da teoria dos atos de comércio.[91]

É cediço que o empresário ou sócios da sociedade empresária, ao optarem por exercer a atividade empresarial, têm como interesse primário os lucros que dela advirão. Ocorre que o exercício de atividade econômica atinge diversos outros interesses: o interesse dos empregados, que empregarão sua força de trabalho; o interesse do Estado, com a arrecadação de tributos; o interesse dos consumidores, com o aumento

[90] *Princípios do direito comercial.* São Paulo: Saraiva, 2012, p. 37.

[91] Bulgarelli, Waldirio. *Tratado de direito empresarial.* 2. ed. São Paulo: Atlas, 1995, p. 165-166.

da oferta e da concorrência, podendo gerar uma diminuição no preço dos produtos e serviços oferecidos; enfim, interesses que ultrapassam o interesse primário daqueles que projetaram o negócio. Trata-se de interesses metaindividuais, coletivos e difusos.

Por isso, ao utilizarem os fatores de produção para obtenção do lucro, aqueles que exercem a atividade empresarial não podem violar os demais interesses envolvidos. Nesse sentido, ensina Fábio Ulhoa Coelho: "*Cumpre sua função social a empresa que gera empregos, tributos e riqueza, contribui para o desenvolvido econômico, social e cultural da comunidade em que atua, de sua região ou país, adota práticas empresariais sustentáveis visando à proteção do meio ambiente e ao respeito aos direitos dos consumidores.* (...)".[92]

Na recuperação judicial, deve-se procurar contemplar todos esses interesses, buscando a superação da crise econômico-financeira sem preterir nenhum deles. Nesse sentido, ensina Sheila C. Neder Cerezetti: "*Sob essa perspectiva, a função social da empresa passa a ser identificada nas situações em que, não obstante a crise, a empresa pode ser caracterizada como um organismo economicamente viável por meio da recuperação.*"[93]

Fábio Ulhoa Coelho trata, ainda, do princípio do impacto social da crise da empresa. Explica o autor que os interesses envolvidos no exercício da atividade empresarial podem ser imaginados como três círculos em torno dela: o primeiro, mais próximo ao centro, é representado pelos interesses dos sócios e empresários; o segundo, pelos *bystanders*, ou seja, o interesse dos trabalhadores, dos consumidores, do Fisco, dos fornecedores de insumos, ou seja, daqueles que se relacionam com a sociedade; o terceiro círculo é representado pelos interesses metaindividuais, difusos ou coletivos de todos aqueles que se beneficiam com o desenvolvido econômico regional ou local decorrente da empresa.[94]

O *par conditio creditorum* é outro princípio basilar segundo o qual os credores devem receber tratamento paritário no processo concursal. Está intimamente relacionado à classificação de créditos no processo de falência, visto que o Estado estabeleceu uma ordem de pagamento a ser observada pelo administrador judicial.

92 *Princípios do direito comercial.* São Paulo: Saraiva, 2012, p. 37.

93 Princípio da preservação da empresa. In: Coelho, Fábio Ulhoa. *Tratado de direito comercial: falência e recuperação de empresa e direito marítimo.* São Paulo: Saraiva, 2015, v. 7, p. 32.

94 *Princípios do direito comercial.* São Paulo: Saraiva, 2012, p. 57-58.

Alberto Camiña Moreira, ao tratar dos credores na falência, ensina que:

> Organizar a ordem legal de pagamento de créditos é organizar os (potenciais) prejuízos que os credores sofrem na falência; ou melhor, distribuir os prejuízos entre os diversos credores. Tal tarefa assume nítido caráter valorativo, e, por isso, é entregue, exclusivamente, ao legislador. Não compete ao juiz modificar a ordem legal (...) A dignidade da pessoa humana já é considerada pelo legislador ao estabelecer a ordem de pagamento dos credores (...).[95]

Assim, os credores são classificados para garantir que aquele que necessita mais da satisfação do crédito tenha preferência no seu recebimento. Em caso de insuficiência de recursos dentro de cada uma das classes, deve haver um rateio proporcional.

Relutou-se a admitir a aplicação de tal princípio na recuperação judicial, na medida em que não há ordem de pagamento dos credores estabelecida em lei para esse procedimento, com exceção aos prazos para pagamento dos créditos trabalhistas, previstos no artigo 54 da LRF. Há, outrossim, uma classificação de créditos para fins de votação na assembleia geral de credores, como determina o artigo 41 da LRF[96], o que não representa uma ordem de prioridade na satisfação do crédito

A importância desse princípio no processo recuperacional está intimamente ligado à possibilidade do devedor estabelecer condições de pagamento diversas para credores incluídos na mesma classe.

As Jornadas de Direito Comercial do Conselho da Justiça Federal aprovaram dois enunciados sobre a questão. O Enunciado 57 da I Jornada trata do tratamento dispensado aos credores no plano de recuperação judicial: "O plano de recuperação judicial deve prever tratamento

[95] Os credores na falência. In: Coelho, Fábio Ulhoa. *Tratado de direito comercial: falência e recuperação de empresa e direito marítimo.* São Paulo: Saraiva, 2015, v. 7, p. 135-136.

[96] Art. 41. A assembléia-geral será composta pelas seguintes classes de credores: I – titulares de créditos derivados da legislação do trabalho ou decorrentes de acidentes de trabalho; II – titulares de créditos com garantia real; III – titulares de créditos quirografários, com privilégio especial, com privilégio geral ou subordinados; IV – titulares de créditos enquadrados como microempresa ou empresa de pequeno porte. (Incluído pela Lei Complementar nº 147, de 2014).

igualitário para os membros da mesma classe de credores que possuam interesses homogêneos, sejam estes delineados em função da natureza do crédito, da importância do crédito ou de outro critério de similitude justificado pelo proponente do plano e homologado pelo magistrado."

Já o Enunciado 81 da II Jornada, por sua vez, procurou dirimir qualquer dúvida sobre a aplicação do referido princípio ao processo recuperacional: "Aplica-se à recuperação judicial, no que couber, o princípio *par condicio creditorum.*"

Assim, deve o devedor, no momento da elaboração do plano de recuperação judicial, estabelecer condições equânimes aos credores que possuem interesses homogêneos, sob pena de violar esse postulado.

Percebe-se que todos os princípios mencionados nortearão a recuperação judicial para que se alcance o fim precípuo que é a superação da crise econômico-financeira do devedor.

2.3. Devedor sujeito ao regime recuperacional e falimentar

No direito brasileiro, a recuperação judicial é um fenômeno restrito à atividade empresarial, não se admitindo a sua adoção por quem não é empresário, que se sujeitará ao procedimento denominado "execução por quantia certa contra devedor insolvente", regulado Código de Processo Civil de 1973, ainda aplicável para esse tema[97].

O artigo 1º da LFR determina que a lei tratará da recuperação judicial, extrajudicial e falência do empresário e da sociedade empresária, referidos como devedor. Assim, um dos pressupostos para a propositura da recuperação judicial é ser empresário ou sociedade empresária.

O artigo 966 do Código Civil[98] define empresário como sendo aquele que exerce atividade econômica organizada para produção ou circulação de bens ou de serviços. Este é o empresário individual.

Empresário individual é pessoa física que exerce atividade econômica organizada para produção ou circulação de bens ou de serviços. O empresário individual deve realizar a sua inscrição no Registro

[97] Art. 1.052, CPC/15: Até a edição de lei especial, as execuções contra devedor insolvente, em curso ou que venham a ser propostas, permanecem reguladas pelo Livro II, Título IV, da Lei n. 5.869, de 11 de janeiro de 1973.

[98] Art. 966. Considera-se empresário quem exerce profissionalmente atividade econômica organizada para a produção ou a circulação de bens ou de serviços.

Público de Empresas Mercantis, a cargo das Juntas Comerciais, no local da sua sede, antes do exercício da sua atividade. Será equiparado à pessoa jurídica para fins fiscais. Como pessoa física, não goza do benefício da separação patrimonial, respondendo pelos riscos da atividade com todo o seu patrimônio.

A sociedade, por sua vez, é definida no artigo 981 do Código Civil.[99] Trata-se de pessoa jurídica formada pela união de duas ou mais pessoas que pretendem contribuir com o seu patrimônio para o exercício de atividade econômica e partilha dos resultados.

Em regra, todo aquele que exerce atividade econômica é empresário. Dessa forma, a sociedade que exerce atividade econômica organizada para a produção ou circulação de bens ou de serviços é considerada empresária, como preceitua o artigo 982 do Código Civil.[100]

Excepcionalmente, a sociedade poderá ser classificada como simples, quando exercer atividades econômicas de natureza não empresarial, como a profissão intelectual, de natureza científica literária ou artística, cujo exercício não configure elemento de empresa[101] e as cooperativas.

A sociedade empresária está sujeita à recuperação judicial. A sociedade simples, por não possuir natureza empresarial, está excluída do regime recuperacional.

As sociedades empresárias deverão adotar um dos tipos societários previstos em nossa legislação, quais sejam: sociedade em nome coletivo, em comandita simples, limitada, anônima e em comandita por ações[102].

[99] Art. 981. Celebram contrato de sociedade as pessoas que reciprocamente se obrigam a contribuir, com bens ou serviços, para o exercício de atividade econômica e a partilha, entre si, dos resultados.

[100] Art. 982. Salvo as exceções expressas, considera-se empresária a sociedade que tem por objeto o exercício de atividade própria de empresário sujeito a registro (art. 967); e, simples, as demais. Parágrafo único. Independentemente de seu objeto, considera-se empresária a sociedade por ações; e, simples, a cooperativa.

[101] Art. 966. (...) Parágrafo único. Não se considera empresário quem exerce profissão intelectual, de natureza científica, literária ou artística, ainda com o concurso e auxiliares ou colaboradores, salvo se o exercício da profissão constituir elemento de empresa.

[102] Art. 983. A sociedade empresária deve constituir-se segundo um dos tipos regulados nos arts. 1.039 a 1.092; a sociedade simples pode constituir-se de conformidade com um desses tipos, e, não o fazendo, subordina-se às normas que lhe são próprias. Parágrafo único. Ressalvam-se as disposições concernentes à sociedade em conta de participação e à

Por fim, a EIRELI – Empresa individual de responsabilidade limitada, introduzida no ordenamento jurídico brasileiro pela Lei nº 12.441/2011, que inseriu o artigo 980-A ao Código Civil– também está sujeita à recuperação judicial. Trata-se de pessoa jurídica de direito privado constituída por único titular que destina parte de seu patrimônio para o exercício de atividade empresarial.

A EIRELI será constituída por uma única pessoa titular da totalidade do capital social. Pode também ser constituída pela concentração das quotas de sociedade empresária ou pela transformação do empresário individual em EIRELI. Referido capital não poderá ser inferior a 100 (cem) vezes o maior salário-mínimo vigente.

Apesar de não haver menção da sujeição da EIRELI à recuperação judicial, em razão da ausência de alteração expressa da LRF pela Lei nº 12.441/2011, não há dúvidas sobre tal fato, visto que o artigo 980-A, em seu § 6º[103], equipara a EIRELI às sociedades limitadas.

Com o advento da Lei nº 14.195/2021 se iniciou uma grande discussão sobre o futuro da EIRELI, considerando que o seu artigo 41[104] determina a transformação dessas pessoas jurídicas em sociedades limitadas unipessoais, apesar dos demais dispositivos que tratavam expressamente da revogação do instituto terem sido vetados.[105]

Diante desse infortúnio legislativo, ao que parece a interpretação a ser adotada pelo Departamento de Registro de Empresa e de Integração é no sentido de considerar que o artigo 41, supramencionado, revo-

cooperativa, bem como as constantes de leis especiais que, para o exercício de certas atividades, imponham a constituição da sociedade segundo determinado tipo.

[103] Art. 980-A. A empresa individual de responsabilidade limitada será constituída por uma única pessoa titular da totalidade do capital social, devidamente integralizado, que não será inferior a 100 (cem) vezes, o maior salário mínimo vigente no País. (...) § 6º Aplicam-se à empresa individual de responsabilidade limitada, no que couber, as regras previstas para as sociedades limitadas.

[104] Art. 41. As empresas individuais de responsabilidade limitada existentes na data da entrada em vigor desta Lei serão transformadas em sociedades limitadas unipessoais independentemente de qualquer alteração em seu ato constitutivo. Parágrafo único. Ato do Drei disciplinará a transformação referida neste artigo.

[105] Art. 57. Ficam revogados: XXIX – os seguintes dispositivos da Lei nº 10.406, de 10 de janeiro de 2002 (Código Civil): a) inciso VI do caput do art. 44 (Vetado); b) parágrafo único do art. 999 (Vetado); c) parágrafo único do art. 1.015; d) inciso IV do caput e o parágrafo único do art. 1.033; e, e) arts. 980-A, 982, 998 e 1.000 (Vetado).

gou tacitamente o Código Civil, deixando a EIRELI de existir em nosso ordenamento jurídico.

Assim, sendo considerada vigente, a EIRELI também possui legitimidade ativa para o pedido de recuperação judicial e extrajudicial.

Em síntese, estão sujeitos à recuperação judicial o empresário individual, pessoa física e a sociedade empresária pessoa jurídica. Ressalte-se que a sujeição à recuperação judicial está relacionada ao exercício regular da atividade empresarial, ou seja, o empresário irregular e a sociedade em comum, aquela irregular pela ausência de registro não podem também requerê-la, por força do disposto no *caput* do artigo 48, LRF[106].

Ademais, a Lei nº 11.101/2005 apresenta situações especiais de sujeição. A primeira delas é a das companhias aéreas. Os artigos 198 e 199[107] autorizam expressamente as companhias aéreas ajuizarem pedido de recuperação judicial, extrajudicial ou ter a falência decretada. Tais dispositivos inovam, pois, o Decreto-lei nº 7.661/45, que regulou a falência até a entrada em vigor da atual LRF, excluía essas sociedades do regime falimentar.

2.3.1. Devedor não sujeito: exclusão expressa

O art. 2º da LFR[108] elenca o rol dos expressamente excluídos do regime recuperacional. Ressalte-se que todas as pessoas jurídicas descritas neste dispositivo são sociedades empresárias excluídas por expressa disposição de Lei.

[106] Art. 48. Poderá requerer recuperação judicial o devedor que, no momento do pedido, exerça regularmente suas atividades há mais de 2 (dois) anos e que atenda aos seguintes requisitos, cumulativamente: (...).

[107] Art. 198. Os devedores proibidos de requerer concordata nos termos da legislação específica em vigor na data da publicação desta Lei ficam proibidos de requerer recuperação judicial ou extrajudicial nos termos desta Lei. Art. 199. Não se aplica o disposto no art. 198 desta Lei às sociedades a que se refere o art. 187 da Lei n. 7.565, de 19 de dezembro de 1986.

[108] Art. 2º Esta Lei não se aplica a: I – empresa pública e sociedade de economia mista; II – instituição financeira pública ou privada, cooperativa de crédito, consórcio, entidade de previdência complementar, sociedade operadora de plano de assistência à saúde, sociedade seguradora, sociedade de capitalização e outras entidades legalmente equiparadas às anteriores.

Fábio Ulhoa Coelho[109] classifica esse dispositivo legal em duas categorias: os absolutamente e os relativamente excluídos. O inciso I do art. 2º da LFR determina que a lei não se aplica às empresas públicas e às sociedades de economia mista. Tais sociedades são pessoas jurídicas de direito privado com participação do Estado na composição do capital social. Em razão dessa participação, a eventual insolvência será regida pelas regras do Direito Administrativo.

O inciso II restringe a aplicação do regime recuperacional às instituições financeiras públicas e privadas, cooperativas de crédito, consórcios, entidades de previdência complementar, sociedades operadoras de planos de assistência à saúde, sociedades seguradoras, sociedades de capitalização e outras entidades legalmente equiparadas às anteriores. Fábio Ulhoa Coelho[110] ensina que tais sociedades são relativamente excluídas, pois podem falir em determinadas hipóteses, apesar de estarem impossibilitadas de requerer recuperação judicial e extrajudicial.

As instituições financeiras são regidas pela Lei nº 6.024/74 que regula o procedimento de intervenção e liquidação extrajudicial das instituições financeiras. O art. 53[111] proíbe tais sociedades de requererem concordata. O art. 198[112] da LRF, por sua vez, confirma a manutenção da proibição com relação à recuperação judicial e extrajudicial.

Por outro lado, o art. 21[113] da Lei nº 6.024/74 autoriza o liquidante a requerer a falência da entidade quando o seu ativo não for suficiente

[109] Coelho, Fábio Ulhoa. *Curso de direito comercial: direito de empresa*. 15. ed. São Paulo: Saraiva, 2014. v. 3. p. 258.

[110] Coelho, Fábio Ulhoa. *Curso de direito comercial: direito de empresa*. 15. ed. São Paulo: Saraiva, 2014. v. 3, p. 259.

[111] Art. 53. As sociedades ou empresas que integram o sistema de distribuição de títulos ou valores mobiliários no mercado de capitais, assim como as sociedades ou empresas corretoras de câmbio, não poderão como as instituições financeiras impetrar concordata.

[112] Art. 198. Os devedores proibidos de requerer concordata nos termos da legislação específica em vigor na data da publicação desta Lei ficam proibidos de requerer recuperação judicial ou extrajudicial nos termos desta Lei.

[113] Art. 21. À vista do relatório ou da proposta previstos no art. 11, apresentados pelo liquidante na conformidade do artigo anterior, o Banco Central do Brasil poderá autorizá-lo a: a) prosseguir na liquidação extrajudicial; b) requerer a falência da entidade, quando o seu ativo não for suficiente para cobrir pelo menos a metade do valor dos créditos quirografários, ou quando houver fundados indícios de crimes falimentares.

para cobrir pelo menos a metade do valor dos créditos quirografários, ou quando houver fundados indícios de crimes falimentares.

Assim, as instituições financeiras não podem requerer recuperação judicial ou extrajudicial, mas podem ter sua falência decretada, desde que seja requerida com autorização do Banco Central do Brasil, a pedido do liquidante.

As cooperativas de crédito são equiparadas às instituições financeiras, nos termos do art. 17[114] da Lei nº 4.595/64, razão pela qual também se aplicam as regras da Lei nº 6.024/74.[115]

Quanto aos consórcios, a LRF não foi clara ao mencionar se a exclusão se refere às administradoras de consórcios reguladas pela Lei nº 11.795/2008 ou do consórcio de sociedades previsto no art. 278 da Lei nº 6.404/76.

A Lei nº 11.795/2008 trata dos contratos de consórcio, consubstanciados pela reunião de pessoas físicas e jurídicas em grupo para contribuição recíproca e aquisição futura de eventuais bens ou serviços. Os contratos dessa natureza são administrados por instituições financeiras às quais se aplica o regime da Lei nº 6.024/74.

Já o consórcio de sociedades, regido pelo art. 278[116] da Lei nº 6.404/76 é a reunião de sociedades empresárias para a realização de determinado empreendimento. O consórcio não adquire personalidade jurídica e as obrigações entre as consorciadas continuam independentes. Dessa forma, poderá haver a recuperação judicial de uma ou mais sociedades consorciadas, mas não do consórcio em si, o que o exclui do regime recuperacional.

[114] Art. 17. Consideram-se instituições financeiras, para os efeitos da legislação em vigor, às pessoas jurídicas públicas ou privadas, que tenham como atividade principal ou acessória a coleta, intermediação ou aplicação de recursos financeiros próprios ou de terceiros, em moeda nacional ou estrangeira, e a custódia de valor de propriedade de terceiros.

[115] Nesse sentido é o posicionamento de Mamede, Gladston. *Direito empresarial brasileiro: falência e recuperação de empresas*. 5. ed. São Paulo: Atlas. v. 4. p. 15.

[116] Art. 278. As companhias e quaisquer outras sociedades, sob o mesmo controle ou não, podem constituir consórcio para executar determinado empreendimento, observado o disposto neste capítulo. § 1º O consórcio não tem personalidade jurídica e as consorciadas se obrigam nas condições previstas nos respectivos contratos, podendo cada uma por suas obrigações, sem presunção de solidariedade. § 2º A falência de uma consorciada não se estende às demais, subsistindo o consórcio com as outras contratantes; os créditos que porventura tiver a falida serão apurados e pagos na forma prevista no contrato de consórcio.

As entidades de previdência complementar são regidas pela Lei Complementar nº 109/2001. São sociedades anônimas constituídas com o objetivo de instituir e operar planos de previdência privada. O art. 47[117] traz proibição expressa quanto à possibilidade de concordata. Como já visto, o art. 198 da LFR confirma a proibição com relação à recuperação judicial e extrajudicial.

O art. 62 da mesma Lei Complementar nº 109/2001[118] determina a aplicação subsidiária da Lei nº 6.024/74 aos procedimentos de liquidação extrajudicial, exclusivamente para as entidades abertas, recebendo estas, portanto, o mesmo tratamento dispensado às instituições financeiras.

As entidades de previdência complementar fechadas não se sujeitam ao regime da LRF[119], não havendo sequer aplicação subsidiária da falência, como ocorre com relação às entidades de previdência complementar abertas.

As sociedades operadoras de planos de assistência à saúde são regidas pela Lei nº 9.656/98. São sociedades empresárias que prestam serviço sob a fiscalização da ANS – Agência Nacional de Saúde, agência reguladora especialmente criada para esse fim.

O art. 23 da Lei nº 9.656/98 determina que as operadoras de planos de assistência à saúde não podem requerer concordata e, portanto, não podem requerer recuperação judicial e extrajudicial e, ainda, não estarão sujeitas ao regime falimentar, salvo se o ativo apurado no procedimento de liquidação não for suficiente para pagamento de, pelo menos, metade do passivo, pagamento das despesas administrativas e operacionais inerentes ao processamento da liquidação extrajudicial ou nas hipóteses de fundados indícios de prática de crime falimentar.

[117] Art. 47. As entidades fechadas não poderão solicitar concordata e não estão sujeitas à falência, mas somente a liquidação extrajudicial.

[118] Art. 62. Aplicam-se à intervenção e à liquidação das entidades de previdência complementar, no que couber, os dispositivos da legislação sobre a intervenção e liquidação extrajudicial das instituições financeiras, cabendo ao órgão regulador e fiscalizador as funções atribuídas ao Banco Central do Brasil.

[119] O artigo 47, da Lei Complementar nº 109/2001 dispõe: Art. 47. As entidades fechadas não poderão solicitar concordata e não estão sujeitas a falência, mas somente a liquidação extrajudicial.

As sociedades seguradoras, por sua vez, são regidas pelo Decreto-lei nº 73/66 que, em seu art. 26[120], exclui tais sociedades do regime da concordata e, consequentemente, da recuperação judicial e extrajudicial. Exclui ainda do regime falimentar, salvo se o ativo não for suficiente para o pagamento de, pelo menos, a metade dos credores quirografários, ou quando houver fundados indícios da ocorrência de crime falimentar.

As sociedades de capitalização são regidas pelo Decreto-lei nº 261/67 e são definidas como sociedades que tenham como objetivo fornecer ao público a constituição de planos de capitalização, nos termos autorizados pelo Governo Federal. A essas entidades se aplicam as regras do Decreto-lei nº 73/66.

Por fim, o inciso II do referido artigo 2º da LFR, menciona a possibilidade de outras entidades legalmente equiparadas às anteriores, manifestando o desejo do legislador de estabelecer um rol exemplificativo.

Nesse sentido, a Lei nº 12.767/12 exclui as concessionárias de energia elétrica do regime da recuperação judicial e extrajudicial enquanto vigente o contrato de concessão.

2.3.2. Devedor não sujeito: exclusão tácita

Como estudado, a LRF, no seu artigo 1º, delimitou os sujeitos à recuperação judicial, à recuperação extrajudicial e à falência, determinando que a sujeição do regime cabe somente ao empresário e à sociedade empresária, com a ressalva realizada em relação à EIRELI. Por outro lado, no artigo 2º, tratou de elencar sociedades empresárias expressamente excluídas da aplicação do regime falimentar e recuperacional.

Porém, há situação relevante que merece estudo próprio: a exclusão tácita de pessoas que não exercem atividade econômica ou que exercem atividade econômica sem natureza empresarial.

A LRF, ao determinar que o regime falimentar e recuperacional se aplica ao empresário e à sociedade empresária, por via transversa, excluiu tacitamente todo aquele que não se enquadra nesses conceitos, dentre eles, os que não exercem atividade econômica. Estão nesse

[120] Art. 26. As sociedades seguradoras não poderão requerer concordata e não estão sujeitas à falência, salvo, neste último caso, se decretada a liquidação extrajudicial, o ativo não for suficiente para o pagamento de pelo menos a metade dos credores quirografários, ou quando houver fundados indícios da ocorrência de crime falimentar.

grupo, as pessoas físicas que não exercem atividade econômica e as pessoas jurídicas de direito privado sem fins econômicos, quais seja, as associações, as fundações, os partidos políticos e as organizações religiosas.

Dessa forma, a crise desses agentes deve ser regulada pelo Código de Processo Civil, que em seu artigo 1.052, remete ao procedimento de Execução por quantia certa contra devedor insolvente, regulado pelos artigos 748 a 786-A, do Código de Processo Civil de 1973 (Lei nº 5.869/73), em vigor nesta parte.

Ressalte-se que o procedimento de Execução por quantia certa contra devedor insolvente, comumente denominado "Insolvência Civil" trata da liquidação do patrimônio do devedor insolvente, trazendo, ainda, a possibilidade firmar acordo com os seus credores após a formação do quadro geral de credores (art. 783, CPC/73), instituto que Scalzilli, Spinelli e Tellechea[121] denominam "concordata civil".

Recentemente, tem surgido casos de pedidos de recuperação judicial ajuizados por associações[122]. O fundamento que serviu de base para

[121] Scalzilli, João Pedro; Spinelli, Luís Felipe; Tellechea, Rodrigo. Recuperação de empresas e falência: teoria e prática na Lei 11.101/2005. São Paulo: Almedina, 2018.

[122] Podemos dizer que o primeiro grande caso foi da entidade mantenedora da Universidade Cândido Mendes, cuja ementa segue: Direito Empresarial. Recuperação judicial de associação e instituto sem fins lucrativos, entidade mantenedora da Universidade Cândido Mendes. Aplicação da Lei federal nº 11.101/2005, arts. 1º e 2º Lei de Recuperação Judicial e Falências, acolhendo-se o entendimento de se tratar de associação civil com fins econômicos, sociais e acadêmicos. Decisão do Juízo singular, em sede de despacho liminar positivo, que deferiu o processamento da recuperação judicial, nomeou administrador judicial e determinou a suspensão de todas as ações ou execuções contra os requerentes, nos termos e com as ressalvas constantes do inciso III do sobredito dispositivo legal, entre outras providências pertinentes, e antecipou os efeitos do "stay period" para a data do protocolo da petição inicial. Recurso do Ministério Público. Pretensão de reforma do julgado sob a tese de que associações civis sem fins lucrativos, de cunho filantrópico, não se enquadram no disposto no art. 1º da Lei de Recuperação Judicial e Falências, por não se constituírem em sociedades empresárias, tampouco estarem inscritas no Registro Público de Empresas Mercantis, entre outros fundamentos. Pedido de efeito suspensivo indeferido neste recurso incidental. No ponto principal do recurso o seu acolhimento parcial. Agravo de Instrumento nº 0031515-53.2020.8.19.0000.jgf 2 A mera interpretação literal do disposto no inciso II do art. 52 da Lei federal nº 11.101/2005, Lei de Recuperação Judicial, no sentido de excluir as associações sem fins lucrativos, não pode subsistir em face da prevalência do direito fundamental da liberdade econômica, tão cara ao Estado Democrático de Direito implantado pela Constituição da República de 5 de outubro de 1988. O critério da legali-

dade estrita como fonte única do Direito, como a muitos parecia na vigência do art. 126 do Código de Processo Civil e do art. 4º da redação original da Lei de Introdução às Normas do Direito Brasileiro, foi ultrapassado pelo disposto no art. 8º do Código de Processo Civil: "Ao aplicar o ordenamento jurídico, o juiz atenderá aos fins sociais e às exigências do bem comum, resguardando e promovendo a dignidade da pessoa humana e observando a proporcionalidade, a razoabilidade, a legalidade, a publicidade e a eficiência". O critério da legalidade, se inicial ao processo hermenêutico, não o esgota, pois há de se levar em conta o conjunto do ordenamento jurídico e os valores que inspiram a aplicação do Direito. O cerne da questão não está, pois, na natureza jurídica do agente econômico, se mercantil ou não, mas no impacto da atividade por ele empreendida, nos aspectos culturais, econômicos, sociais e educativos. Ainda que formalmente registrada como associação civil, a entidade de ensino, a toda evidência, desempenha atividade econômica lucrativa, que repercute jurídica e economicamente. Como salientado pelos demandantes, em sua petição inicial, a concepção moderna da atividade empresária se afasta do formalismo, da letra fria da Lei, para alcançar a autêntica natureza da atividade objetivamente considerada. Ainda que no aspecto formal a mantenedora da Universidade Cândido Mendes se apresente como associação civil, formato que assumiu desde a sua formação, há mais de 100 anos, desempenha atividade empresária, ao teor do disposto no art. 966 do Código Civil, por realizar atividade econômica organizada para a produção ou circulação de bens ou serviços, atuando na área da Educação em nível superior, gerando empregos, bens culturais e arrecadação para o Estado, exercendo assim a sua função social. Agravo de Instrumento nº 0031515-53.2020.8.19.0000.jgf 3 Destaque-se que a falta do registro na Junta Comercial não pode ser obstáculo para o deferimento da recuperação. O que está em debate é a qualidade de empresária da recorrente quando da apresentação do pedido de recuperação, e não a regularidade de seus atos constitutivos, os quais apenas refletem a forma de sua organização jurídica, que atendeu plenamente o que prescrevia a ordem jurídica no início do século XX. Para a garantia da continuidade das atividades do Grupo, sem quaisquer interrupções dos serviços educacionais, necessária se faz que haja êxito na recuperação judicial, com o cumprimento das finalidades indicadas no art. 47 da LREF, ou seja, a manutenção da fonte produtora, do emprego dos trabalhadores e dos interesses dos credores. Constitui direito fundamental da ordem econômica, como decorre do respectivo título do texto constitucional, o direito de empresa de organizar os fatores de produção, em atividade lícita, o que não se submete a restrições sem razoabilidade do legislador ordinário que, declaradamente, na lei regente da espécie, incluiu ou excluiu outros agentes econômicos. Reforma da decisão impugnada tão somente para que seja nomeado Administrador Judicial pelo Juízo nos termos do previsto no Ato Executivo Conjunto nº 53/2013 deste Tribunal de Justiça. Precedentes: REsp 1.004.910/RJ, 4ª Turma, Rel. Ministro Fernando Gonçalves, j. 18.03.2008; Agravo de Instrumento nº 1.134.545 – RJ (2008/0275183-4), rel. Min. Fernando Gonçalves, decisão publicada em 12/06/2009. Provimento parcial do recurso. (TJRJ, Agravo de Instrumento nº 0031515-53.2020.8.19.0000, Rel. Des. Nagib Slaibi, j. 2.9.2020, por maioria).

o deferimento do processamento desses recentes casos é o fato de que tais pessoas jurídicas, apesar de não exercerem atividades com fins lucrativos, exercem atividades economicamente relevantes, o que justificaria a aplicação do regime recuperacional. Trata-se de importante decisão que pode indicar uma mudança de rumos no tratamento do direito falimentar e recuperacional.

Situação semelhante é a das pessoas jurídicas que exercem atividade econômica de natureza não empresarial. É o caso das sociedades simples que, apesar de exercerem atividade lucrativa, são registradas no Registro Civil das Pessoas Jurídicas e, portanto, não se sujeitam ao regime falimentar e recuperacional, mas sim ao regime da insolvência civil, regulado pelo Código de Processo Civil. Dentre as sociedades simples, está a cooperativa, regulada pela Lei nº 5.764/71 que, sendo sociedade simples, também não se sujeita aos efeitos da recuperação judicial.

Para sintetizar a questão relacionada à sujeição, pode-se concluir que estão sujeitos ao regime falimentar e recuperacional, o empresário individual, EIRELI e sociedade empresária. Com relação às sociedades, incluem-se as companhias aéreas e excluem-se as empresas públicas e sociedades de economia mista, com relação ao regime falimentar e recuperacional. Com relação às demais sociedades mencionadas no art. 2º, II, a exclusão abrange somente o regime recuperacional, permitindo-se a decretação da falência nos casos previstos nas respectivas legislações específicas.

2.4. Competência

O artigo 3º da LFR[123] define o foro competente para conhecer o pedido de recuperação judicial ou extrajudicial formulado pelo devedor. Distingue duas situações: i) o devedor com sede no Brasil e que possui mais de um estabelecimento e; ii) o devedor com sede no exterior e filial no Brasil.

[123] Art. 3º É competente para homologar o plano de recuperação extrajudicial, deferir a recuperação judicial ou decretar a falência o juízo do local do principal estabelecimento do devedor ou da filial de empresa que tenha sede fora do Brasil.

No primeiro caso, o devedor que possui sede no Brasil e só dispõe de um estabelecimento comercial deverá requerer sua recuperação judicial no juízo do local onde está estabelecido.

Porém, havendo mais de um estabelecimento, deve o devedor ajuizar o pedido no juízo do local do principal estabelecimento. Essa regra também era estabelecida no artigo 7º do Decreto-lei nº 7.661/45. A LRF não definiu o conceito de principal estabelecimento, cabendo à doutrina fazê-lo.

Paulo Fernando Campos Salles de Toledo esclarece:

> Para uma primeira corrente, o principal estabelecimento seria o do domicílio estatutário, ou seja, aquele fixado como tal no contrato social ou nos estatutos. O ponto falho da ideia é que essa fixação poderia ser feita aleatoriamente, e até em fraude aos credores. Uma segunda alternativa corresponderia à sede administrativa da empresa, o centro gerador das decisões negociais. Mas isto poderia facilitar (o exemplo é clássico) ao devedor de má-fé a mudança formal de sua sede às vésperas da impetração de recuperação judicial, fugindo, assim, ao juízo naturalmente competente, e igualmente prejudicando os credores.[124]

O impasse em conceituar "principal estabelecimento" está em adotar um critério para defini-lo: poderia se considerar a sede estatutária ou contratual, porém tal critério é passível de manipulação pelo devedor, que poderia alterá-la a qualquer tempo, como bem lhe conviesse; ainda, poderia se adotar o critério econômico, fundado na ideia de que o principal estabelecimento é aquele mais importante para a sociedade do ponto de vista econômico e patrimonial.

Importante é a lição de Oscar Barreto Filho que esclarece a diferença entre principal estabelecimento e estabelecimento matriz: "*O conceito de estabelecimento matriz é jurídico, prende-se à idéia de centro de direção dos negócios; a noção de estabelecimento principal é econômica, pois diz respeito à concentração de valores patrimoniais.*"[125]

[124] Toledo, Paulo F.C. Salles de; Abrão, Carlos Henrique. *Comentários à lei de recuperação de empresas e falência*. 5. ed. rev. atual. e ampl. São Paulo: Saraiva, 2012, p. 63.

[125] Barreto Filho, Oscar. *Teoria do estabelecimento comercial: fundo de comércio ou fazenda mercantil*. 2. ed. São Paulo: Saraiva, 1988, p. 145.

A posição que vem prevalecendo é aquela que considera o critério econômico. Oscar Barreto Filho enuncia: "*Deve, portanto, preponderar na conceituação do estabelecimento principal o critério quantitativo do ponto de vista econômico, qual seja, aquele em que o comerciante exerce maior atividade mercantil, e que, portanto, é mais expressivo em termos patrimoniais.*"[126]

No mesmo sentido é a lição de Paulo Fernando Campos Salles de Toledo: "(...) *Desse modo, para os fins previstos no art. 3º em foco, essa expressividade irá relacionar-se ao local em que estiverem concentrados em maior número os bens da empresa, ou em que estiver radicada boa parte de seus credores*".[127]

Dessa forma, o pedido de recuperação judicial deve ser proposto no juízo do local do principal estabelecimento do devedor, ou seja, daquele mais importante do ponto de vista econômico e patrimonial.

O devedor com sede no exterior, mas com filial ou sucursal no Brasil, pode requerer recuperação judicial. Nesse caso, o fará no foro do local onde está estabelecida sua filial no Brasil. Havendo diversas filiais, adota-se também o critério do principal estabelecimento, devendo o pedido ser ajuizado na filial de maior relevância econômica.[128]

2.5. Créditos

2.5.1. Créditos sujeitos

Ao ajuizar o pedido de recuperação judicial, o devedor pretende obter uma solução para a crise de forma que consiga honrar os seus compromissos, mantendo a sua atividade empresarial. Por isso, os credores exercem papel fundamental para que esse objetivo seja alcançado.

Assim, relevante é o estudo dos créditos abrangidos pela recuperação judicial, já que, a partir disso, se definirá o passivo sujeito ao futuro plano de recuperação judicial e as pessoas que participarão da sua aprovação ou rejeição.

[126] BARRETO FILHO, Oscar. *Teoria do estabelecimento comercial: fundo de comércio ou fazenda mercantil.* 2. ed. São Paulo: Saraiva, 1988, p. 145-146.

[127] *Comentários à lei de recuperação de empresas e falência.* 5. ed. rev. atual. e ampl. São Paulo: Saraiva, 2012, p. 63-64.

[128] Entendemos que o estudo da Insolvência Transnacional, prevista nos artigos 167-A a 167-Y não se enquadra no escopo deste trabalho.

De acordo com o artigo 49 da LFR[129] estão sujeitos à recuperação judicial todos os créditos existentes na data do pedido, ainda que não vencidos. A regra geral é a de que todas as obrigações constituídas até a data do ajuizamento do pedido estarão sujeitas ao plano de recuperação judicial. Aqui, duas observações importantes: i) o legislador adotou como critério a "existência" do crédito, ou seja, a sua constituição, e não o seu vencimento. Assim, sendo a obrigação constituída até a data do ajuizamento do pedido, estará sujeita ao processo recuperacional; ii) os créditos constituídos após o ajuizamento do pedido não estarão sujeitos e deverão ser cumpridos pelo devedor na forma contratada. O plano de recuperação judicial não surtirá nenhum efeito sobre eles. Da mesma forma, os seus titulares não participarão da recuperação judicial.

Relevante mencionar a situação das obrigações de trato sucessivo, ou seja, aquelas que foram constituídas até a data do ajuizamento do pedido, mas cujo cumprimento será realizado, em diversos momentos, no futuro.

Gladston Mamede entende que a relação jurídica deve ser alcançada como um todo, sujeitando-se à recuperação judicial, todas as obrigações dela decorrentes.[130]

Manoel Justino Bezerra Filho tem entendimento diverso, no sentido de que, nas obrigações de trato sucessivo, os créditos vencidos após o ajuizamento do pedido não estariam sujeitos à recuperação judicial, como se verifica:

> (...) No que diz respeito a aluguéis de imóveis, estão sujeitos à recuperação judicial apenas os aluguéis vencidos, pois os vincendos não podem ser considerados "créditos existentes na data do pedido" e, portanto, são exigíveis em seu vencimento, sob pena de despejo por falta de pagamento. Da mesma forma, contas de consumo de energia elétrica, água, telefone e semelhantes, estão sujeitas ao plano de recuperação, se já vencidas no

[129] Art. 49. Estão sujeitos à recuperação judicial todos os créditos existentes na data do pedido, ainda que não vencidos. (...).

[130] MAMEDE, Gladston. *Direito empresarial brasileiro: falência e recuperação de empresas*. 5. ed. São Paulo: Atlas, 2012, v. 4, p. 129.

momento do ajuizamento; as vincendas não estão sujeitas e serão cobradas normalmente, inclusive com corte no fornecimento, se for o caso (...).[131]

Nesse sentido tem decidido o Tribunal de Justiça de São Paulo[132]. Assim, excepcionalmente, nas obrigações de trato sucessivo ou de prestação continuada, as prestações vencidas até a data do pedido de recuperação judicial estarão sujeitas, enquanto aquelas vencidas após o pedido estarão excluídas do plano de recuperação judicial.

Outra questão importante, é a relativa aos créditos constituídos após o pedido de recuperação judicial mas cujos fatos geradores são anteriores. Exemplo recorrente é a condenação do devedor ao pagamento de verbas trabalhistas por meio de sentença proferida após o requerimento da recuperação judicial mas que tem por objeto serviços prestados pelo empregado antes do pedido. O Superior Tribunal de Justiça firmou-se o entendimento de que o critério de sujeição ao processo de recuperação judicial será a data do fato constitutivo do direito e não a data da condenação judicial.[133].

Dessa forma, sujeitam-se à recuperação judicial todos os créditos existentes na data do ajuizamento do pedido, seja de natureza contratual ou extracontratual, trabalhista, civil ou empresarial, com garantia real ou fidejussória, desde que não se enquadrem nas hipóteses previstas nos §§ 3º e 4º do artigo 49, da LFR, bem como os créditos tributários e as obrigações previstas no artigo 5º da LFR que são consideradas inexigíveis, todos serão estudados a seguir.

131 *Lei de recuperação de empresas e falência: Lei 11.101/2005 comentada artigo por artigo.* 7. ed. rev. atual. e ampl. São Paulo: Ed. RT, 2011, p. 137.

132 Apelação. Locação. Despejo por falta de pagamento cumulado com cobrança de aluguéis e outros encargos. Recuperação Judicial superveniente. Necessidade de habilitação dos créditos originados até a data do pedido de recuperação. Devidos os débitos posteriores ao pedido. Mantida a sentença em relação aos débitos posteriores. Apelo parcialmente provido. (Relator(a): Pereira Calças; Comarca: Lins; Órgão julgador: 29ª Câmara de Direito Privado; Data do julgamento: 27/05/2015; Data de registro: 28/05/2015).

133 Tema 1051, STJ: Para o fim de submissão aos efeitos da recuperação judicial, considera-se que a existência do crédito é determinada pela data em que ocorreu o seu fato gerador.

2.5.2. Créditos não sujeitos e obrigações não exigíveis

O artigo 49, em seus §§ 3º e 4º, da LRF[134], traz as hipóteses de obrigações existentes na data do pedido, mas excluídas dos efeitos da recuperação judicial. São elas:

> i) os créditos derivados de propriedade fiduciária de bens móveis ou imóveis;
>
> ii) os créditos derivados de contrato de arrendamento mercantil;
>
> iii) os créditos derivados de compromisso de venda e compra de imóvel com cláusula de irrevogabilidade ou irretratabilidade, inclusive em incorporações imobiliárias;
>
> iv) os créditos derivados de compra e venda com reserva de domínio;
>
> v) os créditos decorrentes de adiantamento a contrato de câmbio.

As quatro primeiras hipóteses, previstas no art. 49, § 3º, da LRF, tratam de créditos vinculados à propriedade de bens móveis ou imóveis. Ressalte-se que os créditos com garantia real decorrentes de penhor, hipoteca ou anticrese estão sujeitos à recuperação judicial, uma vez que não se enquadram em nenhuma das exceções mencionadas.

A primeira hipótese é a que trata dos créditos decorrentes de propriedade fiduciária de bens móveis ou imóveis. A propriedade fiduciária está definida no artigo 1.361, do Código Civil[135] como sendo a propriedade resolúvel de bem móvel fungível transferida pelo devedor ao credor, como garantia. A propriedade fiduciária de bem imóvel é regulada pela Lei nº 9.514/97.

[134] Art. 49. (...) § 3º Tratando-se de credor titular da posição de proprietário fiduciário de bens móveis ou imóveis, de arrendador mercantil, de proprietário ou promitente vendedor de imóvel cujos respectivos contratos contenham cláusula de irrevogabilidade ou irretratabilidade, inclusive em incorporações imobiliárias, ou de proprietário em contrato de venda com reserva de domínio, seu crédito não se submeterá aos efeitos da recuperação judicial e prevalecerão os direitos de propriedade sobre a coisa e as condições contratuais, observada a legislação respectiva, não se permitindo, contudo, durante o prazo de suspensão a que se refere o § 4º do art. 6º desta Lei, a venda ou a retirada do estabelecimento do devedor dos bens de capital essenciais a sua atividade empresarial. § 4º Não se sujeitará aos efeitos da recuperação judicial a importância a que se refere o inciso II do art. 86 desta Lei. (...).

[135] Art. 1.361. Considera-se fiduciária a propriedade resolúvel de coisa móvel infungível que o devedor, com escopo de garantia, transfere ao credor. (...).

A propriedade do bem dado em garantia de outra obrigação é transferida do devedor para o credor, incidindo uma cláusula resolutiva, ou seja, a propriedade do credor se resolve quando a obrigação for liquidada.

A propriedade fiduciária é transmitida por meio de contrato de alienação fiduciária em garantia, aplicável tanto ao bem móvel quanto ao imóvel. Considerando que o devedor fiduciário esteja passando por crise, deixe de cumprir a obrigação e venha a ajuizar pedido de recuperação judicial, o proprietário fiduciário exercerá o seu direito de propriedade sobre o bem dado em garantia, não se sujeitando aos efeitos do processo recuperacional, por força do artigo 49, § 3º, da LFR. Isto porque, entendeu o legislador que o direito de propriedade fiduciária deve prevalecer, razão pela qual o credor fiduciário foi excluído do regime e estará livre para exigir o cumprimento das obrigações pactuadas com o devedor.

Questão relevante é a relacionada à cessão fiduciária de créditos. Jorge Lobo assim define o contrato:

> Isto posto, adentrando na controvérsia, entendo que a cessão fiduciária em garantia de recebíveis é a transferência, limitada e resolúvel, que faz o devedor-fiduciante ao credor-fiduciário, do domínio e posse direta, mediante tradição efetiva, de direitos creditórios oriundos de títulos de crédito próprios e impróprios ou de contratos em garantia do pagamento de obrigação a que acede, resolvendo-se o direito do credor-fiduciário com a liquidação da dívida garantida e a reversão imediata e automática da propriedade ao devedor-fiduciante uma vez satisfeito o débito.[136]

Na cessão fiduciária, o devedor transfere ao credor, em garantia de obrigação assumida, a propriedade de títulos de créditos ou créditos oriundos de contratos, ou seja, de recebíveis. Sobre tais créditos, o credor adquire a propriedade resolúvel.

Importante ressaltar que o referido artigo 49, § 3º, da LFR, trata somente da propriedade fiduciária de bens móveis e imóveis. Fábio Ulhoa Coelho entende que o conceito de bem móvel alcança também os direitos obrigacionais:

[136] Texto em: Toledo, Paulo F.C. Salles de; ABRÃO, Carlos Henrique. *Comentários à lei de recuperação de empresas e falência*. 5. ed. rev. atual. e ampl. São Paulo: Saraiva, 2012, p. 185.

> (...) Concluindo, não há discrepância, na doutrina, sobre a extensão do conceito de "bens móveis", no sentido de alcançar também os "direitos obrigacionais" (salvo apenas se referidos a bens imóveis). Por isso, o art. 49, §3º, da Lei nº 11.101/2005 deve ser interpretado em consonância com o art. 83, III, do CC, para fins de assentar que a cessão fiduciária de direitos creditórios *também* está excluída dos efeitos da recuperação judicial do cedente.[137]

Dessa forma, a cessão fiduciária de créditos teria a mesma natureza de propriedade fiduciária e, portanto, estaria excluída do regime da recuperação judicial. Esse é o entendimento do Superior Tribunal de Justiça.[138]

O segundo caso de exclusão previsto no art. 49, § 3º, da LFR, é o do credor decorrente de contrato de arrendamento mercantil. De acordo com a Lei nº 6.099/74, pelo contrato de arrendamento mercantil, uma pessoa jurídica arrenda a outra pessoa, física ou jurídica, bem para uso desta. A propriedade do bem é do arrendante, mas a posse direta do bem é do arrendatário. As partes pactuam uma remuneração pelo uso do bem pelo arrendatário e um prazo para duração do vínculo contratual. Findo o prazo, o arrendatário pode optar entre devolver o bem, adquiri-lo, mediante o pagamento de valor residual ou, ainda, prorrogar o prazo contratual.

Estando o arrendatário em crise e não conseguindo arcar com a remuneração pactuada, o arrendante não se sujeitará aos efeitos da recuperação judicial e poderá exercer os direitos de retomada do bem na forma pactuada.

A terceira hipótese é a decorrente de compromisso de compra e venda de bem imóvel com cláusula de irrevogabilidade ou irretratabilidade, inclusive em incorporações imobiliárias.

Pelo compromisso de compra e venda de bem imóvel, o vendedor conserva a propriedade do bem até o pagamento integral do preço. Inadimplida a obrigação pelo comprador e ajuizando pedido de recu-

[137] *Comentários à lei de falências e de recuperação de empresas*. 9. ed. São Paulo: Saraiva, 2013, p. 184.

[138] Nesse sentido: STJ, AgInt no AREsp 1411025/PR, Rel. Ministro MARCO AURÉLIO BELLIZZE, TERCEIRA TURMA, julgado em 17/02/2020, DJe 19/02/2020.

peração judicial, o vendedor ficará excluído do regime recuperacional, podendo exercer o seu direito de propriedade sobre o imóvel.

Da mesma forma, a compra e venda com reserva de domínio. Trata-se de cláusula especial inserida no contrato de compra e venda de bem móvel, prevista no artigo 521 do Código Civil[139], por meio da qual o vendedor se reserva da propriedade do bem até o pagamento integral do preço. O comprador que inadimplir a obrigação e requerer recuperação judicial não poderá incluir tal credor no plano de recuperação judicial, na medida em que aqui também prevalece o direito de propriedade sobre o bem.

O art. 49, § 3º, da LFR, em sua parte final, faz a seguinte ressalva: "(...) *seu crédito não se submeterá aos efeitos da recuperação judicial e prevalecerão os direitos de propriedade sobre a coisa e as condições contratuais, observada a legislação respectiva, não se permitindo, contudo, durante o prazo de suspensão a que se refere o § 4º do art. 6º desta Lei, a venda ou a retirada do estabelecimento do devedor dos bens de capital essenciais a sua atividade empresarial.*"

Assim, em todos os casos acima explicitados, se o bem vinculado ao crédito for *bem de capital essencial ao exercício da atividade empresarial* o credor não poderá vendê-lo ou retirá-lo do estabelecimento do devedor pelo prazo de 180 dias contados da decisão que defere o processamento da recuperação judicial.

Gladston Mamede entende que bens de capital: "(...) *são bens cuja finalidade específica é a produção, por meio de sua utilização na atividade empresarial e não a mera especulação ou conservação. (...) Portanto, maquinário, instrumental e todos os outros bens que, na empresa, servem à realização ao seu objeto social.*"[140] Para o autor, são considerados bens de capital somente aqueles utilizados na consecução do objeto social, ou seja, aqueles essenciais para o exercício da atividade empresarial pelo devedor.

Manoel Justino Bezerra Filho, por sua vez, estabelece um conceito mais amplo de bem de capital: "(...) *qualquer bem objeto de alienação fiduciária, arrendamento mercantil ou reserva de domínio deve ser entendido como essencial à atividade empresarial, até porque adquirido pela sociedade empresá-*

[139] Art. 521. Na venda de coisa móvel, pode o vendedor reservar para si a propriedade, até que o preço esteja integralmente pago.

[140] *Direito empresarial brasileiro: falência e recuperação de empresas*. 5. ed. São Paulo: Atlas, 2012, v. 4, p. 132.

ria somente pode ser destinado à atividade exercida pela empresa. Este caráter de essencialidade, em caso de empresa em recuperação, deve permitir um entendimento mais abrangente do que aquele normalmente aplicado."[141]

Dentro do conceito amplo, se incluem também, os insumos, ou seja, a matéria prima utilizada no processo produtivo, além do estoque de mercadorias disponíveis para venda, e que, comumente, são dados em garantia pelos devedores.

Sobre tal discussão, Fábio Ulhoa Coelho estabelece um critério para definição do alcance da expressão:

> (...) Claro, a se prestigiar o critério da "paralisação das atividades empresariais" como definidor dos bens de produção, como sugerido, poderá haver hipóteses em que o insumo, mesmo o incorporado aos produtos comercializados ou fabricados pela sociedade empresária em recuperação, se classifique nessa categoria de bens. Se o estoque de matéria-prima está alienado fiduciariamente e não há condições mercadológicas para sua reposição no caso de execução da garantia, pode esta acarretar a paralisação da atividade empresarial.[142]

A adoção de conceito amplo ou restrito de bem de capital é relevante, pois determinará a possibilidade ou não de o devedor se ver privado do bem em razão do exercício do direito de propriedade do credor, e deve ser definido pelo julgador na hipótese concreta, mediante a análise das circunstâncias do caso.

Por fim, relevante destacar o posicionamento firmado no Enunciado 99, III Jornada de Direito Comercial: "Para fins de aplicação da parte final do art. 49, § 3º, da Lei nº 11.101/2005, é do devedor o ônus da prova da essencialidade do bem."

A última hipótese de exclusão prevista no artigo 49, § 4º, da LFR, é a relativa aos créditos decorrentes de adiantamento a contrato de câmbio. O artigo 75 da Lei nº 4.728/65[143] trata do contrato de câmbio, bem

[141] *Lei de recuperação de empresas e falência: lei 11.101/2005 comentada artigo por artigo.* 7. ed. rev. atual. e ampl. São Paulo: Ed. RT, 2011, p. 139.

[142] *Comentários à lei de falências e de recuperação de empresas.* 9. ed. São Paulo: Saraiva, 2013, p. 181.

[143] Art. 75. O contrato de câmbio, desde que protestado por oficial competente para o protesto de títulos, constitui instrumento bastante para requerer a ação executiva. § 1º Por esta

como da possibilidade de adiantamento a contrato de câmbio realizado por instituição financeira.

É cediço que o contrato de câmbio é essencial à realização de operações de exportação e importação, pois, por meio dele, as instituições financeiras recebem e efetuam pagamentos em moeda estrangeira.

Por muitas vezes, empresários possuem recebíveis em moeda estrangeira e a instituição financeira pode antecipar os valores a receber, configurando-se, assim, o adiantamento ao contrato de câmbio. Havendo o inadimplemento da obrigação pelo devedor estrangeiro, o empresário brasileiro deverá arcar com o valor adiantado perante a instituição financeira que o antecipou.

A Lei nº 4.728/65, em seu artigo 75, § 3º, estabelece que, na hipótese de falência ou concordata do empresário brasileiro que recebeu a antecipação, o credor, a instituição financeira, poderá requerer a restituição do valor adiantado.

Com o advento da Lei nº 11.101/2005, a possibilidade de pedido de restituição ficou restrita à falência. No caso de recuperação judicial, optou o legislador por excluir a instituição financeira credora do rol dos sujeitos ao regime, por força do referido artigo 49, § 4º, da LFR.

Dessa forma, o credor de adiantamento a contrato de câmbio pode exigir os seus direitos nos termos contratados, não estando sujeitos aos efeitos da recuperação judicial.[144]

Manoel Justino Bezerra Filho faz uma crítica à exclusão desses credores:

> (...) a nova lei de recuperação favorece o capital financeiro em prejuízo da atividade produtiva, por um lado. Por outro lado, dificulta o financiamento

via, o credor haverá a diferença entre a taxa de câmbio do contrato e a da data em que se efetuar o pagamento, conforme cotação fornecida pelo Banco Central, acrescida dos juros de mora. § 2º Pelo mesmo rito, serão processadas as ações para cobrança dos adiantamentos feitos pelas instituições financeiras aos exportadores, por conta do valor do contrato de câmbio, desde que as importâncias correspondentes estejam averbadas no contrato, com anuência do vendedor. § 3º No caso de falência ou concordata, o credor poderá pedir a restituição das importâncias adiantadas, a que se refere o parágrafo anterior.

144 O Superior Tribunal de Justiça firmou entendimento no sentido de que os encargos decorrentes do adiantamento a contrato de câmbio estarão sujeitos aos efeitos da Recuperação Judicial. Nesse sentido: REsp 1.810.447 – SP, Rel. Min. Nancy Andrighi, Terceira Turma, por maioria, julgado em 05/11/2019, Dje 22/11/2019.

à atividade empresária, ao estimular por parte do credor a exigência de garantias reais. Finalmente, ao colocar o capital financeiro em posição privilegiada, induz o Banco a, dentro da lógica capitalista, forçar a falência da sociedade empresária em crise, para que receba os valores decorrentes da realização da garantia, sobre a qual pesará apenas o valor dos salários em atraso, até o limite de 150 salários-mínimos.[145]

No mesmo sentido, é a lição de Manoel de Queiroz Pereira Calças:

> Há, pois, necessidade de se refletir sobre a viabilidade de alteração da disciplina legal dos créditos tutelados por direitos reais em garantia, procurando-se equilibrar os interesses das instituições financeiras e os das empresas que por ela são financiadas, objetivando-se equacionar o escopo lucrativo das instituições financeiras com o princípio da preservação da empresa. O princípio constitucional da função social da empresa deve inspirar o legislativo nacional a ponderar com equidade os interesses das instituições financeiras e os interesses das empresas em geral, a fim de melhor disciplinar a questão concernente à cessão fiduciária de créditos de empresas em recuperação judicial.[146]

Além dos créditos excluídos por força do artigo 49, §§ 3º e 4º, da LFR, também estão excluídos do regime recuperacional os créditos fiscais, como determinado no artigo 187 do Código Tributário Nacional.[147] Assim, o devedor não poderá incluí-los no plano de recuperação judicial e os respectivos credores não sofrerão nenhum efeito decorrente do processo.

O artigo 68 da LFR[148] estabelece que as Fazendas Públicas e o INSS poderão conceder parcelamento aos devedores em recuperação judicial,

[145] O Estado, a empresa e o mercado: novas tendências de direito econômico e comercial. *Revista de Direito Bancário e do Mercado de Capitais*. v. 39/2008. p. 24-31, jan.-mar./2008.

[146] Créditos submetidos à recuperação judicial. In: LUCCA, Newton; VASCONCELOS, Miguel Pestana de. (org.). *Falência, insolvência e recuperação de empresas – Estudos luso-brasileiros*. São Paulo: Quartier Latin do Brasil, 2015, v. 1, p. 104.

[147] Art. 187. A cobrança judicial do crédito tributário não é sujeita a concurso de credores ou habilitação em falência, recuperação judicial, concordata, inventário ou arrolamento. (...).

[148] Art. 68. As Fazendas Públicas e o Instituto Nacional do Seguro Social – INSS poderão deferir, nos termos da legislação específica, parcelamento de seus créditos, em sede

inclusive com prazos 20% (vinte por cento) maiores para os microempresários e empresários de pequeno porte. Assim, a lei especial regula a possibilidade de parcelamento das obrigações tributárias.

Por fim, também estão excluídas do regime recuperacional, as obrigações previstas no artigo 5º da LFR[149], quais sejam: i) as obrigações a título gratuito e; ii) as despesas que os credores fizerem para tomar parte na recuperação judicial, exceto custas judiciais decorrentes de litígio com o devedor.

As obrigações a título gratuito são aquelas para as quais não se estabeleceu remuneração. Explica Gladston Mamede:

> A disposição não se limita à doação ou cessão gratuita. A expressão *obrigação a título gratuito* tem tradução mais ampla. O rol das obrigações a título gratuito é muito vasto: promessa de recompensa, comodato, mútuo sem juros; somem-se a todos os contratos que tenha sido ajustados sob forma gratuita (não onerosa): depósito não remunerado, o mandato não remunerado, prestação de serviços gratuita.[150]

A segunda hipótese representa os valores despendidos pelos credores para realizar a habilitação de crédito ou a representação judicial nos autos do processo recuperacional. Tais valores também não serão exigidos do devedor.

O artigo 5º, II, LRF, excepciona a hipótese de pagamento de custas judiciais decorrentes de litígio com o devedor. Trata-se das custas e despesas processuais cujo pagamento foi determinado em decisão judicial proferida em autos de processo em que o devedor foi vencido. Esses valores deverão ser incluídos no montante do crédito sujeito à recuperação.

de recuperação judicial, de acordo com os parâmetros estabelecidos na Lei 5.172, de 25 de outubro de 1966 – Código Tributário Nacional. Parágrafo único. As microempresas e empresas de pequeno porte farão jus a prazos 20% (vinte por cento) superiores àqueles regularmente concedidos às demais empresas.

149 Art. 5º Não são exigíveis do devedor, na recuperação judicial ou na falência: I – as obrigações a título gratuito; II – as despesas que os credores fizerem para tomar parte na recuperação judicial ou na falência, salvo as custas judiciais decorrentes de litígio com o devedor.

150 *Direito empresarial brasileiro: falência e recuperação de empresas*. 5. ed. São Paulo: Atlas, 2012, v. 4, p. 30.

Por fim, importante é a observação de Gladston Mamede: "(...) parece-se que a frase '*não exigíveis* do devedor', inscrita no *caput* do artigo 5º da Lei 11.101/05, interpreta-se não como *suspensão da exigibilidade*, mas como *extinção da exigibilidade* em relação ao empresário ou sociedade empresária."

Assim, tais valores não podem ser cobrados do devedor, seja nos autos da recuperação judicial, seja em outro processo.

2.5.3. Créditos com garantia real e decorrentes de penhor sobre recebíveis

Como já salientado, os créditos com garantia real estão sujeitos à recuperação judicial. Assim, as obrigações garantidas com penhor, hipoteca e anticrese serão incluídas no plano de recuperação judicial e os credores participarão do procedimento para aprovação ou rejeição desse plano.

O artigo 49, § 5º, da LFR[151], trata da hipótese de penhor sobre recebíveis ou títulos. Dispõe sobre a necessidade de manutenção dos valores relativos às garantias liquidadas em contas bancárias vinculadas ao processo de recuperação judicial durante o período de 180 dias contados da decisão que defere o processamento do pedido.

Tratando-se de penhor sobre recebíveis e, considerando o inadimplemento das obrigações garantidas pelo penhor, em regra, poderia o credor pignoratício adjudicar tais valores para satisfação de seu crédito, respeitado o procedimento previsto para tanto.

Ocorre que, como o crédito com garantia real está sujeito à recuperação judicial, o credor pignoratício nada pode fazer em relação ao devedor, pois deverá se sujeitar ao plano de recuperação judicial aprovado. Assim, surgiu a necessidade de se estabelecer uma solução para a hipótese de liquidação dos recebíveis dados em garantia.

O art. 49, § 5º, da LFR, prevê que as garantias liquidadas podem ser substituídas, liberando-se o valor em favor do devedor. Porém, enquanto

[151] Art. 49 (...) § 5º Tratando-se de crédito garantido por penhor sobre títulos de crédito, direitos creditórios, aplicações financeiras ou valores mobiliários, poderão ser substituídas ou renovadas as garantias liquidadas ou vencidas durante a recuperação judicial e, enquanto não renovadas ou substituídas, o valor eventualmente recebido em pagamento das garantias permanecerá em conta vinculada durante o período de suspensão de que trata o § 4º do art. 6º desta Lei.

não ocorrer tal substituição, os valores liquidados permanecerão em conta vinculada ao processo de recuperação judicial. Essa vinculação é chamada de "trava bancária".

Esse é o entendimento pacificado no Tribunal de Justiça de São Paulo, pela Súmula 62: "Na recuperação judicial, é inadmissível a liberação de travas bancárias com penhor de recebíveis e, em consequência, o valor recebido em pagamento das garantias deve permanecer em conta vinculada durante o período de suspensão previsto no § 4º do art. 6º da referida lei."

Em síntese, sujeitam-se à recuperação judicial, todos os créditos existentes na data do ajuizamento do pedido, seja de natureza contratual ou extracontratual, trabalhista, civil ou empresarial, com garantia real ou fidejussória, desde que não se enquadrem nas hipóteses previstas nos §§ 3º e 4º do artigo 49, da LFR. Não se sujeitam, ainda, os créditos tributários e as obrigações previstas no artigo 5º da LFR que são consideradas inexigíveis.

2.5.4. Direitos dos credores em relação aos coobrigados, fiadores e obrigados de regresso

O último ponto a ser estudado com relação aos créditos sujeitos é o previsto no artigo 49, § 1º, da LFR.[152] A LRF garante ao credor a conservação dos seus direitos em face de avalistas, fiadores, devedores solidários ou coobrigados em caso de obrigações sujeitas ao regime da recuperação judicial.

Assim, ainda que haja aprovação do plano de recuperação judicial, os credores podem exercer seus direitos em face dos codevedores na forma originalmente contratada. O Superior Tribunal de Justiça já pacificou a questão, com a edição da Súmula 581.[153]

Observe-se que tais direitos permanecem intactos mesmo que o codevedor seja sócio da sociedade em recuperação. A dúvida surgiu em

[152] Art. 49. (...) § 1º Os credores do devedor em recuperação judicial conservam seus direitos e privilégios contra os coobrigados, fiadores e obrigados de regresso (...).

[153] Súmula 581,STJ: A recuperação judicial do devedor principal não impede o prosseguimento das ações e execuções ajuizadas contra terceiros devedores solidários ou coobrigados em geral, por garantia cambial, real ou fidejussória.

razão do disposto no artigo 6º da LFR[154] que determina a suspensão das ações e execuções movidas em face do devedor, inclusive aquelas ajuizadas pelos credores particulares do sócio solidário.

Sustentou-se que, por força de tal dispositivo, se o devedor solidário fosse o sócio da sociedade em recuperação, a ação ou execução poderia ser suspensa em face dele. Tal entendimento não prevaleceu, entendendo o Superior Tribunal de Justiça[155] que a expressão "sócio solidário" prevista no artigo 6º da LFR se refere aos sócios de sociedade de responsabilidade ilimitada, como a sociedade em nome coletivo e as sociedades em comandita em relação aos sócios comanditados.

Assim, o credor pode exercer seus direitos em face dos coobrigados, sendo irrelevante o vínculo que tal codevedor possui com o devedor em recuperação judicial.

2.6. Procedimento

2.6.1. Legitimidade

De acordo com o artigo 1º da LFR estão sujeitos à recuperação judicial, o empresário e a sociedade empresária. Assim, esses são os legitimados para o ajuizamento do pedido.

Admite-se a possibilidade de litisconsórcio ativo. Trata-se da chamada consolidação. Os artigos 69-G a 69-K da LRF, incluídos pela Lei

[154] Art. 6º A decretação da falência ou o deferimento do processamento da recuperação judicial implica: (...) II – suspensão das execuções ajuizadas contra o devedor, inclusive daquelas dos credores particulares do sócio solidário, relativas a créditos ou obrigações sujeitos à recuperação judicial ou à falência. (...).

[155] Agravo Regimental. Direito Empresarial e Processual Civil. Recurso Especial. Execução Ajuizada em Face de Sócio-Avalista de Pessoa Jurídica em Recuperação Judicial. Suspensão da Ação. Impossibilidade. 1. O *caput* do art. 6º da Lei n. 11.101/05, no que concerne à suspensão das ações por ocasião do deferimento da recuperação, alcança apenas os sócios solidários, presentes naqueles tipos societários em que a responsabilidade pessoal dos consorciados não é limitada às suas respectivas quotas/ações. 2. Não se suspendem, porém, as execuções individuais direcionadas aos avalistas de título cujo devedor principal é sociedade em recuperação judicial, pois diferente é a situação do devedor solidário, na forma do § 1º do art. 49 da referida Lei. De fato, "[a] suspensão das ações e execuções previstas no art. 6º da Lei n. 11.101/2005 não se estende aos coobrigados do devedor" (Enunciado n. 43 da I Jornada de Direito Comercial CJF/STJ). 3. Agravo regimental não provido. (AgRg no REsp 1342833/SP, Rel. Ministro Luis Felipe Salomão, Quarta Turma, julgado em 15/05/2014, DJe 21/05/2014).

nº 14.112/2020, regularam a matéria que, antes da reforma legislativa, já era praticada e admitida na doutrina e na jurisprudência.

Assim, os devedores que atendam aos requisitos legais para o ajuizamento do pedido de recuperação judicial e integrem grupo sob controle societário comum podem ajuizar o pedido sob consolidação processual. Cada devedor apresentará individualmente a documentação exigida por lei e o pedido será ajuizado no local do principal estabelecimento entre eles. Estando adequada a documentação, o juiz nomeará um administrador judicial.

Na consolidação processual garante-se a independência patrimonial de cada devedor, razão pela qual, as relações de credores serão autônomas, assim como, a apresentação do plano de recuperação judicial e sua deliberação. Da mesma forma, o desfecho do processamento pode ser diverso para cada um dos devedores: alguns podem ter a recuperação judicial concedida, outros podem, eventualmente, ter a falência decretada, nas hipóteses previstas em lei.

Excepcionalmente, o juiz, no caso concreto e independentemente de realização de assembleia de credores, poderá autorizar a chamada consolidação substancial, por meio da qual o patrimônio de cada um dos devedores é considerado como pertencente a um único devedor, caindo por terra a autonomia patrimonial.

Como se trata de medida excepcional, somente será deferida se constatada a interconexão e a confusão entre ativos ou passivos dos devedores, de modo que não seja possível identificar a sua titularidade sem excessivo dispêndio de tempo ou recursos. Além disso, deve estar presente pelo menos duas das quatro hipóteses mencionadas no artigo 69-J, LRF, quais sejam: i) existência de garantias cruzadas; ii) relação de controle ou dependência; iii) identidade total ou parcial do quadro societário; e, iv) atuação conjunta no mercado.

Nesse caso, ocorrerá a extinção das garantias fidejussórias e de créditos detidos por um devedor em face do outro. Ainda, haverá a apresentação de plano unitário e a sua aprovação será verificada por todos os credores em assembleia e votação únicas. Assim, a eventual concessão da recuperação ou decretação da falência produzirá efeitos para todos os devedores.

As sociedades previstas no artigo 2º da LFR não têm legitimidade ativa, pois, são regidas por lei especial, quais sejam: empresa pública, sociedade de economia mista, instituição financeira pública ou privada, cooperativa de crédito, consórcio, entidade de previdência complementar, sociedade operadora de plano de assistência à saúde, sociedade seguradora, sociedade de capitalização e outras entidades legalmente equiparadas às anteriores.

O artigo 48, § 1º, da LFR[156], admite a possibilidade de ajuizamento do pedido de recuperação judicial pelo cônjuge sobrevivente, herdeiros do devedor, inventariante ou sócio remanescente. Trata-se de hipótese de pouca aplicação prática.

A recuperação judicial pode ser requerida pelo cônjuge sobrevivente, herdeiro ou inventariante do empresário individual. Isto porque, somente o empresário individual é pessoa física e, em caso de seu falecimento, o cônjuge, os herdeiros ou o inventariante podem ter interesse em dar continuidade à atividade empresarial exercida pelo falecido, mas que enfrenta crise.

Ainda, o sócio remanescente pode ajuizar o pedido de recuperação judicial da sociedade da qual faz parte. A expressão "sócio remanescente" pode ser aplicada no caso de falecimento ou retirada dos demais sócios, ficando o autor do pedido como único sócio da sociedade. A questão é peculiar, pois em caso de retirada dos demais sócios, por exemplo, o sócio remanescente ficaria com a totalidade das quotas ou ações da sociedade e, portanto, teria poderes para decidir em nome dela. Optando por requerer recuperação judicial, deve fazê-lo em nome da sociedade e não em seu nome próprio.

Por isso, a exegese da expressão "sócio remanescente" parece fazer mais sentido no caso de falecimento dos demais sócios. Nessa hipótese, estando a sociedade em crise, poderia o sócio remanescente requerer recuperação judicial em seu próprio nome, caso não detenha a maioria do capital social para aprovar a deliberação e ajuizar o pedido em nome da sociedade.

Fábio Ulhoa Coelho interpreta a expressão "sócio remanescente" como sinônimo de sócio dissidente ou minoritário, entendendo que o sócio dissidente na deliberação social sobre a conveniência ou não do pedido de recuperação judicial poderia ajuizá-lo em seu próprio nome.

156 Art. 48. (...) § 1º A recuperação judicial também poderá ser requerida pelo cônjuge sobrevivente, herdeiros do devedor, inventariante ou sócio remanescente.

Nessa hipótese, o juiz, por cautela, ouviria os demais sócios para certificar-se de que não se trata de manipulação fraudulenta do requerente.[157]

O Ministério Público e os credores não podem requerer recuperação judicial por falta de previsão legal. Ricardo Negrão entende que uma reforma legislativa para admitir tais possibilidades seria bem-vinda.[158]

No processo de recuperação judicial não há réu. Gladston Mamede esclarece a questão:

> Embora haja um autor, empresário ou sociedade empresária, não há réu ou réus. Não se pede a recuperação judicial contra alguém, mas a favor da empresa. Os credores não são réus. Mais que isso, por se tratar de juízo coletivo, há uma pluralidade de pessoas ocupando um dos polos da relação: a universalidade dos credores. Embora não sejam réus, há falar em legitimidade passiva, reconhecendo haver pessoas que se sujeitam ao pedido, sendo atraídas para o processo e alcançadas por seus efeitos, ainda que não se habilitem para o mesmo. Se deferida a recuperação judicial da empresa, os termos da respectiva decisão interlocutória não poderão ser recusados pelos credores (artigos 58 e 59 da Lei 11.101/2005), deixando essa sujeição e, assim, a legitimação passiva para o processo.[159]

Dessa forma, apesar dos credores se sujeitarem à recuperação judicial, não podem ser considerados réus, pois, não são citados e não apresentam resposta.

Jorge Lobo entende pela possibilidade de os credores apresentarem contestação no prazo de quinze dias contados da publicação do edital contendo a decisão que deferir o processamento do pedido. Fundamenta seu entendimento no direito à ampla defesa e ao contraditório constitucionalmente garantidos pelo artigo 5º, XXXIV, *a*, XXXV e LV, da Constituição Federal. Acolhida a contestação, o magistrado deveria cassar o despacho de processamento do pedido e anular todos os atos

[157] *Comentários à lei de falências e de recuperação de empresas*. 9. ed. São Paulo: Saraiva, 2013, p. 173-174.

[158] NEGRÃO, Ricardo. *Manual de direito comercial e de empresas*. 7. ed. São Paulo: Saraiva, 2012.v. 3, p. 168-169.

[159] *Direito empresarial brasileiro: falência e recuperação de empresas*. 5. ed. São Paulo: Atlas, 2012, v. 4, p. 125-126.

praticados, sem decretar a falência, por falta de previsão legal para tanto.[160] A jurisprudência não vem adotando tal posicionamento.

2.6.2. Condições para o ajuizamento do pedido

O artigo 48 da LFR[161]estabelece as condições para o ajuizamento do pedido de recuperação judicial. Todos eles devem ser atendidos de forma cumulativa e comprovados documentalmente junto com a petição inicial.

O primeiro deles está no *caput* do referido dispositivo legal, qual seja: exercer a atividade empresarial regularmente. O devedor que pretender se valer do processo de recuperação judicial deve demonstrar o exercício regular da atividade, ou seja, deve estar devidamente inscrito no Registro Público de Empresas Mercantis, a cargo das Juntas Comerciais.

O empresário irregular e a sociedade em comum não preenchem tal requisito, pois, exercem a atividade empresarial de forma irregular, sem inscrição no Registro competente.

O segundo requisito também está previsto no *caput* do artigo 48, da LFR. O devedor deve exercer sua atividade há mais de dois anos. Manoel Justino Bezerra Filho explica:

> À semelhança do que exigia a lei anterior (art. 158, I), este art. 48 inicia a listagem dos impedimentos ao pedido de recuperação, excluindo de seu âmbito o empresário com menos de dois anos de atividade regular, enten-

[160] Ver texto de Jorge Lobo em: Toledo, Paulo F.C. Salles de; Abrão, Carlos Henrique. *Comentários à Lei de recuperação de empresas e falência*. 5. ed. rev. atual. e ampl. São Paulo: Saraiva, 2012, p. 199.

[161] Art. 48. Poderá requerer recuperação judicial o devedor que, no momento do pedido, exerça regularmente suas atividades há mais de 2 (dois) anos e que atenda aos seguintes requisitos, cumulativamente: I – não ser falido e, se o foi, estejam declaradas extintas, por sentença transitada em julgado, as responsabilidades daí decorrentes; II – não ter, há menos de 5 (cinco) anos, obtido concessão de recuperação judicial; III – não ter, há menos de 5 (cinco) anos, obtido concessão de recuperação judicial com base no plano especial de que trata a Seção V deste Capítulo; IV – não ter sido condenado ou não ter, como administrador ou sócio controlador, pessoa condenada por qualquer dos crimes previstos nesta Lei. § 1º A recuperação judicial também poderá ser requerida pelo cônjuge sobrevivente, herdeiros do devedor, inventariante ou sócio remanescente. § 2º Tratando-se de exercício de atividade rural por pessoa jurídica, admite-se a comprovação do prazo estabelecido no *caput* deste artigo por meio da Declaração de Informações Econômico-fiscais da Pessoa Jurídica – DIPJ que tenha sido entregue tempestivamente.

dendo que não seria razoável que, em prazo inferior a este, viesse o devedor a colocar-se em situação na qual necessitasse de socorro judicial para recuperação. Tal fato denotaria uma inabilidade tão acentuada para a atividade empresarial que a Lei prefere que, em casos assim, seja negada a possibilidade de recuperação.[162]

Assim, não obedecido o prazo legal, a recuperação judicial não pode ser admitida, devendo ser indeferida, como se tratará a seguir.[163]

O artigo 48, § 2º, da LFR, inserido pela Lei nº 12.873/2013, tratou, especificamente, do empresário rural. Isto porque, a sociedade que exerce atividade rural pode ou não ser empresária, nos termos do artigo 984 do Código Civil.[164] Trata-se de verdadeira opção conferida pelo legislador ao exercente de tal atividade. Optando por registrar-se na Junta Comercial, a sociedade será considerada empresária e, portanto, poderá requerer recuperação judicial.

Considerando que a realização do registro da atividade rural no Registro Público de Empresas tem natureza constitutiva, sendo portanto, regular a atividade exercida antes de tal formalização, e, para que não houvesse dúvida acerca da contagem do prazo estabelecido no *caput* do artigo 48 da LFR, dispõe o § 2º do referido dispositivo, que a comprovação do exercício da atividade há mais de dois anos pode ser realizada por meio da Declaração de Informações Econômico-fiscais da Pessoa Jurídica - DIPJ, hoje substituída pela Escrituração Contábil Fiscal (ECF), que tenha sido entregue tempestivamente, possibilitando, assim, a computação do prazo de exercício da atividade rural mesmo antes de assumir a natureza de empresária.

Saliente-se que a regra mencionada no §2º beneficia exclusividade o empreendedor rural. É cediço que o registro, para qualquer empresário

162 *Lei de recuperação de empresas e falência: Lei 11.101/2005 comentada artigo por artigo.* 7. ed. rev. atual. e ampl. São Paulo: Ed. RT, 2011, p. 134.

163 Nesse sentido é o entendimento do Superior Tribunal de Justiça: REsp 1478001/ES, Rel. Ministro Raul Araújo, Quarta Turma, julgado em 10/11/2015, DJe 19/11/2015.

164 Art. 984. A sociedade que tenha por objeto o exercício de atividade própria de empresário rural e seja constituída, ou transformada, de acordo com um dos tipos de sociedade empresária, pode, com as formalidades do art. 968, requerer inscrição no Registro Público de Empresas Mercantis da sua sede, caso em que, depois de inscrita, ficará equiparada, para todos os efeitos, à sociedade empresária.

ou sociedade empresária, tem natureza declaratória. Assim, não é possível realizar o registro após o início das atividades e pretender aproveitar o período anterior de atividade sem registro para fins de contagem do prazo necessário para o ajuizamento do pedido de recuperação judicial, já que, nesse caso, a atividade anterior era irregular.

O terceiro requisito está previsto no inciso I do artigo 48 da LFR. Trata-se da impossibilidade de pedido de recuperação ajuizado por devedor falido não reabilitado. Com tal dispositivo, o legislador pôs fim à possibilidade de concordata suspensiva, como permitido no Decreto-lei nº 7.661/45.

Dessa forma, o falido não poderá requerer recuperação judicial ou extrajudicial, devendo buscar a retomada de sua atividade por meio da extinção de suas obrigações, obedecendo às hipóteses previstas nos artigos 158 e seguintes da LRF.

O quarto e o quinto requisitos estão previstos nos incisos II e III do artigo 48, da LFR, que determinam que o devedor não tenha, há menos de 5 anos, obtido concessão de recuperação judicial ou recuperação judicial especial para microempresa e empresa de pequeno porte. No Decreto-lei nº 7.661/45 havia dispositivo semelhante estabelecendo prazo de 5 anos para novo pedido de concordata. Justifica-se a adoção do prazo na excepcionalidade do processo de recuperação judicial. O ajuizamento de pedidos sucessivos pode denotar a inviabilidade econômica da empresa e não é admitido na nossa legislação.

Observe-se que o dispositivo legal traz como critério a *concessão* e não o *ajuizamento* do pedido de recuperação judicial. Assim, indeferida a petição inicial, outro pedido poderá ser ajuizado a qualquer tempo. Porém, concedida a recuperação, ou seja, o devedor deverá aguardar o prazo de 5 anos para ajuizar novo pedido recuperacional.

Por fim, o último requisito, contido no inciso IV do artigo 48 da LFR, prevê não ter sido o devedor condenado ou não ter, como administrador ou sócio controlador, condenado por qualquer dos crimes previstos nesta Lei.

Assim, o devedor, ao ajuizar o pedido de recuperação judicial, deve comprovar, documentalmente, que atende, cumulativamente, os requisitos legais aqui estudados para o deferimento do processamento do pedido.

2.6.3. Petição inicial, decisão que defere o processamento do pedido e seus efeitos

O artigo 51 da LRF[165] elenca os documentos que devem instruir a petição inicial do pedido de recuperação judicial.

O Enunciado 78 da II Jornada de Direito Comercial do Conselho da Justiça Federal chama atenção para a importância do pedido de recuperação ser instruído com a relação completa de credores, inclusive os não sujeitos ao processo recuperacional.[166]

165 Art. 51. A petição inicial de recuperação judicial será instruída com: I – a exposição das causas concretas da situação patrimonial do devedor e das razões da crise econômico-financeira; II – as demonstrações contábeis relativas aos 3 (três) últimos exercícios sociais e as levantadas especialmente para instruir o pedido, confeccionadas com estrita observância da legislação societária aplicável e compostas obrigatoriamente de: a) balanço patrimonial; b) demonstração de resultados acumulados; c) demonstração do resultado desde o último exercício social; d) relatório gerencial de fluxo de caixa e de sua projeção; e) descrição das sociedades de grupo societário, de fato ou de direito; III – a relação nominal completa dos credores, sujeitos ou não à recuperação judicial, inclusive aqueles por obrigação de fazer ou de dar, com a indicação do endereço físico e eletrônico de cada um, a natureza, conforme estabelecido nos arts. 83 e 84 desta Lei, e o valor atualizado do crédito, com a discriminação de sua origem, e o regime dos vencimentos; IV – a relação integral dos empregados, em que constem as respectivas funções, salários, indenizações e outras parcelas a que têm direito, com o correspondente mês de competência, e a discriminação dos valores pendentes de pagamento; V – certidão de regularidade do devedor no Registro Público de Empresas, o ato constitutivo atualizado e as atas de nomeação dos atuais administradores; VI – a relação dos bens particulares dos sócios controladores e dos administradores do devedor; VII – os extratos atualizados das contas bancárias do devedor e de suas eventuais aplicações financeiras de qualquer modalidade, inclusive em fundos de investimento ou em bolsas de valores, emitidos pelas respectivas instituições financeiras; VIII – certidões dos cartórios de protestos situados na comarca do domicílio ou sede do devedor e naquelas onde possui filial; IX – a relação, subscrita pelo devedor, de todas as ações judiciais e procedimentos arbitrais em que este figure como parte, inclusive as de natureza trabalhista, com a estimativa dos respectivos valores demandados; X – o relatório detalhado do passivo fiscal; e; XI – a relação de bens e direitos integrantes do ativo não circulante, incluídos aqueles não sujeitos à recuperação judicial, acompanhada dos negócios jurídicos celebrados com os credores de que trata o § 3º do art. 49 desta Lei.

166 Enunciado 78: O pedido de recuperação judicial deve ser instruído com a relação completa de todos os credores do devedor, sujeitos ou não à recuperação judicial, inclusive fiscais, para um completo e adequado conhecimento da situação econômico-financeira do devedor.

A exigência de tais documentos tem por escopo demonstrar a real situação econômico-financeira do devedor aos interessados no pedido: juiz, credores, empregados, fornecedores etc.

O juiz, verificando a ausência de um dos documentos acima descritos, deve determinar a emenda da inicial, descrevendo, de forma individualizada, os elementos faltantes.[167]Não sendo emendada a petição inicial, o juiz indeferirá a petição inicial, extinguindo o processo sem julgamento do mérito.

Não se admite, por absoluta falta de amparo legal, a decretação da falência pela ausência das condições previstas nos artigos 48 da LRF ou dos documentos elencados no artigo 51 da LRF.

De acordo com o artigo 52 da LRF, estando em termos a documentação exigida pelo artigo 51 da LRF supracitado, o juiz deferirá o processamento da recuperação judicial, determinando a realização de determinadas providências.

Outra questão relevante é a que trata da natureza jurídica da decisão que defere o processamento da recuperação judicial. Na vigência do Decreto-lei nº 7.661/45, o Superior Tribunal de Justiça tinha entendimento consolidado no sentido de que a decisão que deferia o processamento da concordata era irrecorrível.[168]

Com base nesse entendimento, nos primeiros anos de vigência da LFR, decidiu-se que a decisão prevista no artigo 52 tinha natureza de despacho de mero expediente, sendo, portanto, também irrecorrível.

O Tribunal de Justiça de São Paulo, em acórdão de Relatoria do Desembargador Pereira Calças, manifestou mudança nesse entendimento admitindo a natureza de decisão interlocutória e, portanto, o cabimento do recurso de Agravo de Instrumento.[169]

[167] Súmula 56 do TJSP: Na recuperação judicial, ao determinar a complementação da inicial, o juiz deve individualizar os elementos faltantes.

[168] Súmula 264: É irrecorrível o ato judicial que apenas manda processar a concordata preventiva. (SEGUNDA SEÇÃO, julgado em 08/05/2002, DJ 20/05/2002, p. 188).

[169] AGRAVO DE INSTRUMENTO. RECUPERAÇÃO JUDICIAL. Pronunciamento judicial que apenas defere o processamento da recuperação judicial. Recurso pretendendo a revogação do deferimento, sob a alegação central de não exercício regular da atividade empresária pela recuperanda há mais de dois anos no momento do pedido. Ato que tem a natureza de decisão interlocutória com potencial para causar gravame aos credores e terceiros interessados, além de poder afrontar a lei de ordem pública. Alteração do entendimento que

Por isso, neste Tribunal consolidou-se o posicionamento no sentido de permitir a interposição de recurso contra a decisão que defere o processamento da recuperação judicial somente para discutir a legitimidade ativa, a presença dos requisitos legais, bem como dos documentos essenciais à propositura do pedido.[170]

O Superior Tribunal de Justiça, por sua vez, ao analisar o cabimento do recurso de agravo de instrumento contra decisões interlocutórias

proclamava a irrecorribilidade do ato previsto no artigo 52 da Lei nº 11.101/2005. Agravo conhecido. Falta de recolhimento do porte de retorno equivalente a preparo incompleto, que não autoriza a imediata aplicação da deserção, configurada hipótese de insuficiência. Agravante que, intimado, complementa do preparo com o recolhimento do porte de retorno. Deserção não reconhecida. O requisito do artigo 48, "caput", da Lei nº 11.101/2005, "exercício regular das atividades empresariais há mais de dois anos no momento do pedido de recuperação judicial", não exige inscrição na Junta Comercial por tal período mínimo. Integrando a requerente da recuperação judicial grupo econômico existente há 15 anos, e sendo constituída há menos de dois anos mediante transferência de ativos das empresas do grupo para prosseguir no exercício de atividade já exercida por tais empresas, é de se ter como atendido o pressuposto do biênio mínimo de atividade empresarial no momento do pedido. Agravo conhecido e desprovido, mantida a decisão que deferiu o processamento da recuperação judicial." (Relator(a): Pereira Calças; Comarca: São Paulo; Data do julgamento: 04/03/2009; Data de registro: 19/03/2009; Outros números: 6041604800).

170 Recuperação Judicial. Agravo contra decisão que defere pedido de processamento da recuperação. Preliminares recursais. Recorribilidade da decisão que defere pedido de recuperação judicial. Regra: irrecorribilidade. Súmula 264 STJ. Exceção: possibilidade de recurso, quando se ataca ausência de condição ou pressuposto da ação. Legitimidade do agravante. A própria recuperanda reconhece o agravante como credor trabalhista. Preliminares rejeitadas. (Relator(a): Teixeira Leite; Comarca: Suzano; Órgão julgador: 1ª Câmara Reservada de Direito Empresarial; Data do julgamento: 21/05/2013; Data de registro: 23/05/2013). No mesmo sentido: Recuperação Judicial. Decisão que defere o processamento do pedido, na forma do art. 52 da LFR. Decisão agravável, apenas para discutir o acerto no exame dos pressupostos da fase postulatória, quais sejam, legitimidade para o pedido e instrução nos termos da lei. Decisão que não se confunde com a concessão da recuperação judicial. Questões sobre a inviabilidade econômica, ou a inclusão de outras empresas do mesmo grupo econômico que deverão ser deduzidas em sede de objeção, na forma dos artigos 55 e 56 da LFR. Inexistência de óbice formal ao simples deferimento do pedido de recuperação, postulado perante a Comarca em que se situa a sede de uma das recuperandas, que teria a mais relevante expressão econômica. Recurso improvido. (Relator(a): Francisco Loureiro; Comarca: Campinas; Órgão julgador: 1ª Câmara Reservada de Direito Empresarial; Data do julgamento: 25/09/2014; Data de registro: 26/09/2014).

proferidas em processos de recuperação judicial e falência em hipóteses não expressamente previstas na LRF, firmou o seguinte entendimento: Tema 1022: "*É cabível agravo de instrumento contra todas as decisões interlocutórias proferidas nos processos de recuperação judicial e nos processos de falência, por força do art. 1.015, parágrafo único, CPC*".

Dessa forma, parece pacífico o entendimento favorável ao cabimento do recurso de agravo de instrumento contra a decisão que defere o processamento do pedido de recuperação judicial.

Determina o artigo 52 da LRF que a decisão que deferir o processamento da recuperação judicial determinará algumas providências.

A primeira delas é a nomeação do administrador judicial que será estudado a seguir.

Ainda, determina a dispensa da apresentação de certidões negativas para que o devedor exerça suas atividades, exceto para contratação com o Poder Público ou para recebimento de benefícios ou incentivos fiscais ou creditícios.

Outra determinação importante é aquela que ordena a suspensão de todas as ações e execuções movidas em face do devedor em recuperação judicial pelo prazo de 180 dias, prorrogáveis por uma única vez, com exceção daquelas ações de conhecimento que versem sobre quantia ilíquida, ações de conhecimento de natureza trabalhista, bem como as execuções fiscais. Admite-se, porém, a reserva de importância estimada pelo juízo competente para apuração do crédito no processo de recuperação judicial, a fim de evitar prejuízo. A suspensão será comunicada pelo devedor em cada um dos processos, nos juízos de origem, por força do artigo 52, § 3º, da LRF.

A decisão que deferir o processamento da recuperação judicial determinará ao devedor a apresentação de contas demonstrativas mensais enquanto durar o processo, ordenará a intimação do Ministério Público e a comunicação às Fazendas Públicas, nos âmbitos federal, estadual e municipal.

Por fim, o magistrado determinará a publicação de edital no órgão oficial, contendo a íntegra da decisão, a relação nominal de credores juntada pelo devedor, bem como a advertência sobre os prazos para habilitação de créditos, e para apresentação de objeções ao plano de recuperação judicial que será apresentado pelo devedor, tudo como se estudará a seguir.

A partir de tal decisão, o devedor somente poderá desistir do pedido de recuperação judicial se obtiver a aprovação desse requerimento na assembleia geral de credores, como determina o artigo 52, § 4º, da LFR.

2.6.4. Constatação prévia

A viabilidade econômica é assunto fundamental quando se trata de recuperação judicial e extrajudicial. Espera-se a recuperação de empresas viáveis, ou seja, de atividades econômicas capazes de gerar lucro.

A Recomendação da Comissão Europeia sobre Insolvência (2014/135/UE) destaca: "(...) *O objetivo da presente recomendação consiste em incentivar os Estados-Membros a criarem um quadro que permita uma reestruturação eficaz das empresas viáveis em situação financeira difícil e que dê uma segunda oportunidade aos empresários honestos por forma a promover o espírito empresarial, o investimento e o emprego, contribuindo para a redução dos obstáculos ao bom funcionamento do mercado interno* (...)"[171]

Assim, desde a entrada em vigor da LRF, a questão da demonstração da viabilidade econômica esteve presente, tanto na doutrina, quanto no Poder Judiciário.

A discussão central dizia respeito ao momento em que a viabilidade econômica deveria ser demonstrada. Daniel Carnio Costa sustenta que a comprovação da viabilidade da empresa é condição da ação de recuperação judicial:

> Do ponto de vista do processo, esse pressuposto lógico deve ser interpretado como uma condição da ação de recuperação judicial ligada ao interesse processual, na modalidade de adequação – conforme, aliás, já referido acima. Importante notar, entretanto, que as condições da ação devem estar presentes desde o início até o fim do processo. Vale dizer: se não estiver presente no momento do ajuizamento do pedido, o indeferimento da petição inicial será a medida adequada. E, se durante o curso do processo, se verificar o desaparecimento da condição da ação, deve o juiz considerar essa circunstância, inclusive de ofício, já que se trata de matéria de ordem pública, para extinguir o processo sem julgamento do mérito. No caso de processo de recuperação judicial de empresas já foi visto que a inviabilidade patente

[171] 2014/135/UE: Recomendação da Comissão, de 12 de março de 2014, sobre uma nova abordagem em matéria de falência e de insolvência das empresas. Disponível em: https://eur-lex.europa.eu/legal-content/PT/TXT/?uri=celex:32014H0135. Acesso em 14.09.2021.

da empresa, aferida pela análise que o juiz deve fazer dos documentos exigidos pelo art. 51 da Lei 11.101/05, implica no indeferimento da petição inicial.[172]

Assim, o autor defendeu a utilização de instrumentos no sentido de estabelecer alguma forma de aferição da real situação econômico-financeira do devedor no momento do deferimento do processamento da recuperação judicial, sem prejuízo do juízo de valor realizado pelos credores no momento da aprovação ou rejeição do plano de recuperação judicial, o que se chamou de perícia ou contatação prévia.[173]

A ideia central estaria calcada na nomeação de um perito para aferição da real viabilidade econômica da atividade exercida pelo devedor, por meio de critérios técnicos contábeis, o que poderia embasar a decisão judicial sobre o deferimento ou indeferimento do processamento da recuperação judicial.

A reforma promovida pela Lei nº 14.112/2020 tratou da questão no artigo 51-A[174]. Não prevaleceu o entendimento de que a constatação

[172] Reflexões sobre processos de insolvência: divisão equilibrada de ônus, superação do dualismo pendular e gestão democrática de processos. In: ELIAS, Luís Vasco (coord.). *10 anos da lei de recuperação de empresas e falência: reflexões sobre a reestruturação empresarial no Brasil.* São Paulo: Quartier Latin, 2015, p. 107.

[173] Nesse sentido: COSTA, Daniel Cárnio; FAZAN, Eliza. *Constatação prévia em processos de recuperação judicial de empresas: o modelo de suficiência recuperacional (MSR).* Curitiba: Juruá, 2019.

[174] Art. 51-A. Após a distribuição do pedido de recuperação judicial, poderá o juiz, quando reputar necessário, nomear profissional de sua confiança, com capacidade técnica e idoneidade, para promover a constatação exclusivamente das reais condições de funcionamento da requerente e da regularidade e da completude da documentação apresentada com a petição inicial. § 1º A remuneração do profissional de que trata o caput deste artigo deverá ser arbitrada posteriormente à apresentação do laudo e deverá considerar a complexidade do trabalho desenvolvido. § 2º O juiz deverá conceder o prazo máximo de 5 (cinco) dias para que o profissional nomeado apresente laudo de constatação das reais condições de funcionamento do devedor e da regularidade documental. § 3º A constatação prévia será determinada sem que seja ouvida a outra parte e sem apresentação de quesitos por qualquer das partes, com a possibilidade de o juiz determinar a realização da diligência sem a prévia ciência do devedor, quando entender que esta poderá frustrar os seus objetivos. § 4º O devedor será intimado do resultado da constatação prévia concomitantemente à sua intimação da decisão que deferir ou indeferir o processamento da recuperação judicial, ou que determinar a emenda da petição inicial, e poderá impugná-la mediante interposi-

prévia seria utilizada para aferição da viabilidade econômica do devedor, mas se estabeleceu que o procedimento terá por objeto a verificação das reais condições de funcionamento da empresa e da regularidade e completude da documentação apresentada junto com a petição inicial.

Assim, o indeferimento do processamento após a constatação prévia somente ocorrerá se houver indícios contundentes de utilização fraudulenta da recuperação judicial, devendo o juiz, nesse caso, oficiar ao Ministério Público para tomada das providências criminais eventualmente cabíveis.

O procedimento é de utilização facultativa pelo magistrado e será determinado logo após a distribuição do pedido com a nomeação de profissional de sua confiança, com capacidade técnica e idoneidade, que apresentará laudo em 5 dias. As partes não poderão apresentar quesitos e somente serão intimadas sobre o conteúdo do laudo após a decisão sobre o deferimento ou indeferimento da petição inicial. O resultado da constatação pode identificar que aquele local não corresponde ao principal estabelecimento do devedor, hipótese em que, os autos serão remetidos ao foro competente.

Entendemos que a previsão do instituto se coaduna com o entendimento externado pelo Tribunal de Justiça de São Paulo, desde 2019, por meio do Enunciado VII, do Grupo de Câmaras Reservadas de Direito Empresarial: "*Enunciado VII: "Não obstante a ausência de previsão legal, nada impede que o magistrado, quando do exame do pedido de processamento da recuperação judicial, caso constate a existência de indícios de utilização fraudulenta ou abusiva do instituto, determine a realização de verificação prévia, em prazo o mais exíguo possível.*"

ção do recurso cabível. § 5º A constatação prévia consistirá, objetivamente, na verificação das reais condições de funcionamento da empresa e da regularidade documental, vedado o indeferimento do processamento da recuperação judicial baseado na análise de viabilidade econômica do devedor. § 6º Caso a constatação prévia detecte indícios contundentes de utilização fraudulenta da ação de recuperação judicial, o juiz poderá indeferir a petição inicial, sem prejuízo de oficiar ao Ministério Público para tomada das providências criminais eventualmente cabíveis. § 7º Caso a constatação prévia demonstre que o principal estabelecimento do devedor não se situa na área de competência do juízo, o juiz deverá determinar a remessa dos autos, com urgência, ao juízo competente.

O enunciado foi cancelado pelo Tribunal de Justiça de São Paulo, em 27 de abril de 2021, logo após a entrada em vigor da Lei nº 14.112/2020 que alterou a LRF, mas entendemos que o seu texto está em consonância com as alterações legislativas.

Ressalte-se que a LRF deixou aos credores a missão de analisar a viabilidade econômica das atividades do devedor, já que, a sua demonstração é requisito do plano de recuperação judicial e não da petição inicial e, nesse sentido, não houve alteração legislativa.

Assim, parece-nos que a constatação prévia teria como objetivos: i) aferir se a documentação apresentada está completa e regular, salientando-se que o perito, no prazo exíguo que dispõe, poderá indicar somente eventuais indícios de irregularidade; ii) verificar se o devedor, de fato, exerce a atividade econômica que afirma exercer e em que condições; iii) verificar se o local por ele indicado corresponde ao seu principal estabelecimento; e; iv) constatar eventual indício de utilização fraudulenta do instituto da recuperação judicial.

Essa verificação deve ser realizada em prazo muito curto com o objetivo de não retardar o deferimento do processamento da recuperação judicial, decisão ansiosamente esperada pelo devedor.

Entendemos que o instituto, utilizado estritamente de acordo com os parâmetros legais estabelecidos pelo artigo 51-A, LRF, será de grande valia para a análise dos casos levados ao Poder Judiciário.

2.6.5. Administrador judicial

O administrador judicial é um auxiliar do juízo na condução dos processos de recuperação judicial e de falência. É nomeado pelo juiz na decisão que defere o processamento da recuperação judicial, nos termos do artigo 52, I, da LRF.

De acordo com o artigo 21 da LRF, o administrador será profissional idôneo, preferencialmente advogado, economista, administrador de empresas ou contador, ou pessoa jurídica especializada.

Assim, a idoneidade é o primeiro atributo a ser observado pelo juiz ao nomear o administrador judicial. Ainda, a LFR inova ao permitir que o administrador judicial seja pessoa jurídica especializada, hipótese muito comum na atualidade. Nesse caso, deve a pessoa jurídica indicar a pessoa física que ficará responsável pela condução dos trabalhos, que não poderá ser substituído sem autorização judicial.

As funções exercidas pelo administrador judicial são indelegáveis.[175] Contudo, o artigo 22, I, *h*, da LFR, permite a contratação, mediante autorização judicial, de profissionais ou empresas especializadas para auxiliá-lo no exercício de suas funções.

Como dito, o administrador judicial será nomeado pelo juiz, na decisão que defere o processamento da recuperação judicial. A LRF estabelece três impedimentos ao exercício das atribuições, quais sejam: i) não ter sido destituído do cargo de administrador nos últimos 5 anos, em razão de atos praticados em falência ou recuperação judicial anterior; ii) não ter deixado de prestar contas em falência ou recuperação judicial anterior ou ter tido as contas desaprovadas, nos últimos 5 anos e; iii) não ter relação de parentesco ou afinidade até o 3º (terceiro) grau, amizade, inimizade ou dependência, com o devedor, seus administradores, controladores ou representantes legais.

Após a nomeação, o administrador judicial será intimado para assinar o termo de compromisso de bem e fielmente desempenhar o cargo e assumir todas as responsabilidades a ele inerentes, no prazo de 48 horas, sob pena de ser nomeado outro administrador e, responderá pessoalmente pelos prejuízos causados ao devedor ou aos credores, por dolo ou culpa.

O artigo 22 da LFR estabelece as atribuições do administrador judicial que serão exercidas sob a fiscalização do juiz e do Comitê de Credores, se houver. Compete ao administrador judicial, primeiramente, enviar correspondência aos credores comunicando a data do pedido de recuperação judicial, a natureza, o valor e a classificação dos créditos.

Compete ainda, fornecer todas as informações solicitadas pelos credores, dar extratos dos livros do devedor nos autos das habilitações ou impugnações de crédito, exigir dos credores, do devedor ou dos seus administradores, as informações que entender pertinentes, elaborar a relação de credores e o quadro geral de credores, requerer a convocação da assembleia geral de credores nos casos previstos em lei ou quando entender necessário, dentre outras atribuições.

Cabe ao administrador judicial, especialmente na recuperação judicial, fiscalizar as atividades do devedor e o cumprimento do plano de

[175] Coelho, Fábio Ulhoa. *Comentários à lei de falências e de recuperação de empresas*. 9. ed. São Paulo: Saraiva, 2013, p. 105.

recuperação judicial, apresentar ao juiz relatório mensal das atividades do devedor, bem como, relatório sobre o plano apresentado pelo devedor e sobre a execução do plano aprovado e, ainda, requerer a falência do devedor em caso de descumprimento de obrigação assumida no plano de recuperação judicial.

A remuneração pelo exercício do cargo será fixada pelo juiz, considerando os critérios estabelecidos no artigo 24 da LFR: i) capacidade de pagamento do devedor; ii) grau de complexidade do trabalho e; iii) valores praticados no mercado para o desempenho de atividades semelhantes. Há um limite máximo que é o equivalente a 5% (cinco por cento) do valor devido aos credores submetidos à recuperação judicial. No caso de recuperação judicial requerida por microempresa ou empresa de pequeno porte, o percentual deve ser reduzido ao limite de 2% (dois por cento). O devedor em recuperação judicial é o responsável pelo pagamento de tal valor.

O administrador judicial poderá ser substituído quando assim requerer, desde que apresente justo motivo, hipótese em que receberá remuneração proporcional. Aquele que for destituído, tiver as contas desaprovadas, não prestar contas ou renunciar sem relevante razão de direito não terá direito à remuneração.

Gladston Mamede entende pela inconstitucionalidade dos dispositivos legais que determinam que o administrador judicial não terá direito à remuneração (arts. 24, § 3º e 25, da LFR).[176]

Importante ressaltar que a destituição determinada pelo juiz, de ofício ou a pedido de qualquer interessado, será imposta ao administrador judicial que agir com desídia, culpa, dolo ou descumprimento das obrigações fixadas na lei, ficando o administrador judicial impedido de exercer suas funções em outro processo pelo prazo de 5 (cinco) anos.

[176] Ensina o autor: (...) A norma revela, por certo ângulo, inconstitucionalidade flagrante por desconsiderar os valores sociais do trabalho (artigo 1º, IV, primeira parte), por desrespeitar o direito à titularidade dos valores auferidos com o próprio trabalho (propriedade – ou, melhor, titularidade – de dinheiro) e sua função social (artigo 5º, XXII e XXIII), além de discrepar dos princípios que norteiam o artigo 7º da Carta Política. O ponto central do problema é: não se pode expropriar o trabalhador da remuneração pelo que trabalho (e o administrador judicial realiza, sim, um trabalho no desempenho de sua função), sem que haja razão de Direito relevante, legítima, razoável, proporcional e, por que não dizer, justa. *Direito empresarial brasileiro: falência e recuperação de empresas*. 5. ed. São Paulo: Atlas, 2012, v. 4, p. 74.

2.6.6. Verificação dos créditos

Os artigos 7º e seguintes da LRF estabelecem o procedimento de verificação de créditos. Trata-se de medida necessária para a formação do quadro geral de credores, ou seja, para a consolidação da relação de todos os créditos sujeitos ao plano de recuperação judicial. É uma fase de suma importância, tanto para que os credores garantam que receberão corretamente seus créditos, como para assegurar o direito a voto no momento da deliberação do plano de recuperação judicial.

O procedimento de verificação de créditos é realizado pelo administrador judicial. Uma das atribuições desse auxiliar é a elaboração da relação de credores, bem como a consolidação do quadro geral de credores. Esse trabalho será realizado com base nos livros contábeis, documentos comerciais e fiscais do devedor e nos documentos apresentados pelos credores, nos termos do artigo 7º da LFR.

De acordo com o artigo 52, § 1º, da LFR, proferida a decisão que defere o processamento, o juiz determinará a publicação de edital que conterá a íntegra da decisão, a relação de credores apresentada pelo devedor com a petição inicial e a advertência sobre o prazo para apresentação das habilitações de crédito e objeções ao plano que será apresentado.

Assim, publicado o referido edital, os credores terão prazo de 15 (quinze) dias[177] para apresentar ao administrador judicial suas habilitações ou divergências quanto aos créditos relacionados nesse primeiro edital.

A habilitação de crédito será apresentada pelo credor não mencionado na relação de credores, para requerer a sua inclusão. A divergência será apresentada pelo credor que consta na relação de credores, mas cujo crédito apresente alguma incorreção, seja no seu valor, seja na classificação, por exemplo. Portanto, o credor pretenderá a retificação da relação de credores que embasará a futura consolidação do quadro geral de credores.

[177] A Lei nº 14.112/2020 alterou o artigo 189, LRF, que passou a tratar expressamente sobre a contagem dos prazos nos processos de recuperação de empresas e falência: Art. 189. Aplica-se, no que couber, aos procedimentos previstos nesta Lei, o disposto na Lei nº 13.105, de 16 de março de 2015 (Código de Processo Civil), desde que não seja incompatível com os princípios desta Lei. (...) § 1º Para os fins do disposto nesta Lei: I – todos os prazos nela previstos ou que dela decorram serão contados em dias corridos; (...)

A petição de habilitação ou divergência deverá obedecer aos requisitos previstos no artigo 9º da LFR[178] e deverá ser apresentada diretamente ao administrador judicial.

Findo o prazo para apresentação das habilitações ou divergências, iniciará o prazo de 45 (quarenta e cinco) dias para que o administrador faça o trabalho de verificação dos créditos, com base na documentação apresentada pelos credores e nos livros e documentos do devedor. Ao final desse prazo, o administrador judicial fará publicar novo edital contendo a relação de credores conferida e ajustada. Nesse edital, indicará o local e o horário em que os interessados poderão ter acesso aos documentos que embasaram a sua elaboração.

Após o transcurso do prazo para habilitações ou divergências, o credor ainda poderá requerer a habilitação de seu crédito que, nesse caso, será recebida como retardatária. O credor retardatário, exceto o trabalhista, perderá o direito a voto nas deliberações da assembleia geral de credores, tudo como determina o artigo 10 da LRF.

As habilitações retardatárias podem ser apresentadas até o encerramento da recuperação judicial.[179] Se apresentadas antes da consolidação do quadro geral de credores seguirão o procedimento da impugnação, abaixo estudado. Se apresentadas após a homologação do quadro geral de credores seguirão o procedimento comum do Código de Processo Civil.

Realizada a publicação do segundo edital, o devedor, os seus sócios, os credores, o Comitê de Credores e o Ministério Público poderão apresentar, no prazo de 10 (dez) dias, impugnação apontando a ausência do

[178] Art. 9º A habilitação de crédito realizada pelo credor nos termos do art. 7º, § 1º, desta Lei deverá conter: I – o nome, o endereço do credor e o endereço em que receberá comunicação de qualquer ato do processo; II – o valor do crédito, atualizado até a data da decretação da falência ou do pedido de recuperação judicial, sua origem e classificação; III – os documentos comprobatórios do crédito e a indicação das demais provas a serem produzidas; IV – a indicação da garantia prestada pelo devedor, se houver, e o respectivo instrumento; V – a especificação do objeto da garantia que estiver na posse do credor. Parágrafo único. Os títulos e documentos que legitimam os créditos deverão ser exibidos no original ou por cópias autenticadas se estiverem juntados em outro processo.

[179] O artigo 10, §10º, da LRF, modificado pela Lei nº 14.112/2020, passou a prever o prazo decadencial de 3 anos contados da data da publicação da sentença que decretar a falência para que o credor apresente o seu pedido de habilitação ou reserva de crédito.

crédito ou se manifestando contra a sua legitimidade, importância ou classificação.

A impugnação será dirigida ao juízo recuperacional e será processada nos termos dos artigos 13 a 15 da LRF. O juiz determinará a intimação dos credores que tiveram créditos impugnados para se manifestarem no prazo de 5 (cinco) dias. Após, serão intimados o devedor e o Comitê de Credores, se houver, para apresentar manifestação no mesmo prazo. Por fim, o administrador judicial será intimado para emitir parecer sobre a impugnação apresentada, também no prazo de 5 (cinco) dias.

Diante de todas as manifestações, o juiz julgará as impugnações ou fixará os pontos controvertidos, determinando as provas que serão produzidas. Decidida a impugnação, caberá o recurso de agravo, podendo o relator conceder efeito suspensivo à decisão que reconhece o crédito ou determinar a inscrição ou modificação do seu valor e classificação no quadro geral de credores, para possibilitar o exercício do direito de voto na assembleia geral de credores, como determina o artigo 17 da LFR.

Realizado o julgamento de todas as impugnações, o administrador judicial, com base na relação de credores publicada e nas decisões proferidas, realizará a consolidação do quadro geral de credores, no prazo de 5 (cinco) dias.

Após a homologação do quadro geral de credores e até o encerramento da recuperação judicial, este somente poderá ser modificado em duas hipóteses: i) pela apresentação de habilitação retardatária, que seguirá o procedimento comum do Código de Processo Civil, nos termos do artigo 10 da LRF e; ii) mediante sentença proferida em ação própria, proposta pelo administrador judicial, Comitê, qualquer credor ou pelo Ministério Público com base em descoberta de falsidade, dolo, simulação, fraude, erro essencial ou documento ignorados à época do julgamento. Referida ação será julgada pelo juízo da recuperação judicial ou pelo juízo que reconheceu o crédito, nas hipóteses de crédito trabalhista e de quantia ilíquida, e seguirá o procedimento comum previsto no Código de Processo Civil. O pagamento do crédito, a partir daí, ficará condicionado à prestação de caução pelo credor, como dispõe o artigo 19 da LRF.

3. Natureza Jurídica do Plano de Recuperação Judicial

3.1. Conceito e conteúdo

O plano de recuperação judicial é o documento em que o devedor apresenta aos credores os meios pelos quais pretende superar a crise, demonstrando a viabilidade econômica da sua atividade.

Fábio Ulhoa Coelho ensina que: "(...) *A mais importante peça do processo de recuperação judicial é, sem sombra de dúvidas, o plano de recuperação judicial (ou de "reorganização da empresa"). Depende exclusivamente dele a realização ou não dos objetivos associados ao instituto, quais sejam, a preservação ou não da atividade econômica e cumprimento de sua função social. Se o plano de recuperação é consistente, há chances de a empresa se reestruturar e superar a crise em que mergulha. Terá, nesse caso, valido a pena o sacrifício imposto diretamente aos credores e, indiretamente a toda a sociedade brasileira. Mas se o plano for inconsistente, limitar-se a um papelório destinado a cumprir mera formalidade processual, então o futuro do instituto é a completa desmoralização.*[180]

O autor demonstra a importância do plano de recuperação judicial na verdadeira superação da crise do devedor. Assim, não se trata de mera peça processual, mas sim de peça-chave para a superação da crise da empresa.

O artigo 53 da LFR determina que o plano de recuperação judicial deve conter: i) a discriminação pormenorizada dos meios de recuperação a serem empregados, conforme o art. 50 desta Lei, e seu resumo; ii) a demonstração de sua viabilidade econômica, e; iii) laudo econô-

[180] Coelho, Fábio Ulhoa. *Comentários à lei de falências e de recuperação de empresas*. 15. ed. rev., atual. E ampl. São Paulo: Saraiva, 2013, p. 222.

mico-financeiro e de avaliação dos bens e ativos do devedor, subscrito por profissional legalmente habilitado ou empresa especializada.

Os meios de recuperação judicial estão elencados no artigo 50 da LRF, que contém um rol exemplificativo de alternativas que podem ser utilizadas pelo devedor como forma de composição dos valores devidos aos credores e de soerguimento de sua empresa.

Na explanação dos meios de recuperação a serem utilizados no caso concreto, cabe ao devedor esclarecer, de forma clara e detalhada, como pretende superar a crise e como realizará o pagamento de seus credores. Já se entendeu que disposições confusas e que não demonstram, de forma efetiva, como se dará o pagamento dos credores devem ser afastadas pelo Poder Judiciário.[181-182]

[181] RECUPERAÇÃO JUDICIAL. Impugnação à homologação do plano de recuperação judicial. Possibilidade. Aprovação do plano de recuperação judicial pela assembleia de credores não a torna imune à verificação, pelo Poder Judiciário, sobre aspectos de sua legalidade e de obediência a princípios cogentes que iluminam o direito contratual. Tanto o plano original como o seu aditamento padecem de péssima redação, com uso de termos dúbios que certamente gerarão sérios problemas de interpretação no momento do cumprimento daquilo que foi acordado com a maioria dos credores. Ausência de menção do deságio a ser aplicado aos créditos, que aparentemente subordina os pagamentos à condição suspensiva, qual seja, que a projeção do faturamento líquido se mantenha estável na próxima década. Não se tolera a adoção de planos de recuperação ilíquidos, nos quais os pagamentos fiquem subordinados a futuro faturamento da recuperanda, abatidos gastos e investimentos ao exclusivo arbítrio do próprio devedor, mediante criação de condição puramente potestativa (*si voluero*). Falta liquidez ao plano, o que impede qualquer verificação a respeito de sua efetiva execução. Recurso provido. (Relator(a): Francisco Loureiro; Comarca: São Paulo; Órgão julgador: 1ª Câmara Reservada de Direito Empresarial; Data do julgamento: 29/05/2014; Data de registro: 30/05/2014).

[182] Recuperação judicial. Decisão homologatória de aditivo de plano após sua aprovação em Assembleia Geral de Credores. Agravo de instrumento de credora. A assembleia dos credores é soberana, ressalvada a possibilidade de controle judicial de legalidade pelo Poder Judiciário. Enunciado 44 da I Jornada de Direito Comercial do Conselho de Justiça Federal. Precedentes do STJ. *Novo plano de recuperação, contendo parcelas ilíquidas e imprecisa disposição sobre o deságio, que dificulta a intelecção objetiva de como se dará o* "haircut" *de créditos*. Previsão de liberação de garantias de forma genérica. Impossibilidade, nos termos do art. 59 e do § 1º do art. 49 da Lei 11.101/05, mantidos pelo legislador de 2020 (Lei 14.112). Súmula 61 deste Tribunal. Devedores solidários e demais terceiros que deverão permanecer vinculados aos pactos que firmaram. Precedentes das Câmaras Reservadas de Direito Empresarial deste Tribunal. Decisão reformada. Plano anulado. Agravo de instrumento a que se dá provimento. (TJSP; Agravo de Instrumento 2047123-28.2021.8.26.0000; Relator (a): Cesar

A demonstração da viabilidade econômica é ponto crucial para a superação da crise do devedor. Sobre o assunto, ensina Jorge Lobo: "*A finalidade da norma do art. 53 é provar, aos credores e ao juízo, que o valor da empresa em funcionamento não só é superior ao que seria obtido caso se decidisse liquidá-la, como, por igual, que a sua continuidade melhor atende aos múltiplos interesses envolvidos, v.g., dos empregados, dos credores, dos consumidores e da coletividade.*"[183]

O devedor deve demonstrar que a sua atividade é viável, ou seja, que é lucrativa e capaz de gerar mais benefícios sociais do que a sua liquidação.

Jorge Lobo esclarece que o conceito de atividade recuperável é amplo e deve ser analisado caso a caso. Ensina: "(...) *o standard de empresa recuperável admite certa discricionariedade do intérprete em função do caso concreto, visto que uma companhia ilíquida pode ser recuperável por força de seu potencial de gerar lucros, seu moderno parque industrial, sua marca, seus produtos notórios etc., enquanto que uma empresa solvente pode estar fadada ao insucesso e à quebra por faltar-lhe condições de crescimento e competitividade a médio e longo prazos.*"[184]

De acordo com o sistema adotado pela LRF, a demonstração da viabilidade econômica é requisito do plano de recuperação judicial e não da petição inicial. Assim, sendo os credores os responsáveis pela apreciação do plano, cabe a eles, ainda que implicitamente, dar o veredito final sobre a viabilidade ou inviabilidade da empresa.

Ainda, o plano deve vir acompanhado de laudo econômico-financeiro devidamente subscrito por profissional habilitado. Trata-se de documento que visa demonstrar a real situação econômico-financeira do devedor, bem como, corroborar as informações mencionadas na petição inicial e no próprio plano, oportunidades em que o devedor esclareceu as razões da sua crise e a sua situação atual.

Ciampolini; Órgão Julgador: 1ª Câmara Reservada de Direito Empresarial; Foro de Sorocaba – 3ª Vara Cível; Data do Julgamento: 19/05/2021; Data de Registro: 19/05/2021).

[183] Ver texto em: Toledo, Paulo F.C. Salles de; Abrão, Carlos Henrique. *Comentários à lei de recuperação de empresas e falência*. 5. ed. rev. atual. e ampl. São Paulo: Saraiva, 2012, p. 207.

[184] Ver texto em: Toledo, Paulo F.C. Salles de; Abrão, Carlos Henrique. *Comentários à lei de recuperação de empresas e falência*. 5. ed. rev. atual. e ampl. São Paulo: Saraiva, 2012, p. 209.

3.2. Apresentação do plano

O plano de recuperação judicial deve ser apresentado nos autos do processo de recuperação judicial, no prazo improrrogável de 60 (sessenta) dias contados da publicação da decisão que defere o processamento da recuperação judicial, nos termos do *caput* do artigo 53, da LFR.

Com relação à forma de contagem do prazo para apresentação do plano, o Superior Tribunal de Justiça tem entendimento pacífico no sentido de que a contagem do referido prazo deveria ser dar em dias corridos[185]. Esse entendimento se consolidou com a alteração do artigo 189,

[185] Nesse sentido: Agravo Interno no Recurso Especial. Recuperação Judicial. Advento do CPC/2015. Aplicação Subsidiária. Forma de Contagem de Prazos no Microssistema da Lei de 11.101/2005. Cômputo em Dias Corridos. Sistemática e Logicidade do Regime Especial de Recuperação Judicial e Falência. 1. A aplicação do CPC/2015, no âmbito do microssistema recuperacional e falimentar, deve ter cunho eminentemente excepcional, incidindo tão somente de forma subsidiária e supletiva, desde que se constate evidente compatibilidade com a natureza e o espírito do procedimento especial, dando-se sempre prevalência às regras e aos princípios específicos da Lei de Recuperação e Falência e com vistas a atender o desígnio da norma-princípio disposta no art. 47. 2. *A forma de contagem do prazo – de 180 dias de suspensão das ações executivas e de 60 dias para a apresentação do plano de recuperação judicial – em dias corridos é a que melhor preserva a unidade lógica da recuperação judicial: alcançar, de forma célere, econômica e efetiva, o regime de crise empresarial, seja pelo soerguimento econômico do devedor e alívio dos sacrifícios do credor, na recuperação, seja pela liquidação dos ativos e satisfação dos credores, na falência.* 3. O microssistema recuperacional e falimentar foi pensado em espectro lógico e sistemático peculiar, com previsão de uma sucessão de atos, em que a celeridade e a efetividade se impõem, com prazos próprios e específicos, que, via de regra, devem ser breves, peremptórios, inadiáveis e, por conseguinte, contínuos, sob pena de vulnerar a racionalidade e a unidade do sistema. 4. A adoção da forma de contagem prevista no Novo Código de Processo Civil, em dias úteis, para o âmbito da Lei 11.101/05, com base na distinção entre prazos processuais e materiais, revelar-se-á árdua e complexa, não existindo entendimento teórico satisfatório, com critério seguro e científico para tais discriminações. Além disso, acabaria por trazer perplexidades ao regime especial, com riscos a harmonia sistêmica da LRF, notadamente quando se pensar na velocidade exigida para a prática de alguns atos e na morosidade de outros, inclusive colocando em xeque a isonomia dos seus participantes, haja vista a dualidade de tratamento. 5. *Na hipótese, diante do exame sistemático dos mecanismos engendrados pela Lei de Recuperação e Falência, os prazos de 180 dias de suspensão das ações executivas em face do devedor (art. 6, § 4º) e de 60 dias para a apresentação do plano de recuperação judicial (art. 53, caput) deverão ser contados de forma contínua.* 6. Agravo interno não provido. (AgInt no REsp 1774998/MG, Rel. Ministro Luis Felipe Salomão, Quarta Turma, julgado em 19/09/2019, DJe 24/09/2019) (grifo nosso).

§1º, pela Lei nº 14.112/2020[186], que passou a prever, expressamente, que os prazos previstos na LRF devem ser contados em dias corridos.

O prazo para apresentação é improrrogável e a sua inobservância acarreta a convolação da recuperação judicial em falência, como determina o artigo 73, II, da LFR.

O plano de recuperação judicial é elaborado pelo devedor. Em se tratando de empresário individual, cabe a ele decidir o seu conteúdo, porém, quando se trata de sociedade empresária, o conteúdo do plano deve ser levado ao crivo dos sócios ou acionistas que deverão aprová-lo internamente antes de apresentá-lo em juízo.

Assim, a elaboração do plano de recuperação judicial pela sociedade empresária deve respeitar as normas do direito societário sobre as deliberações sociais, atribuições e responsabilidades dos administradores da sociedade, bem como, os eventuais acordos de acionistas[187].

[186] *Art. 189. Aplica-se, no que couber, aos procedimentos previstos nesta Lei, o disposto na Lei nº 13.105, de 16 de março de 2015 (Código de Processo Civil), desde que não seja incompatível com os princípios desta Lei. § 1º Para os fins do disposto nesta Lei: I – todos os prazos nela previstos ou que dela decorram serão contados em dias corridos*; e II – as decisões proferidas nos processos a que se refere esta Lei serão passíveis de agravo de instrumento, exceto nas hipóteses em que esta Lei previr de forma diversa. (grifo nosso).

[187] Conforme decidiu o Superior Tribunal de Justiça: CONFLITO POSITIVO DE COMPETÊNCIA. JUÍZO ARBITRAL E JUÍZO DA RECUPERAÇÃO JUDICIAL. DISCUSSÃO ACERCA DA LEGALIDADE DE DISPOSIÇÕES INTEGRANTES DO PLANO DE SOERGUIMENTO. AUMENTO DE CAPITAL. ASSEMBLEIA DE ACIONISTAS. NÃO REALIZAÇÃO. CLÁUSULA COMPROMISSÓRIA PREVISTA NO ESTATUTO SOCIAL. QUESTÕES SOCIETÁRIAS. COMPETÊNCIA DO JUÍZO ARBITRAL. (...) 7. A questão submetida ao juízo arbitral diz respeito à análise da higidez da formação da vontade da devedora quanto a disposições expressas no plano de soerguimento. As deliberações da assembleia de credores – apesar de sua soberania – estão sujeitas aos requisitos de validade dos atos jurídicos em geral. Precedente. 8. *O art. 50, caput, da Lei 11.101/05, ao elencar os meios de recuperação judicial passíveis de integrar o plano de soerguimento, dispõe expressamente que tais meios devem observar a legislação pertinente a cada caso. Seu inciso II é ainda mais enfático ao prever que, em operações societárias, devem ser "respeitados os direitos dos sócios, nos termos da legislação vigente". E, no particular, o objetivo da instauração do procedimento arbitral é justamente garantir o direito dos acionistas de deliberar em assembleia geral sobre questões que, supostamente, competem privativamente a eles, mas que passaram a integrar o plano de recuperação judicial sem sua anuência.* CONFLITO CONHECIDO. DECLARADA A COMPETÊNCIA DO JUÍZO ARBITRAL. (CC 157.099/RJ, Rel. Ministro MARCO BUZZI, Rel. p/ Acórdão Ministra NANCY ANDRIGHI, SEGUNDA SEÇÃO, julgado em 10/10/2018, DJe 30/10/2018)

Apresentado o plano, o juiz determinará a publicação de edital contendo aviso aos credores sobre o recebimento do plano nos autos e fixando o prazo para a manifestação de eventuais objeções.

Ressalte-se que os credores tomam conhecimento da entrega do plano por meio desse edital. É muito comum, entretanto, que o devedor disponibilize tal documento em seu *site* na internet ou diretamente aos credores, quando solicitado.

3.3. Objeções dos credores

Os credores poderão apresentar suas objeções sobre o plano de recuperação judicial no prazo de 30 (trinta) dias, nos termos do artigo 55 da LFR. Sobre o termo inicial do prazo, ensina Manoel Justino Bezerra Filho: "*A solução jurisprudencial pode se resumir na seguinte observação: se quando for publicada a segunda lista (art. 7º, § 2º) ainda não houve plano juntado (art. 53), o prazo de 30 dias do caput do art. 55 será contado da publicação que é feita, informando a juntada do plano; se, ao contrário, o plano já estiver juntado quando da publicação da segunda lista, conta-se o prazo a partir desta segunda lista. Resumindo: o prazo de 30 dias para apresentação de objeções conta-se a partir da publicação da segunda lista ou da juntada do plano, o que ocorrer por último*".[188]

A objeção constitui a peça processual por meio da qual o credor manifestará as razões de discordância com os termos do plano de recuperação judicial apresentado pelo devedor. Podem ser apresentadas por qualquer credor, desde que, mencionado na relação de credores ou no quadro geral de credores.[189]

[188] *Lei de recuperação de empresas e falência comentada: Lei nº 11.101/2005: comentário artigo por artigo*. 15. ed. rev. ampl. e atual. São Paulo: Editora Revista dos Tribunais, 2021, p. 280.

[189] Nesse sentido, é o entendimento do Tribunal de Justiça de São Paulo:
Recuperação Judicial. Pretensão, do agravante, de convocação de assembleia geral de credores para discussão e votação do plano de recuperação da Projeto Residencial Marine Home Resort SPE 66 Ltda., cujo benefício foi concedido em razão da ausência de objeções. Rejeição da objeção apresentada por ele porque, embora tempestiva, não ostentava, na data do protocolo, a condição de credor, pendente a apreciação de impugnação à nova lista de credores da Marine. Acolhimento posterior da impugnação, com a inclusão do seu crédito no quadro geral de credores que acabou por revelar a legitimidade da objeção. Exclusão que se deu por erro da Administradora Judicial. Credor que sempre esteve inscrito no quadro geral de credores da Marine. Ponderação necessária. Convocação da assembleia que se determina em face da higidez da objeção, nos termos do art. 56 da Lei nº 11.101/2005, cas-

Outro ponto relevante é o conteúdo das objeções. Manoel Justino Bezerra Filho destaca a discussão entre aqueles que entendem que a objeção deve ser "cheia", ou seja, o credor deve trazer as razões pelas quais discorda do plano; ou "vazia", hipótese em que bastaria ao credor dizer que não concorda, sem explicar os motivos para a formação dessa convicção.[190] Conclui o autor: "*Dentro de um estado de normal concorrência entre sociedades empresárias, parece não se justificar a obrigação de fundamentar a objeção, até porque, como fundamento, bastaria ao credor dizer que não pode concordar com a dilação apresentada no plano sob pena de ele próprio, credor, vir a ficar em situação de crise.*"[191]

Jorge Lobo ressalta que na Argentina se exige que a objeção seja justificada, estabelecendo a legislação um rol taxativo de causas de impugnação que podem ser utilizados pelos credores: "(...) *erro no cômputo da maioria, falta de representação dos credores que formaram a maioria, aumento fraudulento do passivo, ocultação ou aumento fraudulento do ativo e inobservância das regras de celebração do acordo.*"[192]

Importante salientar que o procedimento de aprovação do plano delineado pela LRF, não prevê o julgamento das objeções pelo juiz. Na verdade, a apresentação das objeções servirá, contudo, como impulso para a necessária convocação da assembleia geral de credores para aprovação do plano, como se estudará a seguir.

3.4. Aprovação do plano

De acordo com o artigo 58, *caput*, da LFR, o juiz concederá a recuperação judicial de plano que não tenha sofrido objeções de credores ou de plano que tenha sido aprovado pela assembleia geral de credores. Ainda,

sada a concessão da recuperação judicial à Marine. Recurso provido para esse fim. (TJSP; Agravo de Instrumento 2010112-33.2019.8.26.0000; Relator (a): Araldo Telles; Órgão Julgador: 2ª Câmara Reservada de Direito Empresarial; Foro Central Cível – 2ª Vara de Falências e Recuperações Judiciais; Data do Julgamento: 26/11/2019; Data de Registro: 28/11/2019)

190 *Lei de recuperação de empresas e falência comentada: Lei nº 11.101/2005: comentário artigo por artigo.* 15. ed. rev. ampl. e atual. São Paulo: Editora Revista dos Tribunais, 2021, p. 280.

191 *Lei de recuperação de empresas e falência comentada: Lei nº 11.101/2005: comentário artigo por artigo.* 15. ed. rev. ampl. e atual. São Paulo: Editora Revista dos Tribunais, 2015, p. 280-281.

192 Ver texto em: Toledo, Paulo F. C. Salles de; Abrão, Carlos Henrique (coords.). *Comentários à lei de recuperação de empresas e falência.* 5. ed. rev. atual. e ampl. São Paulo: Saraiva, 2012, p. 212.

o § 1º do referido dispositivo traz a possibilidade de concessão de recuperação judicial de plano rejeitado pela assembleia geral de credores, desde que preenchidos três requisitos cumulativos.

Assim, a LFR disciplina duas modalidades de aprovação que serão estudadas a seguir: i) a aprovação pela ausência de objeções; ou, ii) aprovação pela assembleia geral de credores. Disciplina, ainda, a possibilidade de concessão da recuperação judicial de plano rejeitado pela assembleia geral de credores, por meio da aplicação do instituto denominado *cram down*.

3.4.1. Aprovação pela ausência de objeções

Determina o artigo 58, *caput*, da LFR que o juiz concederá a recuperação judicial de plano que não tenha sofrido objeções de credores. Dessa forma, transcorrido o prazo de 30 dias, previsto no artigo 55 da LFR, considera-se aprovado o plano de recuperação judicial em razão da ausência de objeções de credores.

Adalberto Simão Filho apresenta a questão do conteúdo das objeções. Entende o autor que caso a objeção não tenha relação direta com o plano de recuperação judicial, ou seus argumentos possam ser refutados prontamente, não haverá necessidade de convocação da assembleia geral de credores.[193]

Esse posicionamento já foi acolhido pelo Tribunal de Justiça de São Paulo que negou provimento ao recurso interposto contra decisão concessiva da recuperação judicial em que o juízo de primeiro grau rejeitou liminarmente a objeção sob o argumento de que não tinha por objeto o conteúdo do plano.[194]

[193] Interesses transindividuais dos credores nas assembleias-gerais e sistemas de aprovação do plano de recuperação judicial. In: DE LUCCA, Newton; DOMINGUES, Alessandra de Azevedo (coord.). *Direito recuperacional – Aspectos teóricos e práticos.* São Paulo: Quartier Latin, 2009, p. 49-50.

[194] RECUPERAÇÃO JUDICIAL – Decisão que, dispensada a realização de assembleia geral de credores, concede a recuperação judicial. Irresignação de uma determinada instituição financeira credora, inscrita na classe III. Alegação de que a decisão recorrida é nula em razão de irregularidade na publicação do edital de objeções ao plano e da dispensa da convocação da assembleia geral de credores. Plano de recuperação judicial que ademais apresentaria ilegalidades passíveis de controle judicial a ensejar sua anulação. Insurgência que não comporta acolhida. Hipótese em que houve publicação conjunta dos editais

Nessa mesma linha, eventual intempestividade da objeção apresentada pelo credor também implicará a aprovação tácita do plano de recuperação judicial.

Assim, não havendo objeções, entende-se pela concordância tácita dos credores o que autorizará o magistrado a conceder a recuperação judicial, nos termos do *caput* do artigo 58, da LRF.

3.4.2. Aprovação pela assembleia geral de credores

Havendo objeção de qualquer credor ao plano de recuperação judicial, o juiz convocará assembleia geral de credores para deliberar sobre o seu conteúdo, nos termos do que dispõe o artigo 56 da LFR. Referida assembleia deve ser realizada no prazo máximo de 150 (cento e cinquenta) dias contados da decisão que deferiu o processamento da recuperação judicial.

Importante é a observação de Adalberto Simão Filho: "*Trata-se da deliberação não sobre a questão que gerou a objeção por parte do credor, mas sim da aprovação do próprio plano de recuperação. De certo, nesta ocasião, os credores tomarão o cuidado de verificarem o plano à luz da(s) objeção(ões) formulada (s) para, posteriormente, deliberarem.*"[195]

previstos nos artigos 7º, § 2º e 53, parágrafo único, da LRF, disciplinada deste o deferimento do processamento da recuperação. Possibilidade. Prejuízos não demonstrados. Credor agravante que se manteve inerte. *Única objeção apresentada que não impugnou os termos do plano em si. Rejeição liminar irrecorrida.* Convocação da AGC reputada inútil. Dispensa ademais outrora deliberada por decisão irrecorrida. Verificação da legalidade pelo Poder Judiciário das disposições do plano. Possibilidade. Carência excessiva. Inocorrência. Carência inferior ao prazo bienal de supervisão de 24 meses a que alude o art. 61, caput, e 63 da LRF. Prazo de pagamento de 05 anos em parcelas semestrais de maior valor. Falta de previsão de juros e atualização monetária pela aplicação do CDI. Impossibilidade. A ausência de previsão de juros não pode ser aceita, bem como a atualização monetária pelo CDI, cujas taxas se revelam incompatíveis com a natureza da dívida que a empresa recuperanda assumira. Alegação de iliquidez das parcelas que por sua vez não se sustenta. Apuração mediante simples cálculo. Alteração apenas do critério de atualização para aplicação da Tabela desta Corte e incidência de juros legais de 1% ao mês. – Recurso Provido em Parte. (Relator(a): Ramon Mateo Júnior; Comarca: São Roque; Órgão julgador: 2ª Câmara Reservada de Direito Empresarial; Data do julgamento: 11/11/2015; Data de registro: 17/11/2015) (grifamos).

[195] Interesses transindividuais dos credores nas assembleias-gerais e sistemas de aprovação do plano de recuperação judicial. In: de Lucca, Newton; Domingues, Alessandra de Aze-

Assim, caberá exclusivamente à assembleia geral de credores decidir sobre a aprovação ou rejeição do plano de recuperação judicial, analisando todo o seu conteúdo e não unicamente os pontos destacados nas objeções apresentadas pelos credores

A convocação da assembleia geral de credores é realizada pelo juiz, por meio de edital publicado no Diário Oficial Eletrônico e disponibilizado no sítio eletrônico do administrador judicial, com antecedência mínima de 15 dias. O edital conterá o local e as datas da realização (necessariamente haverá menção à primeira e segunda convocações, com intervalo mínimo de cinco dias entre elas); a ordem do dia (nesse caso: a deliberação sobre o plano de recuperação judicial e a possibilidade de constituição do comitê de credores, em caso de aprovação, nos termos do §2º, do artigo 56, da LRF), bem como, o local onde os credores poderão obter cópia do plano, tudo nos termos do artigo 36 da LFR.

No dia designado, a assembleia geral será presidida pelo administrador judicial que designará um dos credores presentes como secretário.

Antes mesmo da instalação, os credores serão divididos em quatro categorias, nos termos do artigo 41 da LFR[196]: I – titulares de créditos derivados da legislação do trabalho ou decorrentes de acidentes de trabalho; II – titulares de créditos com garantia real; III – titulares de créditos quirografários, com privilégio especial, com privilégio geral ou subordinados; e IV – titulares de créditos enquadrados como microempresa ou empresa de pequeno porte.

Os credores poderão ser representados pelo seu representante legal ou por mandatário que deverão entregar os documentos que comprovem seus poderes com 24 horas de antecedência diretamente ao administrador judicial ou indicar, no mesmo prazo, o número das folhas dos autos onde está localizada a documentação pertinente. Os credores trabalhistas poderão ser representados pelo sindicato que deverá apresentar a relação dos que representa com 10 dias de antecedência.

vedo (coord.). *Direito recuperacional – Aspectos teóricos e práticos.* São Paulo: Quartier Latin, 2009, p. 50.

[196] A Lei nº 14.112/2020 revogou o artigo 83, IV e V, da LRF, que tratava dos créditos privilegiados, integrando-os à classe destinada aos créditos quirografários, nos termos do § 6º, do art. 83, LRF, porém, não houve revogação ou alteração expressa do artigo 41, supramencionado, razão pela qual, ainda faz menção às referidas classes de credores.

Saliente-se que, eventual procuração apresentada pelo credor deverá conter poderes especiais para firmar acordos e transigir, pois a deliberação do plano terá por objetivo novar os créditos sujeitos à recuperação judicial, o que exige poderes especiais. Caberá ao administrador judicial verificar a higidez de tal documentação[197], por isso se justifica a necessidade de apresentação com antecedência.

O voto de cada credor será apurado proporcionalmente ao seu crédito, considerando-se o valor mencionado no quadro geral de credores ou na relação de credores elaborada pelo administrador judicial ou, não tendo sido apresentada, na relação de credores trazida pelo devedor junto à petição inicial. No caso de crédito em moeda estrangeira, o valor será apurado por meio da conversão para a moeda nacional pelo câmbio da véspera da data da realização da assembleia, tudo como dispõe o artigo 38, da LRF.

O artigo 39, § 2º, da LRF determina que a deliberação não será invalidada em razão de posterior decisão judicial sobre a existência, a quantificação ou a classificação de créditos. Da mesma forma, o artigo 40 da LRF determina que não será concedido provimento liminar, cautelar ou antecipatório com o objetivo de suspender ou adiar a assembleia em virtude de discussões acerca da existência, quantificação ou classificação de créditos.

O objetivo de tais regras é impedir que eventual alteração na relação de credores ou no quadro geral de credores no que se refere a existência, classificação ou valor de determinado crédito não impeça a realização da assembleia geral de credores, tampouco acarrete a necessidade

[197] Nesse sentido: Recuperação Judicial. Recurso tirado contra r. decisão que autorizou a participação da credora, ora agravada, na assembleia de credores, garantindo-lhe direito de voz e voto. Alegação de descumprimento do art. 37, § 4º, da Lei nº 11.101/2005. *Autos que demonstram a apresentação prévia, à Administradora Judicial, da procuração da credora com poderes especiais para participar do conclave. Questão atinente à interpretação de cláusula do seu contrato social (segundo a Administradora Judicial – cláusula 12 –, exigia a autorização da controladora para participar da reunião) que, sanada posteriormente, não tem o condão de impedir o direito de voz e voto.* Decisão mantida. Recurso desprovido. (TJSP; Agravo de Instrumento 2064096-63.2018.8.26.0000; Relator (a): Araldo Telles; Órgão Julgador: 2ª Câmara Reservada de Direito Empresarial; Foro Central Cível – 2ª Vara de Falências e Recuperações Judiciais; Data do Julgamento: 10/09/2018; Data de Registro: 11/09/2018) (grifamos).

de nova deliberação sobre o plano de recuperação judicial já aprovado ou rejeitado pela assembleia.

É cediço que tais dispositivos têm por objetivo trazer segurança jurídica ao devedor e aos credores que saberão que poderão votar imediatamente o plano, inobstante a existência de eventuais impugnações de crédito pendentes de julgamento[198], e, ainda, que a decisão tomada pela assembleia não poderá ser alterada em razão de eventual modificação da situação específica de determinado credor.[199]

Não terão direito a voto e não serão considerados para fins de verificação de quórum os titulares de créditos não sujeitos (art. 39, §1º, LRF) e os credores que não tiverem alteração no valor ou nas condições originais de pagamento do seu crédito (art. 45, §3º, LRF).

Com relação aos credores que não sofreram alterações no valor ou nas condições originais de pagamento do seu crédito, importante é a observação de Marcelo Barbosa Sacramone: "(...) *Embora não possa votar, o credor que não teve seus créditos alterados pelo plano de recuperação judicial poderá fazer objeções ao pano de recuperação judicial, comparecer à Assembleia e terá direito de voz. Ainda que não possa votar na Assembleia Geral de Credores, o plano de recuperação judicial poderá aumentar o risco do seu crédito, por meio de previsão de alienação de bens, interrupção de parte das atividades etc. Terá, por-*

198 Nesse sentido: RECUPERAÇÃO JUDICIAL. Decisão que admitiu a participação do banco credor, com direito a voto, nas Assembleias Gerais de Credores. Manutenção. Ausência de decisão final no tocante às impugnações de créditos não é fato impeditivo para realização da assembleia. Possibilidade da garantia conferida aos credores, em grau recursal, do direito a voto. Inteligência do artigo 17 e parágrafo único da Lei no 11.101/05. *O que não se tolera são os pedidos de adiamento* sine die *da realização da assembleia geral, ao arrepio da lei, enquanto todos os créditos impugnados não forem julgados em definitivo. Recurso não provido.* (TJSP; Agravo de Instrumento 2080385-13.2014.8.26.0000; Relator (a): Francisco Loureiro; Órgão Julgador: 1ª Câmara Reservada de Direito Empresarial; Foro de Arujá – 2ª Vara; Data do Julgamento: 08/10/2014; Data de Registro: 10/10/2014) (grifamos).

199 Nesse sentido: RECUPERAÇÃO JUDICIAL. (...) *Incidente de verificação, habilitação ou impugnação de crédito pendente de julgamento. Irrelevância. A pendência de questões envolvendo natureza, classificação e valor de créditos não obsta o prosseguimento da recuperação judicial. Inteligência do art. 39, § 2º, da Lei 11.101/05. Precedentes.* (...) Recurso provido em parte, com determinações. (TJSP; Agravo de Instrumento 2086677-38.2019.8.26.0000; Relator (a): Gilson Delgado Miranda; Órgão Julgador: 1ª Câmara Reservada de Direito Empresarial; Foro de Santo André – 7ª Vara Cível; Data do Julgamento: 29/01/2020; Data de Registro: 30/01/2020) (grifamos).

tanto, eventual interesse o referido credor de acompanhar a deliberação dos demais credores e se manifestar sobre o plano proposto."[200]

Também não terão direito a voto os sócios do devedor, bem como as sociedades coligadas, controladoras, controladas ou as que tenham sócio ou acionista com participação superior a dez por cento do capital social do devedor. Ainda, as sociedades em que o devedor ou algum de seus sócios detenham participação superior a dez por cento do capital social, assim como o cônjuge ou parente, consanguíneo ou afim, colateral até o segundo grau, ascendente ou descendente do devedor, de administrador, de sócio controlador, de membro dos conselhos consultivo, fiscal ou semelhantes da sociedade devedora e à sociedade em que quaisquer dessas pessoas exerça essas funções, resguardados, em todos os casos, o direito de participar da assembleia.

A assembleia será instalada, em primeira convocação, se estiverem presentes credores titulares de mais da metade dos créditos de cada classe, computados por valor. Não se alcançando esse quórum, a assembleia será instalada, em segunda convocação, com qualquer número.

A aprovação do plano na assembleia de credores deve obedecer ao previsto no artigo 45 da Lei nº 11.101/2005, que estabelece os seguintes critérios: i) todas as classes de credores deverão aprovar a proposta; ii)na classe I e IV, dos credores trabalhistas e dos titulares de créditos enquadrados como microempresa e empresa de pequeno porte, respectivamente, a proposta deverá ser aprovada pela maioria simples dos credores presentes, independentemente do valor de seu crédito; iii) na classe II, dos credores titulares de créditos com garantia real, a proposta deverá ser aprovada por credores que representem mais da metade do valor total dos créditos presentes à assembleia e, cumulativamente, pela maioria simples dos credores presentes; iv) na classe III, dos credores quirografários, a proposta deverá ser aprovada por credores que representem mais da metade do valor total dos créditos presentes à assembleia e, cumulativamente, pela maioria simples dos credores presentes.

Há de se observar, ainda, a hipótese prevista no artigo 56, § 3º, da LFR, que prevê a possibilidade de alteração do plano na assembleia geral de credores, desde que tais alterações não impliquem dimi-

200 SACRAMONE, Marcelo Barbosa. *Comentários à lei de recuperação de empresas e falência*. 2. ed. São Paulo: Saraiva Educação, 2021, p. 234.

nuição dos direitos exclusivamente dos credores ausentes e que haja expressa concordância do devedor. Trata-se de situação bastante comum na experiência jurídica e pode ser proposta tanto pelo devedor quanto pelo credor, no transcorrer dos debates realizados na assembleia.

Em razão das intensas discussões sobre o conteúdo do plano objeto de deliberação pode ser que haja tempo hábil para concluir os debates e votação em única sessão, razão pela qual, firmou-se o entendimento no sentido de permitir a continuação dos trabalhos assembleares em outra data.

Eventuais remarcações também podem ocorrer por vontade das partes que entenderem oportuno adiar a deliberação do plano, qualquer que seja o motivo. Saliente-se que, nessa hipótese, há necessidade de deliberação dos credores, observando-se o quórum previsto no artigo 42, da LRF. Sobre a possibilidade de suspensão dos trabalhos da assembleia geral de credores com sua remarcação para data ou datas futuras, duas questões devem ser analisadas.

A primeira diz respeito à possibilidade de comparecimento de novos credores após a efetiva instalação dos trabalhos nas datas designadas em razão das suspensões aprovadas pelos credores. Nesse sentido é o Enunciado da I Jornada de Direito Comercial do Conselho da Justiça Federal: "53. *A assembleia geral de credores para deliberar sobre o plano de recuperação judicial é una, podendo ser realizada em uma ou mais sessões, das quais participarão ou serão considerados presentes apenas os credores que firmaram a lista de presença encerrada na sessão em que instalada a assembleia geral.*"

Referido posicionamento serviu para sedimentar o entendimento no sentido de impossibilitar o comparecimento, na sessão remarcada, de credores que não haviam comparecido à sessão em que a assembleia foi instalada. Assim, não se admitirá o ingresso de novos credores após iniciados os trabalhos com a instalação da assembleia pelo administrador judicial.

A segunda questão a ser analisada é a inclusão do §9º, ao artigo 56, pela Lei nº 14.112/2020, que determina a necessidade de encerramento dos trabalhos da assembleia no prazo máximo de 90 (noventa) dias após a sua instalação. A nosso ver, acertada a opção do legislador ao determinar um prazo máximo para votação do plano.

Sobre a questão, relevante o posicionamento de Manoel Justino Bezerra Filho[201]: "(...) *O prazo fixado de 90 dias objetiva, como aliás se percebe do exame de grande parte da reforma, evitar a procrastinação da decisão assemblear, estabelecendo o prazo para encerramento da assembleia, em caso de suspensão. No entanto, a Lei não estabelece, de forma objetiva, qual o caminha a ser tomado caso o juiz venha a declarar 'encerrada' a assembleia. O inc. III do art. 73 apenas prevê o decreto de falência nos casos de não apresentação do plano pelo credor ou no caso de rejeição do plano. No entanto, não votar o plano em 90 dias e, por isso, 'encerrar' a assembleia, não corresponde a rejeitar o plano.*"

Fábio Ulhoa Coelho[202] consigna: "(...) *E se for ultrapassado esse prazo? A consequência é uma só: aquela assembleia instalada em primeira sessão, suspensa e retomada nas sessões seguintes, terminou definitivamente por força de lei; o encontro seguinte dos credores terá o sentido de uma nova assembleia; quer dizer, deve-se novamente conferir o quórum de instalação e credores que faltaram à primeira sessão da assembleia anterior (e não puderam, portanto, participar das sessões subsequentes desta) poderão, agora, comparecer à nova assembleia.* (...)"

Os autores levantam questões absolutamente pertinentes, pois, primeiramente, não há fundamento legal para entender que o plano de recuperação judicial foi rejeitado. Ainda, o estabelecimento do prazo máximo de duração dos trabalhos assembleares pode gerar um efeito diverso do pretendido pelo legislador, já que, será necessário que os credores efetivamente deliberem sobre o plano apresentado, mesmo havendo o decurso do prazo de 90 dias. Nesse caso, estaríamos diante de uma nova assembleia geral de credores ou de uma prorrogação da anterior? Os tribunais, mais uma vez, terão de solucionar esse impasse criado pelo legislador.

A Lei nº 14.112/2020 trouxe, ainda, possibilidades de substituição da assembleia de credores, nos termos do artigo 39, §4º, da LRF, quais sejam: i) por termo de adesão firmado entre o devedor e os credores; ii) por votação eletrônica; ou, iii) por outro mecanismo reputado suficientemente seguro pelo juiz.

[201] Bezerra Filho, Manoel Justino. *Lei de recuperação de empresas e falência: Lei 11.101/2005: comentado artigo por artigo.* 15. ed. rev., atual. e ampl. São Paulo: Thomson Reuters Brasil, 2021, p. 289.

[202] Coelho, Fábio Ulhoa. *Comentários à Lei de Falências e de Recuperação de Empresas.* 14. ed. rev., atual. e ampl. São Paulo: Thomson Reuters Brasil, 2021, p. 235.

O artigo 56-A, da LRF, trata da substituição da assembleia geral de credores pelo termo de adesão firmado pelos credores e apresentado pelo devedor até 5 (cinco) dias antes da data da realização da assembleia geral, desde que observado o quórum legal para aprovação do plano previsto no artigo 45, da LRF.

Assim, apresentado o termo de adesão pelo devedor, o juiz determinará a suspensão da assembleia designada e intimará os credores para apresentarem eventuais oposições no prazo de 10 (dez) dias. As oposições poderão versar apenas sobre: i) não preenchimento do quórum legal de aprovação; ii) descumprimento do procedimento disciplinado na LRF; iii) irregularidades do termo de adesão ao plano de recuperação; ou, iv) irregularidades e ilegalidades do plano de recuperação. Oferecida oposição, o juiz intimará o devedor para se manifestar em 10 dias e, em seguida, ouvirá o administrador, no prazo de 5 dias. Após, serão submetidas à apreciação judicial, destacando-se que, o seu acolhimento não implicará rejeição do plano, mas somente a impossibilidade de substituição do conclave assemblear, impondo-se a necessidade da imediata convocação da assembleia geral de credores para deliberação sobre o plano de recuperação judicial.

Ainda, a previsão da votação por meio eletrônico representou, a nosso ver, um avanço no tratamento legislativo da matéria, já que, a pandemia da Covid-19 impôs uma nova realidade à sociedade, razão pela qual, as assembleias passaram a ser realizadas por meio eletrônico mesmo antes de haver a alteração legislativa.

Por fim, o inciso III, do § 4º, do artigo 39, da LRF, prevê a utilização de outro mecanismo reputado suficientemente seguro pelo juiz. Marcelo Barbosa Sacramone[203] elenca alguns exemplos de possíveis mecanismos: "(...) *Os mecanismos alternativos conferem a possibilidade de, no caso específico, serem apresentadas as melhores soluções para que haja maior participação dos credores. Dentre os exemplos, além da possibilidade de cômputo dos votos por* e-mail *ou correio, poder-se-ia cogitar de formas semipresenciais de assembleia, notadamente diante da presença de credores sem acesso aos meios tecnológicos para comparecimento a uma AGC virtual.*"

[203] SACRAMONE, Marcelo Barbosa. *Comentários à lei de recuperação de empresas e falência*. 2. ed. São Paulo: Saraiva Educação, 2021, p. 216.

Entendemos que o administrador judicial tem um relevante papel nessa decisão e poderá, analisando as condições do caso concreto, recomendar a melhor opção. Ressalte-se que o artigo 39, §5º, da LRF, impõe a ele o dever de fiscalizar a regularidade das deliberações. [204]Superadas todas as questões apontadas e alcançado o quórum previsto no artigo 45 da Lei nº 11.101/2005 o plano estará aprovado. Em caso negativo, o plano estará rejeitado.

3.4.3. *Cram down*

Sendo o plano rejeitado, em regra, o juiz deverá convolar a recuperação judicial em falência. Antes disso, porém, deverá verificar se foram preenchidos os requisitos previstos no artigo 58, § 1º, da LFR.

A LRF adotou o instituto do *cram down*, segundo o qual, o juiz poderá conceder a recuperação judicial de plano de recuperação judicial rejeitado pela assembleia geral de credores, se preenchidos quatro requisitos legais, de forma cumulativa:

> i) o voto favorável de credores que representem mais da metade do valor de todos os créditos presentes à assembleia, independentemente de classes;
>
> ii) a aprovação de 3 (três) das classes de credores ou, caso haja somente 3 (três) classes com credores votantes, a aprovação de pelo menos 2 (duas) das classes ou, caso haja somente 2 (duas) classes com credores votantes, a aprovação de pelo menos 1 (uma) delas, sempre nos termos do art. 45 desta Lei;
>
> iii) na classe que o houver rejeitado, o voto favorável de mais de 1/3 (um terço) dos credores, computados na forma dos §§ 1º e 2º do artigo 45 desta Lei;

[204] A principal novidade pertinente à assembleia geral é a flexibilização de sua realização. De acordo com o novo §4º, a assembleia presencial pode ser substituída por adesão escrita, votação por meio eletrônico, ou por "outro mecanismo reputado suficientemente seguro pelo juiz". A substituição da assembleia presencial por termo escrito de adesão é possível mesmo quando se trata de assembleia convocada para deliberar sobre o plano de recuperação, sobre a constituição de comitê de credores ou sobre forma alternativa de realização do ativo na falência (art. 45-A). Em todos os casos, caberá ao administrador judicial fiscalizar as deliberações e emitir seu parecer sobre a regularidade (art. 39, §5º; art. 45-A, §4º). (Fonseca, Geraldo. Reforma da Lei de Recuperação Judicial e Falência – Comentada e comparada. São Paulo: Forense, 2021. p.49).

iv) se o plano não implicar tratamento diferenciado entre os credores da classe que o houver rejeitado.

Observe-se ainda que o preenchimento de tais requisitos deve levar em consideração a assembleia já realizada, não havendo que se falar em nova assembleia.

Manoel Justino Bezerra Filho ensina que o *cram down* é "(...) *termo importado do direito norte americano e sem possibilidade de tradução literal. Com certa jocosidade, poder-se-ia dizer que a tradução livre redundaria em 'goela abaixo', ou seja: mesmo com a discordância da AGC, ainda, assim, o plano será aprovado e irá 'goela abaixo' dos credores.*"[205]

Jorge Lobo explica que o instituto foi criado para evitar o "abuso da minoria".[206]

A justificativa para adoção de tal mecanismo está no fato de que, de acordo com o artigo 45 da LFR, o plano deve ser aprovado em todas as classes de credores. Assim, se uma das classes não aprovar, o plano será considerado rejeitado e a consequência é a convolação da recuperação judicial em falência, salvo se aprovado eventual plano de recuperação apresentado pelos credores, hipótese que será estudada a seguir.

Assim, preenchidos os requisitos mencionados, é direito do devedor ter a sua recuperação judicial concedida, apesar da não aprovação do plano em assembleia.

Ocorre que, muitas vezes, os requisitos não são preenchidos, mas constata-se, no caso concreto, que um credor ou um grupo de credores votou contrariamente à aprovação do plano com o objetivo de eliminar a concorrência ou por razões outras que não o recebimento de seu crédito, o que caracterizaria o voto abusivo.

Eduardo Secchi Munhoz, ao tratar dos limites do poder jurisdicional, defende que: "(...) *poderia o juiz anular o voto proferido pelo credor se verificar que esse voto desviou-se do seu interesse na satisfação de seu crédito, tendo sido determinado por um interesse de outra natureza (v.g. eliminação de um concorrente), estranho à relação jurídica de crédito havida com o devedor. Por outro*

205 *Lei de recuperação de empresas e falência comentada: Lei nº 11.101/2005: comentário artigo por artigo*. 15. ed. rev. ampl. e atual. São Paulo: Editora Revista dos Tribunais, 2021, p. 302.

206 Ver texto em: Toledo, Paulo F. C. Salles de; Abrão, Carlos Henrique (coords.). *Comentários à lei de recuperação de empresas e falência*. 5. ed. rev. atual. e ampl. São Paulo: Saraiva, 2012, p. 221.

lado, não há de se considerar abusivo o voto com base em alegação de conflito formal, ou ainda se esse voto tiver por objetivo buscar a satisfação máxima do crédito detido individualmente pelo credor que o proferiu, ainda que isso venha a prejudicar outros credores"[207].

O Superior Tribunal de Justiça[208] tem admitido a flexibilização da aplicação dos requisitos do *cram down*: "(...) *visando evitar eventual abuso do direito de voto, justamente no momento de superação de crise, é que deve agir o magistrado com sensibilidade na verificação dos requisitos do cram down, pre-*

[207] Anotações sobre o limite do poder jurisdicional. *Revista de Direito Bancário e do Mercado de Capitais*. ano 10, n. 36, p. 185-199, abr.-jun./2007.

[208] Nesse sentido: RECURSO ESPECIAL. DIREITO EMPRESARIAL. RECUPERAÇÃO JUDICIAL. PLANO. APROVAÇÃO JUDICIAL. CRAM DOWN. REQUISITOS DO ART. 58, § 1º, DA LEI 11.101/2005. EXCEPCIONAL MITIGAÇÃO. POSSIBILIDADE. PRESERVAÇÃO DA EMPRESA. 1. A Lei nº 11.101/2005, com o intuito de evitar o "abuso da minoria" ou de "posições individualistas" sobre o interesse da sociedade na superação do regime de crise empresarial, previu, no § 1º do artigo 58, mecanismo que autoriza ao magistrado a concessão da recuperação judicial, mesmo que contra decisão assemblear. 2. A aprovação do plano pelo juízo não pode estabelecer tratamento diferenciado entre os credores da classe que o rejeitou, devendo manter tratamento uniforme nesta relação horizontal, conforme exigência expressa do § 2º do art. 58. 3. O microssistema recuperacional concebe a imposição da aprovação judicial do plano de recuperação, desde que presentes, de forma cumulativa, os requisitos da norma, sendo que, em relação ao inciso III, por se tratar da classe com garantia real, exige a lei dupla contagem para o atingimento do quórum de 1/3 – por crédito e por cabeça –, na dicção do art. 41 c/c 45 da LREF. 4. No caso, foram preenchidos os requisitos dos incisos I e II do art. 58 e, no tocante ao inciso III, o plano obteve aprovação qualitativa em relação aos credores com garantia real, haja vista que recepcionado por mais da metade dos valores dos créditos pertencentes aos credores presentes, pois "presentes 3 credores dessa classe o plano foi recepcionado por um deles, cujo crédito perfez a quantia de R$ 3.324.312,50, representando 97,46376% do total dos créditos da classe, considerando os credores presentes" (fl. 130). Contudo, não alcançou a maioria quantitativa, já que recebeu a aprovação por cabeça de apenas um credor, apesar de quase ter atingido o quórum qualificado (obteve voto de 1/3 dos presentes, sendo que a lei exige "mais" de 1/3). Ademais, a recuperação judicial foi aprovada em 15/05/2009, estando o processo em pleno andamento. 5. Assim, visando evitar eventual abuso do direito de voto, justamente no momento de superação de crise, é que deve agir o magistrado com sensibilidade na verificação dos requisitos do cram down, preferindo um exame pautado pelo princípio da preservação da empresa, optando, muitas vezes, pela sua flexibilização, especialmente quando somente um credor domina a deliberação de forma absoluta, sobrepondo-se àquilo que parece ser o interesse da comunhão de credores. 6. Recurso especial não provido. (REsp 1337989/SP, Rel. Ministro LUIS FELIPE SALOMÃO, QUARTA TURMA, julgado em 08/05/2018, DJe 04/06/2018)

ferindo um exame pautado pelo princípio da preservação da empresa, optando, muitas vezes, pela sua flexibilização, especialmente quando somente um credor domina a deliberação de forma absoluta, sobrepondo-se àquilo que parece ser o interesse da comunhão de credores" (REsp nº 1.337.989/SP, Relator Ministro Luis Felipe Salomão, Quarta Turma, julgado em 8/5/2018, DJe 4/6/2018).

O artigo 39, §6º, acrescentado pela Lei nº 14.112/2020, trata da nulidade de voto abusivo manifestamente exercido para obter vantagem ilícita para si ou para outrem.

Manoel Justino Bezerra Filho[209] destaca que, apesar da boa intenção do legislador, a disposição legal não resolveu a celeuma: "(...) *percebe-se que, apesar do bom intento do legislador, parece que não foi possível trazer maior segurança para a decisão, pois a questão que sempre vai ser discutida é a licitude ou não do voto proferido pelo credor em defesa de seu próprio interesse. Será necessário avaliar em que grau a obtenção de vantagem pelo credor constituirá ilícito ou prejudicial ao interesse da comunidade de credores ou ao interesse social de preservação da sociedade empresária.*"

Como destacado pelo autor, é cediço que o credor tem direito de voto e pode se inclinar a posição que melhor lhe convier, de acordo com o seu interesse e conveniência. O ponto fulcral é determinar a partir de que momento esse comportamento se torna abusivo, o que somente pode ser constatado a partir da análise do caso concreto, sempre à luz do princípio da boa-fé objetiva.[210]

[209] Bezerra Filho, Manoel Justino. *Lei de recuperação de empresas e falência: Lei 11.101/2005: comentada artigo por artigo*. 15. ed. rev., atual. e ampl. São Paulo: Thomson Reuters Brasil, 2021, p. 195.

[210] Geraldo Fonseca consigna: (...) O §6º trata de tema delicado nas deliberações assembleares, que é o abuso do direito de voto. Com efeito, é direito do credor votar contrariamente ao plano, sempre que entender que lhe é imputado sacrifício maior que o necessário, que os meios propostos são inadequados e que o soerguimento da empresa é inviável. Votar pela rejeição não é, por si só, abuso. Todavia, votar pela rejeição de forma descompromissada, por divergências pessoais com o devedor, para forçar-lhe dano ou para obter vantagem ilícita, caracteriza abuso de direito e não pode passar desapercebido pelo julgador. A situação se amolda à previsão dos arts. 187 do Código Civil e 115 da Lei das Sociedades Anônimas, cometendo ato ilícito o titular de um direito que, ao exercê-lo, extrapola manifestamente os limites impostos pelo seu fim econômico social, à vista dos bons costumes e da boa-fé. Ocorrendo abuso de direito de rejeição, a recusa do plano de recuperação não deve levar à decretação da falência, cabendo ao juiz desconsiderar votos abusivos e conceder a recupe-

Assim, reconhecida a abusividade do voto do credor, tem-se entendido pela possibilidade de concessão da recuperação judicial mesmo que não preenchidos os requisitos para configuração do *cram down*, mesmo que haja necessidade de relativização de tais critérios, excepcionalmente, se os credores sinalizarem no sentido da aprovação do plano, com fundamento no princípio da preservação da empresa

Verifica-se que o interesse público da recuperação judicial tem prevalecido sobre o interesse privado de um ou alguns credores que votam contrariamente ao plano. Trata-se de assunto complexo, objeto de diversos trabalhos acadêmicos e que necessitaria de pesquisa autônoma para alcançar todas as suas nuances.

3.5. Plano alternativo apresentado pelos credores

O artigo 56, § 4º, alterado pela Lei nº 14.112/2020, passou a prever a possibilidade de apresentação de plano alternativo de recuperação judicial pelos credores quando rejeitado o plano de recuperação judicial apresentado pelo devedor em assembleia geral de credores e não preenchidos os requisitos do *cram down*; e, quando decorrido o prazo do *stay period*, o plano do devedor ainda não tiver sido colocado em votação (art. 6º, §4º-A, LRF).

Dessa forma, na primeira hipótese, rejeitado o plano de recuperação em assembleia, caberia ao administrador verificar o preenchimento dos requisitos do *cram down*, previstos no artigo 58, § 1º, da LRF, e caso não estejam presentes, submeter à votação da mesma assembleia, no mesmo ato, a concessão de prazo de 30 (trinta) dias para que seja apresentado plano alternativo de recuperação judicial pelos credores. A concessão do prazo será considerada aprovada se obtiver votos favoráveis de credores que representem mais da metade dos créditos presentes à assembleia.

Rejeitada a possibilidade de concessão de prazo pelos credores presentes à assembleia, caberia ao juiz convolar a recuperação judicial em falência (art. 56, §8º, LRF). Aprovada a concessão de prazo, caberia aos

ração. Não deve meramente assistir ao abuso o homologando. A desconsideração de votos abusivos é medida extrema, excepcional, e que exige cautela, mesmo porque as razões da recusa de cada credor comumente não são exteriorizadas. (Fonseca, Geraldo. Reforma da Lei de Recuperação Judicial e Falência – Comentada e comparada. São Paulo: Forense, 2021. p. 49-50).

credores elaborar um ou mais planos alternativos de recuperação judicial e apresentá-lo em juízo no prazo de 30 dias. Caso o plano seja apresentado, ocorrerá uma nova prorrogação do *stay period* por mais 180 dias (art. 6º, §4º-A, II, da LRF). Caso o plano não seja apresentado no prazo mencionado haverá a convolação da recuperação judicial em falência (art. 56, §8º, LRF).

O plano alternativo de recuperação judicial apresentado pelos credores deverá observar as seguintes condições previstas no §6º, do artigo 56, da LRF, quais sejam:

> i) o preenchimento dos requisitos previstos nos incisos I, II e III do *caput* do art. 53, da LRF, ou seja, o plano deverá conter a discriminação dos meios de recuperação judicial, a demonstração da viabilidade econômica e deverá estar acompanhado de laudo econômico-financeiro subscrito por profissional habilitado;[211]
>
> ii) o apoio por escrito de credores que representem, alternativamente: mais de 25% (vinte e cinco por cento) dos créditos totais sujeitos à recuperação judicial; ou mais de 35% (trinta e cinco por cento) dos créditos presentes à assembleia-geral;
>
> iii) a não imputação de obrigações novas, não previstas em lei ou em contratos anteriormente celebrados, aos sócios do devedor;[212]

[211] Manoel Justino Bezerra Filho apresenta uma crítica relevante no que se refere à necessidade de apresentação de plano de recuperação judicial pelos credores com todos os elementos do plano do devedor: "(...) Aqui já surge mais um ponto no sentido de demonstrar que, provavelmente, não haverá credor interessado em apresentar plano. No exíguo prazo de 30 dias, esse credor terá que coletar uma série de informações detalhadas sobre situação econômico-financeira e contábil da empresa devedora. A menos que haja uma estreita cooperação entre esta e o credor que vai apresentar o plano, é de se imaginar a dificuldade – ou mesma a impossibilidade – para que o credor colha tais dados, sem a cooperação direta e transparente da devedora. (*Lei de recuperação de empresas e falência: Lei 11.101/2005: comentado artigo por artigo.* 15. ed. rev., atual. e ampl. São Paulo: Thomson Reuters Brasil, 2021, p. 287).

[212] Sobre esse aspecto, importante a lição de Fábio Ulhoa Coelho: "(...) os sócios da sociedade em recuperação não podem, pelo plano alternativo, ficarem vinculados a novas obrigações. Esse dispositivo reforça que o plano alternativo depende, para se aperfeiçoar, da aprovação do devedor. Em primeiro lugar, ele se aplica apenas à hipótese de sociedade devedora, porque no caso de empresário individual seria dispensável a previsão (já que, contra a vontade dele, não se aperfeiçoa o plano alternativo). O requisito impede que o plano alternativo que, mesmo contando com a concordância da sociedade devedora, esti-

iv) a previsão de isenção das garantias pessoais prestadas por pessoas naturais em relação aos créditos a serem novados e que sejam de titularidade dos credores que apoiaram a apresentação do plano alternativo ou daqueles que votarem favoravelmente a ele, não permitidas ressalvas de voto. Ao que parece, quis o legislador impor a renúncia a eventual garantia fidejussória titularizada pelo credor que apoia a apresentação do plano alternativo ou vota favoravelmente a ele.[213] A norma trata, especificamente, de garantia fidejussória titularizada em face de pessoa física[214]. Talvez o legislador tenha se referido à pessoa física pensando nas garantiras titularizadas em face dos sócios da sociedade devedora, mas isso não está claro. De qualquer forma, a nosso ver, tal dispositivo, representa verdadeiro desestímulo aos credores que, além de custearem, sozinhos, a elaboração do plano em prazo exíguo e com poucas informações, ainda terão tolhidos os seus direitos em face de eventuais garantidores. Talvez se trate de moeda imposta pelo legislador aos credores, em troca do direito de apresentar o plano que melhor atenda aos seus interesses. Definitivamente, trata-se de questão que deverá ser analisada pelos tribunais com muita cautela;

v) a não imposição ao devedor ou aos seus sócios de sacrifício maior do que aquele que decorreria da liquidação na falência. Aqui, ao que parece, o legislador quis oportunizar ao devedor a possibilidade de se opor expressamente ao plano apresentado pelos credores e impedir que seja colocado em votação, sob o argumento de que, para ele, diante das condições apresentadas pelos credores, a falência seria uma melhor solução. Ressalte-se que a questão relativa à necessidade de concordância do devedor é polêmica e será analisada a seguir.

pulasse uma obrigação nova a um ou mais sócios dela. Claro, se o sócio que assumirá a nova obrigação concordar com isso, atende-se esse requisito material. (*Comentários à Lei de Falências e de Recuperação de Empresas.* 14. ed. rev., atual. e ampl. São Paulo: Thomson Reuters Brasil, 2021, p. 234).

213 Nesse sentido entendem Manoel Justino Bezerra Filho *Lei de recuperação de empresas e falência: Lei 11.101/2005: comentado artigo por artigo.* 15. ed. rev., atual. e ampl. São Paulo: Thomson Reuters Brasil, 2021, p. 288) e Marcelo Sacramone Barbosa (*Comentários à lei de recuperação de empresas e falência.* 2. ed. São Paulo: Saraiva Educação, 2021, p. 326-327).

214 Fábio Ulhoa Coelho destaca: "(...) Por que o plano alternativo pode prever garantias a serem prestadas por pessoas jurídicas, mas não por pessoas naturais? Não se consegue atinar o objetivo da distinção. (...)" (*Comentários à Lei de Falências e de Recuperação de Empresas.* 14. ed. rev., atual. e ampl. São Paulo: Thomson Reuters Brasil, 2021, p. 234).

Por fim, o §7º, do artigo 56, da LRF, determina que o plano alternativo dos credores poderá prever a capitalização dos créditos, inclusive com a consequente alteração do controle da sociedade devedora, permitido o exercício do direito de retirada pelo sócio do devedor. Também ao que nos parece, o legislador trouxe a possibilidade de os credores proporem a utilização dos créditos para o aumento do capital social da sociedade devedora, hipótese em que, tais credores integralizariam suas quotas com os créditos titularizados e assumiriam a condição de sócios da sociedade devedora. Por isso, caberia aos sócios originais da sociedade devedora optar pelo eventual exercício do direito de retirada.

A LRF ainda prevê outra possibilidade de apresentação de plano alternativo pelos credores prevista no artigo 6º, §4º-A, da LRF[215], qual seja: decorrido o prazo do *stay period*, inclusive contando-se o prazo relativo a uma prorrogação permitida pela nova redação do §4º, do art. 6º, se o devedor não tiver levado o seu plano de recuperação à votação, abre-se o prazo de 30 dias para que os credores apresentem o referido plano alternativo que deverá obedecer a todas as condições previstas no artigo 56, §4º, da LRF, já estudado.

Durante esse período, as execuções continuarão suspensas e permanecerá a proibição para constrição patrimonial contra os bens do devedor previstas no artigo 6º, I, II, e III, da LRF. Decorrido o prazo sem apresentação do plano, cessam os efeitos do *stay period*, liberando-se os credores para a imediata retomada do curso das execuções e constrições judiciais contra o devedor. Caso o plano seja apresentado, ocorrerá uma nova prorrogação do *stay period* por mais 180 dias.

[215] Art. 6º A decretação da falência ou o deferimento do processamento da recuperação judicial implica: (...) § 4º-A. O decurso do prazo previsto no § 4º deste artigo sem a deliberação a respeito do plano de recuperação judicial proposto pelo devedor faculta aos credores a propositura de plano alternativo, na forma dos §§ 4º, 5º, 6º e 7º do art. 56 desta Lei, observado o seguinte: I – as suspensões e a proibição de que tratam os incisos I, II e III do caput deste artigo não serão aplicáveis caso os credores não apresentem plano alternativo no prazo de 30 (trinta) dias, contado do final do prazo referido no § 4º deste artigo ou no § 4º do art. 56 desta Lei; II – as suspensões e a proibição de que tratam os incisos I, II e III do caput deste artigo perdurarão por 180 (cento e oitenta) dias contados do final do prazo referido no § 4º deste artigo, ou da realização da assembleia-geral de credores referida no § 4º do art. 56 desta Lei, caso os credores apresentem plano alternativo no prazo referido no inciso I deste parágrafo ou no prazo referido no § 4º do art. 56 desta Lei.

André Moraes Marques e Rafael Nicoletti Zenedim[216], fazendo uma análise comparativa entre a legislação brasileira e a legislação vigente nos Estados Unidos da América, destacando que, naquele país, os credores e até o comitê de credores podem apresentar plano de recuperação judicial, garantindo-se, porém, ao devedor, um período de exclusividade. Deixando escoar o referido período, seria aberto prazo para a apresentação do plano alternativo. Haveria, ainda, a possibilidade de apresentação de mais de um plano alternativo, sendo todos levados a apreciação dos credores.

Os autores concluem: "(...) *Nesse contexto, é necessário alterar a Lei nº 11.101/05, para conferir aos credores a possibilidade de apresentação de um ou mais planos alternativos ao plano do devedor em recuperação judicial após um determinado período de exclusividade em que o devedor não tenha obtido o apoio necessário para aprovar seu plano de recuperação judicial. A mera possibilidade de os credores apresentarem plano alternativo tornaria o processo mais eficiente porque faria com que o devedor propusesse plano mais próximo à sua efetiva capacidade de pagamento de dívidas e compartilhasse mais informações com os credores desde o início do processo.*"[217]

Nesse sentido também é o entendimento de Fábio Ulhoa Coelho[218]: "(...) *A Reforma de 2020 dispôs sobre o tema, aparentemente com o objetivo de estimular a diligência do devedor, tanto na elaboração de um plano factível para a superação da crise, quanto no empenho na velocidade das negociações que conduzam à sua aprovação.*"

Parece estar clara a inspiração da reforma promovida pela Lei nº 14.112/2020, segundo a qual, o devedor deverá apresentar seu plano no prazo legal e colocá-lo em votação dentro do prazo do *stay period* – este seria o período de exclusividade -, sob pena de dar aos credores a

[216] Uma Análise Comparativa do Direito de propor o Plano de Recuperaçao Judicial à Luz das Legislações Americana e Brasileira. In: MARTINS, André Chateaubriand; YAGUI, Márcia. *Recuperação judicial: análise comparada Brasil-Estados Unidos.* São Paulo: Almedina, 2020, p. 161-183.

[217] Uma Análise Comparativa do Direito de propor o Plano de Recuperaçao Judicial à Luz das Legislações Americana e Brasileira. In: MARTINS, André Chateaubriand; YAGUI, Márcia. *Recuperação judicial: análise comparada Brasil-Estados Unidos.* São Paulo: Almedina, 2020, p. 182.

[218] *Comentários à Lei de Falências e de Recuperação de Empresas.* 14. ed. rev., atual. e ampl. São Paulo: Thomson Reuters Brasil, 2021, p. 234.

faculdade de apresentar plano alternativo. Ainda, o devedor terá prioridade na votação do seu plano, mas, se este não agradar aos credores e for rejeitado, também dará margem à apresentação de plano alternativo pelo credor.

Dessa forma, criou-se um real temor, com o objetivo de chamar a atenção do devedor para que proceda à votação do plano de recuperação no prazo legal e, ainda, apresente proposta sólida e bem formulada aos credores para que não seja dada aos credores a oportunidade de apresentar um ou mais planos alternativos.

Outro ponto que merece destaque é a discussão acerca da necessidade ou não de prévia aprovação do conteúdo do plano alternativo pelo devedor antes de ser colocado em votação.

O legislador, infelizmente, não dispôs o procedimento a ser adotado após a apresentação do plano alternativo pelos credores, limitando-se a mencionar, o §6º, do artigo 56, da LRF, que *o plano de recuperação judicial proposto pelos credores somente será posto em votação* se satisfeitas determinadas condições cumulativas.

Diante disso, entendemos que se colocam as seguintes questões: haveria necessidade de o magistrado conceder ao devedor prazo para se manifestar sobre o plano alternativo? O plano alternativo poderia ser posto em votação mesmo havendo manifestação expressa do devedor contra os seus termos? Sendo aprovado pela assembleia sem a concordância do devedor, poderia este ser obrigado a cumpri-lo?

Fábio Ulhoa Coelho[219] se manifesta expressamente sobre a controvérsia: "(...) *A lei, contudo, não traz nenhuma regra explícita vinculando o devedor à aprovação do plano alternativo pela AGC. Sendo a recuperação judicial, em essência, um acordo judicial feito entre o devedor em crise e os seus credores sujeitos aos efeitos da novação recuperacional, por interpretação sistemática da lei não se pode chegar a nenhuma outra conclusão, senão a de que o devedor* não *está vinculado ao plano alternativo aprovado pela AGC. (...) Inexistindo a previsão legal de vinculação e levando-se em conta a natureza da recuperação judicial (criação de um ambiente negocial propicio à reestruturação do passivo de um devedor e crise) e o direito constitucional de propriedade, não há como escapar: nenhum plano alter-*

[219] *Comentários à Lei de Falências e de Recuperação de Empresas*. 14. ed. rev., atual. e ampl. São Paulo: Thomson Reuters Brasil, 2021, p. 71-72.

nativo apresentado pelos credores vinculará o devedor, se este não concordar com os seus termos."

O autor deixa clara a sua posição: há necessidade de concordância expressa do credor com os termos do plano apresentado e, mesmo que tal plano seja aprovado em assembleia, o devedor a ele não estará vinculado se não concordar expressamente.

Realmente, a nosso ver, parece inquestionável a necessidade de concordância expressa do devedor com relação aos termos do plano de recuperação judicial. O plano de recuperação judicial é negócio jurídico firmado entre o devedor e a coletividade de credores. Um plano de recuperação judicial proposto pelos credores e aprovado por eles sem a manifestação de vontade do devedor representa verdadeiro negócio jurídico inexistente por ausência de manifestação de vontade de uma das partes.

Sempre fundamental é a lição de Pontes de Miranda[220]: "(...) *O elemento "consciência" é essencial à declaração de vontade e à manifestação de vontade (ato adeclarativo, que basta ao negócio jurídico). A manifestação de vontade de negócio há de ser, por exigência da teoria mesma do auto-regramento da vontade (dita da autonomia privada), consciente. De modo que é suporte fáctico do negócio jurídico assim a declaração de vontade como o ato volitivo (adeclarativo), desde que a vontade, que ali se "declara" e aqui se "indicia", seja a de negociar (= concluir negócio jurídico).*[221]

É incontroverso: não há negócio jurídico sem manifestação de vontade consciente de uma das partes. Assim, não haverá plano de recuperação judicial aprovado sem a concordância expressa do devedor em todos os seus termos. Trata-se de clara hipótese de inexistência do negócio jurídico.

Assim, entendemos que o plano ou planos alternativos apresentados pelos credores somente podem ser postos em votação se houver manifestação expressa do devedor nesse sentido. Dessa forma, a nosso ver, deveria o magistrado, recebido o plano alternativo e antes de convocar a assembleia geral de credores, oportunizar ao devedor prazo para

[220] *Tratado de direito privado: parte geral: tomo III: Negócios jurídicos. Representação. Forma. Prova.* 4. edição. São Paulo: Editora Revista dos Tribunais, 1983, v. III, p. 10.

[221] *Tratado de direito privado: parte geral: tomo III: negócios jurídicos. Representação. Forma. Prova.* 4. ed. São Paulo: Editora Revista dos Tribunais, 1983, v. III, p. 7.

se manifestar sobre o seu conteúdo, esclarecendo se concorda ou não que o plano alternativo seja colocado em votação. Tal medida é necessária em obediência ao princípio do contraditório e ampla defesa previsto no artigo 5º, LV, da Constituição Federal, bem como, em obediência ao artigo 437, §1º, do Código de Processo Civil, que determina a necessidade de intimação da parte contrária sempre que uma das partes requerer a juntada de documentos aos autos.

Manifestando sua concordância, haveria a subsequente convocação da assembleia geral de credores, oportunidade em que poderiam ser alinhados os eventuais ajustes antes do momento da deliberação. Na hipótese de o devedor manifestar-se contrariamente à votação do plano, a assembleia geral de credores não seria convocada e o juiz convolaria a recuperação judicial em falência. É cediço que não há previsão legal expressa na LRF para o procedimento acima proposto, mas entendemos que ele pode ser extraído das regras previstas no artigo 56, §3º e §6º, da LRF.

O artigo 56, §6º, da LRF, estabelece seis condições para que o plano alternativo dos credores seja posto em votação: "*Art. 56. (...) § 6º* ***O plano de recuperação judicial proposto pelos credores somente será posto em votação*** *caso satisfeitas,* ***cumulativamente, as seguintes condições:*** (...)".

Assim, é cristalino que o devedor deve ter oportunidade de se manifestar sobre o plano apresentado, apontando a ausência de qualquer uma das condições impostas por lei. Entendemos que, nesse caso, a verificação da presença das condições faz parte do controle de legalidade a ser exercido pelo Poder Judiciário, o que corrobora o entendimento de que a assembleia não poderia ser convocada se não estiverem presentes todas as condições exigidas por lei.

Destaque-se o disposto no inciso VI do artigo 56, §6º, que trata da impossibilidade de imposição ao devedor ou aos seus sócios de sacrifício maior do que aquele que decorreria da liquidação na falência. Ora, não resta dúvida de que o devedor pode se manifestar se opondo à votação do plano, se, para ele, a falência representar um cenário mais favorável. Nesse caso, também não faria sentido convocar a assembleia de credores.

O preenchimento de todas as condições elencadas no §6º, a nosso ver, poderia autorizar a convocação da assembleia geral de credores, mas esta deveria observar o disposto no artigo 56, §3º, da LRF, anterior à reforma e mantido por ela, que determina: "*Art. 56. Havendo objeção de qualquer credor ao plano de recuperação judicial, o juiz convocará a assembléia-geral de credores para deliberar sobre o plano de recuperação. (...) § 3º O plano de recuperação judicial poderá sofrer alterações na assembléia-geral,* ***desde que haja expressa concordância do devedor*** *e em termos que não impliquem diminuição dos direitos exclusivamente dos credores ausentes.*" (grifamos).

A LRF, mesmo com a reforma, continua exigindo a expressa concordância do devedor nas hipóteses de propostas de alteração do plano na assembleia geral de credores. O Tribunal de Justiça de São Paulo já entendeu pela possibilidade de votação de plano alternativo em assembleia, desde que haja a concordância expressa do devedor.[222]

Entendemos que o magistrado poderia, desde que preenchidas as condições previstas no §6º, convocar a assembleia geral, porém, com a ressalva de que o plano somente poderia ser colocado em votação após a manifestação expressa do devedor nesse sentido. Assim, se o devedor, por exemplo, não comparecesse ou não se manifestasse concordância expressa, não haveria deliberação do plano e a consequência seria a convolação da recuperação judicial em falência.

Assim, parece inquestionável a necessidade de concordância do devedor com os termos do plano alternativo apresentado pelos credores, razão pela qual, entendemos que tal plano não poderá ser colocado em votação sem a expressa concordância do devedor.

3.6. Decisão concessiva e seus efeitos

A decisão concessiva da recuperação judicial será proferida quando o plano de recuperação judicial for aprovado pelos credores ou quando presentes os requisitos ensejadores do *cram down*, nos termos do artigo 58 da LRF.

[222] Plano aprovado por assembleia de credores – Possibilidade de controle da legalidade das estipulações pelo Poder Judiciário – *Plano alternativo apresentado em AGC com observância do disposto no art. 56, § 3§, da Lei 11.101/05 (expressa concordância do devedor e não diminuição dos direitos dos credores ausentes)* – Deságio de 80% para pagamento em parcela única no prazo de 90 dias – Ausência de abuso e/ou ilegalidades – Precedentes jurisprudenciais – Decisão mantida – Recurso desprovido. (TJSP; Agravo de Instrumento 2181218-97.2018.8.26.0000; Relator (a): Maurício Pessoa; Órgão Julgador: 2ª Câmara Reservada de Direito Empresarial; Foro de São José do Rio Preto – 7ª Vara Cível; Data do Julgamento: 01/11/2018; Data de Registro: 01/11/2018) (grifamos).

O plano de recuperação judicial será aprovado, primeiramente, se não houver objeções apresentadas pelos credores. Havendo objeções, será convocada assembleia geral de credores para deliberação. Caberá à assembleia, por sua vez, aprovar ou rejeitar a proposta apresentada pelo devedor. Sendo aprovado, o juiz concederá a recuperação judicial. Sendo rejeitado, em regra, o juiz decretará a falência do devedor, salvo se aprovado plano de recuperação apresentado pelos credores.

Como estudado, o artigo 58, § 1º, da LFR, adotou o instituto do *cram down*, segundo o qual, o juiz poderá conceder a recuperação judicial de plano de recuperação judicial rejeitado pela assembleia geral de credores, se preenchidos os requisitos ali mencionados.

A decisão que concede a recuperação judicial constitui título executivo judicial e desafia o recurso de agravo que poderá ser interposto por qualquer credor ou pelo Ministério Público. Não há previsão legal autorizando a interposição de recurso pelo devedor ou por seus sócios.[223]

A concessão da recuperação judicial não se confunde com a decisão que defere o processamento da recuperação judicial. Isto porque, esta decisão é proferida no início do processo, quando do recebimento da petição inicial, e tem por objetivo determinar as providências que possibilitarão a futura recuperação da atividade em crise, enquanto a concessão da recuperação judicial ocorre em fase posterior, após a apresentação e deliberação sobre o plano de recuperação judicial e somente esta decisão implicará novação.

Ainda, discute-se a natureza jurídica da decisão que concede a recuperação judicial. A LRF não faz qualquer menção sobre o tema. Manoel Justino Bezerra Filho entende que se trata de decisão interlocutória, já que não põe fim ao processo de recuperação judicial.[224] Fábio Ulhoa Coelho, por sua vez, entende tratar-se de sentença concessiva.[225]

A nosso ver, a discussão não parece relevante, na medida em que a própria LRF estabelece que a decisão é título executivo judicial e que

223 O Superior Tribunal de Justiça já proferiu decisão entendendo que os sócios do devedor não têm legitimidade para recorrer da decisão, conforme (REsp 1539445/SP, Rel. Ministro Ricardo Villas Bôas Cueva, Terceira Turma, julgado em 13/03/2018, DJe 23/03/2018).

224 *Lei de recuperação de empresas e falência comentada: Lei nº 11.101/2005: comentário artigo por artigo.* 15. ed. rev. ampl. e atual. São Paulo: Editora Revista dos Tribunais, 2021, p. 306.

225 Coelho, Fábio Ulhoa. *Comentários à Lei de Falências e de Recuperação de Empresas.* 14. ed. rev., atual. e ampl. São Paulo: Thomson Reuters Brasil, 2021, p. 248.

desafia o recurso de agravo, o que é suficiente para resolver as questões práticas advindas do tema.

De qualquer forma, nos parece a decisão concessiva tem natureza de decisão homologatória, por força da referência legislativa do artigo 59, §1º, da LRF[226], ao artigo 584, III, do Código de Processo Civil de 1973, que foi revogado e substituído pelo artigo 475-N, do Código de Processo Civil de 1973, que também foi revogado e substituído pelo artigo 515, II, do Código de Processo Civil de 2015.

O artigo 515, II, do Código de Processo Civil vigente, dispõe: "*Art. 515. São títulos executivos judiciais, cujo cumprimento dar-se-á de acordo com os artigos previstos neste Título: (....) II – a decisão homologatória de autocomposição judicial; (...)*" Assim, entendemos que a decisão que concede a recuperação judicial, também homologa o plano de recuperação que passará a produzir os efeitos previstos no artigo 59, da LRF[227].

O artigo 59, da LRF, por sua vez, determina que o plano de recuperação judicial aprovado implica novação dos créditos a ele sujeitos. Sobre essa questão, importante é a lição de Manoel de Queiroz Pereira Calças que denomina a novação prevista na LRF de "novação recuperacional": "*Estou convencido de que a novação, prevista no art. 59 da Lei nº 11.101/2005, como consequência da concessão da recuperação judicial à empresa-devedora, não tem a mesma natureza jurídica do instituto regrado pelo art. 360 do Código Civil (art. 999 e ss. do CC/1916), o qual acarreta na extinção das obrigações novadas.*"[228]

[226] Art. 59. O plano de recuperação judicial implica novação dos créditos anteriores ao pedido, e obriga o devedor e todos os credores a ele sujeitos, sem prejuízo das garantias, observado o disposto no § 1º do art. 50 desta Lei. § 1º A decisão judicial que conceder a recuperação judicial constituirá título executivo judicial, nos termos do art. 584, inciso III, do caput da Lei nº 5.869, de 11 de janeiro de 1973 – Código de Processo Civil. (...)

[227] Art. 59. O plano de recuperação judicial implica novação dos créditos anteriores ao pedido, e obriga o devedor e todos os credores a ele sujeitos, sem prejuízo das garantias, observado o disposto no § 1º do art. 50 desta Lei. § 1º A decisão judicial que conceder a recuperação judicial constituirá título executivo judicial, nos termos *do art. 584, inciso III, do caput da Lei no 5.869, de 11 de janeiro de 1973* – Código de Processo Civil. § 2º Contra a decisão que conceder a recuperação judicial caberá agravo, que poderá ser interposto por qualquer credor e pelo Ministério Público.

[228] Novação recuperacional. *Revista do Advogado*. São Paulo: Associação dos Advogados de São Paulo, nº 105, setembro de 2009, p. 118.

Assim, a novação recuperacional não traz como consequência a extinção definitiva da obrigação novada, tampouco, a extinção das garantias. A concessão da recuperação judicial não acarreta a liberação dos coobrigados que continuam vinculados às obrigações que assumiram por força do artigo 49, § 1º, da LRF. Esse é o entendimento adotado pelo Superior Tribunal de Justiça[229], inclusive com a edição da Súmula 581, que assim dispõe: "*A recuperação judicial do devedor principal não impede o prosseguimento das ações e execuções ajuizadas contra terceiros devedores solidários ou coobrigados em geral, por garantia cambial, real ou fidejussória.*"

Ainda, permanecem intactas as garantias reais, salvo se o credor expressamente concordou com a liberação da garantia, nos termos do artigo 50, § 1º, da LRF. Esse também é o entendimento do Superior Tribunal de Justiça.[230]

229 Agravo Interno no Agravo em Recurso Especial. Reconsideração. Omissão não Configurada. Execução de Título Extrajudicial Contra Avalista. Devedor em Recuperação Judicial. Harmonia com Jurisprudência do stj. Alegação de Impenhorabilidade. Reexame de Fatos e Provas. Súmula 7/stj. Agravo Interno Provido. Agravo em Recurso Especial Conhecido. Recurso Especial Parcialmente Conhecido e não Provido. 1. A Corte de origem dirimiu a matéria submetida à sua apreciação, manifestando-se expressamente acerca dos temas necessários à integral solução da lide. Dessa forma, à míngua de qualquer omissão, contradição, obscuridade ou erro material no aresto recorrido, não se vislumbra a ofensa ao artigo 1.022 do CPC. 2. "*A recuperação judicial do devedor principal não impede o prosseguimento das execuções nem induz suspensão ou extinção de ações ajuizadas contra terceiros devedores solidários ou coobrigados em geral, por garantia cambial, real ou fidejussória, pois não se lhes aplicam a suspensão prevista nos arts. 6º, caput, e 52, inciso III, ou a novação a que se refere o art. 59, caput, por força do que dispõe o art. 49, § 1º, todos da Lei n. 11.101/2005". Precedentes.* 3. Encontrando-se o acórdão impugnado no recurso especial em consonância com o entendimento deste Tribunal, incide o enunciado da Súmula 83/STJ. 4. No caso dos autos, a revisão da conclusão do acórdão recorrido acerca da impenhorabilidade de automóvel e de valores disponíveis em contas bancárias demandaria reexame de matéria fático-probatória. 5. Agravo interno provido para reconsiderar a decisão agravada e, em novo julgamento, conhecer do agravo para negar provimento ao recurso especial parcialmente conhecido. (AgInt no AREsp 1806329/PE, Rel. Ministro Raul Araújo, Quarta Turma, julgado em 28/06/2021, DJe 05/08/2021) (grifamos).

230 Agravo Interno no Recurso Especial – Autos de Agravo de Instrumento na Origem – Decisão Monocrática que Negou Provimento ao Reclamo. Insurgência da Agravante. 1. *Nos termos do precedente fixado pela Segunda Seção do STJ, no julgamento do REsp 1.794.209/SP, o plano de recuperação judicial opera novação das dívidas a ele submetidas, mas as garantias reais ou fidejussórias, em regra, são preservadas, podendo o credor exercer seus direitos contra terceiros garantidores, e impõe a manutenção das ações e execuções aforadas contra fiadores, avalis-*

Ressalte-se, porém, que a novação recuperacional perderá os seus efeitos no caso de convolação da recuperação judicial em falência, nos termos do artigo 61, §2º, da LRF, como será estudado a seguir.

3.7. Cumprimento e descumprimento do plano

Após a concessão da recuperação judicial, o devedor deverá cumprir as obrigações nos termos veiculados no plano de recuperação judicial. A administração das atividades empresariais permanece nas mãos do empresário individual ou da sociedade empresária, sob a fiscalização do Comitê, se houver, e do administrador judicial, exceto na hipótese de destituição dos administradores do devedor, disciplinada pelos artigos 64 e 65 da LRF.

O descumprimento das obrigações assumidas no plano de recuperação judicial está previsto nos artigos 61 e 62 da LRF, que distinguem duas hipóteses de descumprimento: i) aquele havido antes do encerramento da recuperação judicial e; ii) aquele havido após o encerramento da recuperação judicial.

Proferida a decisão concessiva, o devedor poderá permanecer em recuperação judicial pelo período de até 2 (dois) anos contados a partir da concessão. É o chamado período de supervisão judicial.

A LRF, na redação original do artigo 61, *caput*, previa a obrigatoriedade do decurso do prazo de 2 anos para que houvesse o encerramento do processo de recuperação judicial, já que, havia necessidade de realizar o acompanhamento do efetivo cumprimento das obrigações do devedor por esse período.[231]

A Lei nº 14.112/2020 trouxe importante alteração no *caput* do artigo 61, da LRF, ao tornar facultativo o período de supervisão judicial, auto-

tas ou coobrigados em geral. Aplicação das Súmulas 83 e 581 do STJ. 2. Agravo interno desprovido. (AgInt no REsp 1873579/RS, Rel. Ministro MARCO BUZZI, QUARTA TURMA, julgado em 07/06/2021, DJe 11/06/2021) (grifamos).

[231] O Tribunal de Justiça de São Paulo entendia que, havendo previsão de prazo de carência para o início dos pagamentos, a contagem prazo de dois anos de supervisão deveria se dar após o efetivo início dos pagamentos. Era o que previa o Enunciado II, do Grupo de Câmaras Reservadas de Direito Empresarial, que foi cancelado em 27 de abril de 2021, em virtude da reforma perpetrada pela Lei nº 14.112/2020. Dispunha o referido Enunciado II: O prazo de dois anos de supervisão judicial, previsto no artigo 61, caput, da Lei 11.101/05, tem início após o transcurso do prazo de carência fixado.

rizando o magistrado a encerrar a recuperação judicial antes do período de 2 anos, independentemente do eventual prazo de carência previsto no plano para o início dos pagamentos.

Paulo Furtado de Oliveira Filho entende que a reforma legislativa tem manifesto interesse público, com vantagens para todos os envolvidos no processo, na medida em que, todas as justificativas relevantes para a manutenção do processo em juízo foram abordadas e solucionadas pela reforma, como, por exemplo, a necessidade de julgamento de habilitações e impugnações, o que pode ser realizado de forma autônoma após o encerramento. Salienta o autor, ainda, que os credores possuem instrumentos para a busca pela satisfação do seu crédito mesmo após o encerramento do feito, a execução específica ou até mesmo o pedido de falência, razão pela qual, a seu ver, a manutenção do devedor em recuperação após a concessão seria medida excepcional.[232]

O Tribunal de Justiça de São Paulo, porém, após a mencionada reforma, no julgamento do famoso caso do Grupo Saraiva, se manifestou entendendo que o encerramento do processo de recuperação judicial antes do prazo de 2 anos pode se revelar prematuro. [233]

232 Oliveira Filho, Paulo Furtado. A nova disciplina do encerramento do processo de recuperação judicial. In: Oliveira Filho, Paulo Furtado. *Lei de recuperação e falência: pontos relevantes e controversos da reforma.* Indaiatuba, SP: Editora Foco, 2021 p. 58.

233 Recuperação judicial do Grupo Saraiva. Decisão que homologou aditivo ao plano de recuperação judicial, determinando, "ex officio", que o encerramento do prazo de supervisão judicial em seis meses. Agravo de instrumento de credor. Nova redação do art. 61 da Lei 11.101/2005, dada pela Lei 14.112/2020, prevendo que "o juiz poderá determinar a manutenção do devedor em recuperação judicial até que sejam cumpridas todas as obrigações previstas no plano que se vencerem até, no máximo, dois anos depois da concessão da recuperação judicial, independentemente do eventual período de carência". Questiona-se se a substituição da expressão "permanecerá em recuperação judicial" por "o juiz poderá determinar a manutenção do devedor em recuperação judicial" permite ao magistrado designar de ofício prazo de supervisão inferior a dois anos, ou mesmo suprimi-lo. Ensina Eduardo Secchi Munhoz, em texto publicado em 2007 (antes, portanto, da alteração legal de 2020), que a razão de existir do prazo de supervisão, herança do antigo regime da concordata, é permitir a fiscalização das atividades da devedora, com punição mais rigorosa – decretação de quebra – em caso de descumprimento do plano; o prazo, porém, também pode acarretar dificuldades ao soerguimento, já que a devedora terá o ônus de apresentar-se ao mercado como empresa "em recuperação", bem como diante dos custos de manutenção do processo. Concluiu, à época, o autor que na hipótese de o "plano de recuperação ser integralmente cumprido antes dos dois anos, nada justificaria a manutenção do deve-

Inobstante a discussão narrada, no momento em que decidir pôr fim ao processo de recuperação judicial, o juiz proferirá a sentença de encerramento, determinando a apresentação de relatório circunstanciado pelo administrador judicial versando sobre a execução do plano de recuperação pelo devedor, tudo nos termos do determinado no artigo 63 da LRF.

Enquanto o processo de recuperação judicial estiver em andamento, caso haja descumprimento das obrigações assumidas no plano, deverá o magistrado convolar a recuperação judicial em falência, nos termos do § 2º do artigo 61 da LRF[234]. Já se entendeu que não há necessidade de

dor em recuperação, pois os aspectos positivos desse regime (...) deixariam de ser observados". A recente alteração do texto legal pode, assim, ser interpretada no sentido de que, desde que cumpridas pela devedora todas as obrigações previstas pelo plano, o encerramento da recuperação judicial poderia se dar antes do prazo de dois anos, até mesmo "ex officio". Entretanto, em situações como a do caso concreto, em que, escoado o exíguo prazo fixado pelo Juízo, subsistirão obrigações vincendas das devedoras por longos anos, o encerramento mostra-se prematuro. O direito de fiscalização dos credores não se resume a exigir o cumprimento de obrigações com vencimento em até dois anos. Abrange também a possibilidade de supervisão das atividades das devedoras, com amparo em relatórios periódicos do administrador judicial, atuação do Ministério Público e de eventual comitê de credores. Esta conclusão traz ao processo coletivo de insolvência vantagens, dentre elas a de evitarem-se os custos e delongas do ajuizamento de ação autônoma para os mesmos fins. "Como poder dever, a fiscalização do plano de recuperação judicial é obrigação do Juízo da Recuperação Judicial e não poderá ser por este disposta conforme o seu juízo de conveniência e oportunidade." (Marcelo Barbosa Sacramone). Precedente desta 1ª Câmara Reservada de Direito Empresarial, AI 2052998-76.2021.8.26.0000, da relatoria do Desembargador Fortes Barbosa. Decisão reformada. Agravo de instrumento provido, com a observação de que este julgamento prejudica, em razão da "par conditio creditorum", todos os demais recursos de credores a respeito do tema, o que será formalizado em cada caso. (TJSP; Agravo de Instrumento 2099074-61.2021.8.26.0000; Relator (a): Cesar Ciampolini; Órgão Julgador: 1ª Câmara Reservada de Direito Empresarial; Foro Central Cível – 2ª Vara de Falências e Recuperações Judiciais; Data do Julgamento: 08/09/2021; Data de Registro: 08/09/2021)

[234] Art. 61. Proferida a decisão prevista no art. 58 desta Lei, o juiz poderá determinar a manutenção do devedor em recuperação judicial até que sejam cumpridas todas as obrigações previstas no plano que vencerem até, no máximo, 2 (dois) anos depois da concessão da recuperação judicial, independentemente do eventual período de carência. § 1º Durante o período estabelecido no caput deste artigo, o descumprimento de qualquer obrigação prevista no plano acarretará a convolação da recuperação em falência, nos termos do art. 73 desta Lei. § 2º Decretada a falência, os credores terão reconstituídos seus direitos e garan-

convocação de nova assembleia de credores para deliberar sobre a pertinência da convolação.[235]

Ocorrendo a convolação da recuperação judicial em falência, a novação perpetrada pela concessão da recuperação perderá os seus efeitos, reconstituindo-se os direitos e garantias dos credores nas condições originalmente contratadas, tudo como estatui o artigo 61, § 2º, da LFR: "(...) *os credores terão reconstituídos seus direitos e garantias nas condições originalmente contratadas, deduzidos os valores eventualmente pagos e ressalvados os atos validamente praticados no âmbito da recuperação judicial.*"

Trata-se dos efeitos da novação recuperacional, como ensina Manoel de Queiroz Pereira Calças: "*Diante de tal norma, entendo que a novação prevista na Lei nº 11.101/2005, acarreta a extinção da obrigação do* ***devedor em recuperação****, desde que ele cumpra as obrigações previstas no plano no prazo de supervisão judicial, isto é, as que se vencerem até dois anos a partir da concessão da recuperação.* ***Fica a novação, portanto, subordinada à condição resolutiva, mercê do que, descumprida qualquer obrigação prevista no plano (inadimplido o plano), a nova obrigação nele contraída resolve-se, com a consequente resolução da extinção da obrigação primitiva****, surgindo uma obrigação nova, exatamente igual à anteriormente extinta, mas nova.*"[236] (grifamos).

tias nas condições originalmente contratadas, deduzidos os valores eventualmente pagos e ressalvados os atos validamente praticados no âmbito da recuperação judicial.

[235] RECUPERAÇÃO JUDICIAL. Convolação em falência em virtude da constatação de ausência de atividade empresarial no estabelecimento da recuperanda, bem como do descumprimento de obrigações constantes do plano recuperacional. Atividade produtiva da empresa devedora confessadamente paralisada. Impossibilidade de atendimento aos objetivos do instituto da recuperação judicial e às metas traçadas no respectivo plano caracterizada. *Descumprimento de obrigações assumidas através do plano de recuperação, durante o prazo bienal de supervisão judicial, que autoriza a decretação da quebra, mesmo* ex officio. *Desnecessidade, nessas circunstâncias, de prévia deliberação por parte da assembleia-geral de credores. Inteligência do art. 61, § 1º, da Lei nº 11.101/2005. Requerimento de convolação formulado pela Administradora Judicial. Regularidade.* Art. 22, II, alínea "b", do mesmo diploma legal. Decisão de Primeiro Grau, que decretou a quebra, mantida. Agravo de instrumento interposto pela devedora a que se nega provimento. (Relator(a): Fabio Tabosa; Comarca: Birigüi; Órgão julgador: 2ª Câmara Reservada de Direito Empresarial; Data do julgamento: 16/11/2015; Data de registro: 19/11/2015) (grifamos).

[236] Novação recuperacional. *Revista do Advogado.* São Paulo: Associação dos Advogados de São Paulo, nº 105, setembro de 2009, p. 119.

Assim, os efeitos da novação recuperacional estão condicionados ao cumprimento das obrigações assumidas no plano e que se vencerem enquanto o processo de recuperação judicial estiver em andamento. Encerrada a recuperação judicial, a novação se aperfeiçoa.

Exemplifique-se: caso o devedor tenha obtido a aprovação do plano com deságio, ou seja, com desconto de 50% no valor de suas obrigações e o descumprimento do plano tenha ocorrido durante a fase de supervisão judicial, em que o processo ainda tramita em juízo, a consequência será a imediata decretação da falência do devedor com a reconstituição do crédito ao valor integral, obviamente deduzidas as quantias já pagas. De outro lado, caso tenha ocorrido o encerramento do feito recuperacional, a novação operada pela aprovação do plano estará consolidada. Assim, mesmo em caso de posterior decretação da falência, que só ocorrerá se qualquer credor ajuizar pedido autônomo, o valor do crédito não será mais o integral. Percebe-se, portanto, que o devedor deve buscar, a todo custo, obter o célere encerramento do processo de recuperação judicial para gozar dos efeitos definitivos da novação recuperacional.

Apesar da regra que determina a convolação da recuperação judicial em falência e de não haver previsão legal nesse sentido, tem-se admitido a apresentação de planos substitutivos ou de aditivos ao plano aprovado quando ocorre o descumprimento das obrigações nele contidas durante a fase de supervisão judicial, ou seja, antes do encerramento do feito.[237]

Ana Beatriz Martucci Nogueira, Ana Cristina Baptista Campi e Daniella Piha afirmam: "*A pertinência do aditamento ao plano nestas condições deve ser muito bem analisada, pois se de um lado implica na concessão de uma chance para um possível ajuste do plano, de outro, pode comprometer o andamento e o desfecho da recuperação judicial, abalando o princípio da segurança*

[237] FALÊNCIA. Recuperação judicial. *Reiterado descumprimento do plano pela recuperanda. Convocação de nova assembleia geral de credores. Repactuação.* Novo descumprimento pela recuperanda. Decretação de falência. Artigos 61, § 1º, 73, IV, e 94, III, 'g', da Lei nº 11.101/05. Recurso não provido. (Relator(a): Tasso Duarte de Melo; Comarca: Angatuba; Órgão julgador: 2ª Câmara Reservada de Direito Empresarial; Data do julgamento: 29/01/2013; Data de registro: 29/01/2013) (grifamos).

jurídica e prejudicando a coletividade de credores, inserindo-a em um ambiente de instabilidade e incertezas".[238]

Entretanto, fato é que se consolidou o entendimento pela possibilidade de apresentação de novo plano ou de aditivo ao plano aprovado que seria submetido à nova apreciação pelos credores. Sobre essa questão, dispõe o Enunciado 77 da II Jornada de Direito Comercial do Conselho da Justiça Federal :"*As alterações do plano de recuperação judicial devem ser submetidas à assembleia geral de credores, e a aprovação obedecerá ao quorum previsto no art. 45 da Lei nº 11.101/05, tendo caráter vinculante a todos os credores submetidos à recuperação judicial, observada a ressalva do art. 50, § 1º, da Lei nº 11.101/05, ainda que propostas as alterações após dois anos da concessão da recuperação judicial e desde que ainda não encerrada por sentença.*" Assim, as alterações ao plano deverão ser submetidas, novamente, à aprovação dos credores, aplicando-se todas as regras sobre aprovação do plano previstas na LRF, já estudadas

Por fim, caso o descumprimento ocorra após o encerramento da recuperação judicial, cada credor, de posse do título executivo judicial representado pela decisão concessiva, poderá requerer o cumprimento da decisão, nos termos da lei processual, ou requerer a falência do devedor, com fundamento no artigo 94 da LRF que prevê o descumprimento do plano de recuperação como ato de falência.[239]

A LFR não prevê a retomada do processo de recuperação judicial em caso de descumprimento, de forma que as medidas acima descritas serão adotadas em processo autônomo.

Assim, a LRF trouxe, de fato, dois procedimentos para o caso de descumprimento das obrigações assumidas no plano de recuperação judicial, quais sejam: i) a convolação da recuperação judicial em falência, o que só pode ocorrer durante a fase de supervisão judicial enquanto o processo de recuperação judicial ainda estiver tramitando em juízo,

[238] NOGUEIRA, Ana Beatriz; CAMPI, Ana Cristina Baptista; PIHA, Daniela. Reflexões sobre a Rotineira Prática dos Aditamentos ao Plano de Recuperação Judicial. In: ELIAS, Luís Vasco (coord.). *10 anos da Lei de recuperação de empresas e falência: reflexões sobre a reestruturação empresarial no Brasil.* São Paulo: Quartier Latin, 2015, p. 61.

[239] Art. 94. Será decretada a falência do devedor que: (...) III – pratica qualquer dos seguintes atos, exceto se fizer parte de plano de recuperação judicial: (...) g) deixa de cumprir, no prazo estabelecido, obrigação assumida no plano de recuperação judicial.

e traz como efeitos a imediata decretação da falência e a perda da eficácia da novação, com a reconstituição dos direitos dos credores nas condições originalmente contratadas; e, ii) a possibilidade de execução específica da obrigação ou de ajuizamento de pedido de falência, se o descumprimento das obrigações se der após o encerramento do processo, hipótese em que, caberá a cada credor, individualmente, buscar a satisfação do seu crédito em processo autônomo. Saliente-se que, nessa hipótese, a novação estará consolidada, cabendo a cada credor exigir o seu crédito nos exatos termos descritos no plano de recuperação judicial.

Essa sistemática, a nosso ver, justifica a necessidade da manutenção da fase de supervisão judicial. Isto porque, há patente desequilíbrio entre os dois procedimentos, pois a convolação da recuperação judicial em falência com a perda dos efeitos da novação é infinitamente mais grave para o devedor do que a possibilidade de execução específica ou pedido de falência da obrigação já novada.

Retomando o exemplo acima, considerando a aprovação de deságio de 50% do valor da obrigação, se houver o descumprimento durante a fase de supervisão, o juiz decretará a falência e caberá ao credor habilitar o seu crédito no valor integral. Por outro lado, havendo o descumprimento após o encerramento do processo recuperacional, caberá a cada credor ajuizar eventual feito executivo, pelo procedimento do cumprimento de sentença, ou pedido de falência, que terá por base o crédito novado, ou seja, com o desconto concedido. Ressalte-se que o pedido de falência eventualmente ajuizado pelo credor, nessa hipótese, seguirá o trâmite regular, não acarretando a imediata decretação da falência, como ocorre com a convolação da recuperação judicial em falência.

Percebe-se que o encerramento do processo de recuperação judicial representa uma imensa vantagem para o devedor, já que, elimina, em definitivo, o risco da convolação da recuperação judicial em falência e consolida a novação, garantindo a ele a possibilidade de gozar as concessões feitas pelos credores no momento da discussão do plano de recuperação judicial.

Entendemos, com todo respeito aos posicionamentos contrários, que o encerramento do processo de recuperação judicial sem a observância do prazo de 2 anos de supervisão judicial poderá representar um verdadeiro retrocesso, na medida em que, haverá, certamente, casos em que o devedor não terá pago nenhum credor e estará livre do risco da convolação da recuperação judicial em falência, o que, a nosso ver, representa um incentivo ao descumprimento das obrigações pelo devedor e à utilização indevida da recuperação judicial para procrastinação no cumprimento das obrigações.

O encerramento prematuro do processo de recuperação judicial com a consequente ausência de supervisão judicial sobre o efetivo cumprimento das obrigações assumidas no plano de recuperação aprovado, ainda que por determinado período, poderá representar, em larga escala, um desestímulo ou um encarecimento na concessão do crédito, além do desprestígio do instituto da recuperação judicial para o mercado.

Trata-se, certamente, de questão que está longe de ser pacificada, cabendo ao Poder Judiciário a ponderação dos pontos favoráveis e contrários, a partir da análise do caso concreto, para que se alcance uma solução que não desprestigie os credores e o mercado e que também não dificulte, demasiadamente, a efetiva preservação da empresa.

4. Controle de Legalidade do Plano de Recuperação Judicial

4.1. Natureza jurídica

O plano de recuperação judicial é o tema central desse trabalho. É o instrumento utilizado pelo devedor para apresentar aos credores a demonstração da sua viabilidade econômica, bem como a sua proposta para superação da crise. Assim, tarefa importante é a de estudar a sua natureza jurídica.

O estudo sobre a natureza jurídica do plano de recuperação judicial passa pela natureza jurídica da própria recuperação judicial.

Na vigência da concordata já se discutia a sua natureza. Nos regimes do Código Comercial de 1850 e das reformas seguintes anteriores ao Decreto-lei nº 7.661/45, reconhecia-se a natureza contratual da concordata. Nesse sentido, é a lição de Waldemar Ferreira: *"Apresentava-se a concordata como expressão de entendimento ou de acordo entre o comerciante e seus credores; e, como tal, de iniludível natureza contratual."*[240]

Dentro dessa ideia era ponto relevante: como falar em contrato, no caso em que a proposta do devedor seja aprovada pela maioria dos credores e não pela unanimidade? Há possibilidade de se falar em contrato em relação aos ausentes e aos dissidentes?

Waldemar Ferreira[241] se manifesta no seguinte sentido: "*Contrato realmente celebravam aquêle e êstes. Celebravam-no, indiscutivelmente, se e quando unanimemente aceita. Quando, todavia, um ou mais credores se lhe opunham, impugnando a proposta do devedor, e, vencidos êstes, a sentença que homologava,*

[240] *Tratado de direito comercial.* São Paulo: Saraiva, 1965. v. 15º, p. 262.

[241] *Tratado de direito comercial.* São Paulo: Saraiva, 1965. v. 15º, p. 262.

se lhes impunha, obrigando-os a submeterem-se ao deliberado pela maioria, ainda assim se não desvanecia o conteúdo contratual." Diferente era a posição de Rubens Requião que adotava a teoria contratualista: "*O mecanismo processual adotado pela legislação que coloca o instituto da concordata na dependência da aceitação pelos credores da proposta do devedor induz necessariamente à formulação da teoria contratualista. Tornam-se embaraçados os fautores da teoria, quando se deparam com o fato de que existem credores ausentes e dissidentes, que não manifestaram sua adesão ao pacto. São obrigados, então, traindo o princípio dogmático de que o contrato resulta da livre manifestação dos contratantes, a admitir que a minoria, ausente ou dissidente, dada a complexidade do contrato de concordata, é constrangida a observá-lo, quando a maioria o estipular com o devedor. Mas, na verdade, ninguém pode ser obrigado a vincular-se a um contrato, na verdadeira acepção obrigacional e científica desse termo, contra a própria vontade.*![242]

Rubens Requião argumentava que a *teoria da vontade presumida* ou da *representação da minoria pela maioria*, que reconhece a existência de um mandato presumido para que a maioria represente a minoria, não poderiam ser aceitas por dois motivos: o primeiro é que tal mandato poderia ser admitido no caso dos credores ausentes, mas não justificaria no caso dos credores dissidentes; o segundo é que, o caráter contratualista estaria perdido, pois, a maioria contrataria pela minoria, por força de representação de natureza legal.[243]

Sampaio de Lacerda sustentava tratar-se de um contrato *sui generis*, original e de natureza particular. Explicava o autor: "*De fato, essa originalidade derivava de que o vínculo surgia, embora não houvesse unanimidade dos credores, e tornava-se, então, obrigatória para todos os credores que expressa ou tacitamente nela consentissem, como, por força de lei, dela dissentissem (...)*".[244]

De outro lado, estavam as teorias processualistas, que consideravam a concordata um processo judicial, simplesmente. A teoria do *contrato judicial* tentava explicar a falta de consenso dos credores, esclarecendo

[242] *Curso de direito falimentar.* São Paulo: Saraiva, 1995, v. 2, p. 12-13.

[243] *Curso de direito falimentar.* São Paulo: Saraiva, 1995, v. 2, p. 13.

[244] *Manual de direito falimentar.* 14. ed. rev. e atual. por Jorge de Miranda Magalhães. Rio de Janeiro: Freitas Bastos, 1999, p. 247.

que a concordata não era um contrato, como no direito das obrigações, mas sim um acordo com duplo caráter, convencional e judicial.[245]

De acordo com a *teoria da decisão judicial*, a concordata era uma demanda judicial. Por isso, não seria a maioria que constrangeria a minoria à celebração do acordo, mas o juiz, como autoridade do Estado, que determinava tal submissão. Assim, poderia o juiz, inclusive, contrariar a vontade da maioria.[246] Essa era a posição de Miranda Valverde estampada por ele no Anteprojeto de Lei de Falência apresentado em 1939 e que não chegou a vingar.[247]

Havia ainda a *teoria da obrigação legal*, que se colocava como intermediária entre a contratualista e as processualistas. Segundo essa teoria, a concordata era outorgada segundo mandamento legal. A submissão da minoria à maioria se dava por imposição legal. Vivante era um de seus adeptos.[248]

Havia uma variação dessa teoria, chamada de *teoria pura da obrigação legal*, segundo a qual, a concordata não era um contrato, mas um benefício outorgado pelo Estado, através da lei, mediante a satisfação de determinados requisitos. Assim, caberia ao juiz simplesmente conceder o benefício legal, se preenchidos os requisitos. Não se fala na vontade da maioria ou em aceitação ou rejeição. Os credores podem, unicamente, invocar o não preenchimento dos pressupostos legais.[249]

Com a entrada em vigor do Decreto-lei nº 7.661/45 introduziu-se um novo modelo de concordata que não mais dependia da aprovação dos credores, caindo por terra sua natureza contratual e as discussões sobre a minoria e dissidentes. A partir daí, a concordata assumiu outra feição, já que passou a ser considerada um favor legal, um benefício concedido por lei ao comerciante em crise.

Importante é a conclusão de Waldemar Ferreira: "*A concordata, como se vê, não é concordata. É reajustamento judicial da situação financeira do comer-*

[245] *Curso de direito falimentar.* São Paulo: Saraiva, 1995, v. 2, p. 13.

[246] *Curso de direito falimentar.* São Paulo: Saraiva, 1995, v. 2, p. 14.

[247] Lacerda, J. C. Sampaio de. *Manual de direito falimentar.* 14. ed. rev. e atual. por Jorge de Miranda Magalhaes. Rio de Janeiro: Freitas Bastos, 1999, p. 248.

[248] *Curso de direito falimentar.* São Paulo: Saraiva, 1995, v. 2, p. 15.

[249] *Curso de direito falimentar.* São Paulo: Saraiva, 1995, v. 2, p. 15.

ciante insolvente, independentemente da vontade de seus credores. Mas a lei assim a denomina. Não há senão adotá-la."[250]

A concordata como um favor legal vigorou no Brasil até 2005, com a entrada em vigor da Lei nº 11.101/2005. Como já dito, em 1993 foi apresentado um projeto de lei para alteração da legislação falimentar brasileira. Nele havia a previsão de uma mudança de paradigma representada pela extinção da concordata e a sua substituição por outro meio processual mais moderno e arrojado que pudesse, de fato, proporcionar a superação da crise do comerciante.

A mudança se justifica pelas inúmeras críticas recebidas pela concordata. Rubens Requião resumiu as causas do insucesso do instituto: "(...) *a complacência de muitos magistrados e o desinteresse no cumprimento de normas necessárias relaxam as malhas do instituto, tornando-as flácidas, permitindo aos menos honestos as mais deslavadas fraudes.*"[251]

Relatava o autor, ainda, o descrédito que a concordata havia alcançado na sociedade: "*O fato é que a reação coletiva em face da concordata a identifica, vulgarmente, como instrumento de burla e de desonestidade, a serviço de empresários inescrupulosos e sagazes.*"[252]

Outro ponto objeto de larga discussão era aquele relacionado à prova da viabilidade da atividade econômica. A concordata era concedida sem a exigência de qualquer garantia do devedor. Ainda sem um estudo sobre a viabilidade econômica da atividade comercial exercida por ele.

Nesse sentido, era a crítica de Sampaio de Lacerda:" *Creio que seja de todo aconselhável que fosse adotado o seguinte expediente: feito o pedido pelo devedor, o juiz só o deferiria após o procedimento prévio de um exame técnico sobre a situação do devedor não só quanto ao seu estado econômico e financeiro, através da análise de sua escrituração e de seus últimos balanços, como também pelo exame da situação da atividade desenvolvida pelo devedor, em face da conjuntura econômica, exame esse procedido por um economista diplomado e em prazo mínimo. Só após as conclusões apresentadas pelo técnico e que poderiam confirmar a possibilidade de cumprimento da concordata, deveria, então, o juiz deferir o pedido (...).*[253]

[250] *Tratado de direito comercial.* São Paulo: Saraiva, 1965. v. 15º, p. 271.

[251] *Curso de direito falimentar.* São Paulo: Saraiva, 1995, v. 2, p. 5.

[252] *Curso de direito falimentar.* São Paulo: Saraiva, 1995, v. 2, p. 5.

[253] *Manual de direito falimentar.* 14. ed. rev. e atual. por Jorge de Miranda Magalhães. Rio de Janeiro: Freitas Bastos, 1999, p. 248.

No mesmo sentido, era o posicionamento de Rubens Requião: (...) *Ao agricultor, para conceder-se-lhe um ínfimo financiamento rural, se exige, além de garantias reais ou pessoais, um projeto de aplicação de recursos e de viabilidade. No entanto, para o empresário comercial, concede-se-lhe uma concordata, com dilação de prazos e remissão de parcelas ponderáveis dos débitos, sem um projeto sequer de viabilidade de sua execução ou de recuperação de empresa.*[254]

Diante desse cenário, impunha-se a mudança, o que ocorreu, de fato, com a entrada em vigor da Lei nº 11.101/2005.

Percebe-se que muitas das discussões havidas na vigência da concordata se mostram atuais, na medida em que, com a entrada em vigor do instituto da recuperação judicial em substituição à concordata, e a adoção do modelo em que os credores voltam a atuar de forma mais presente, a questão da natureza da submissão da minoria pela maioria teve de ser novamente enfrentada.

Ademais, já na vigência do Decreto-lei nº 7.661/45 se questionava a necessária presença da prova da viabilidade econômica para a concessão da concordata, assunto que se mostra atual em sede de recuperação judicial.

Jorge Lobo entende que a recuperação judicial é um ato complexo, pois abrange um ato coletivo processual,[255] um favor legal e uma obrigação *ex lege*. Sustenta que, na verdade, seria um instituto de Direito Econômico: "(...) *porque suas normas não visam precipuamente realizar a ideia de justiça, mas sobretudo criar condições e impor medidas que propiciem às empresas*

[254] *Curso de direito falimentar*. São Paulo: Saraiva, 1995, v. 2, p. 6.

[255] Ensina o autor: (...) A recuperação judicial é um ato coletivo processual, porque as vontades do devedor, manifestadas na petição inicial, e de seus credores, declaradas expressa ou tacitamente, "marcham paralelas", se "completam" e se "fundem numa só", "formando uma e única vontade unitária", sob a direção e fiscalização do Poder Judiciário (...). A recuperação judicial é um favor legal porque garante ao devedor, atendidos determinados pressupostos e requisitos, formais e materiais, o direito de sanear o estado de crise econômico-financeira em que se encontra com a finalidade de salvar o negócio, manter o emprego dos trabalhadores, respeitar os interesses dos credores (art. 47) e reabilitar-se (art. 63) (...) A recuperação judicial é um obrigação ex lege porque, concedida, pelo juiz, por sentença (art. 58), "implica novação dos créditos anteriores ao pedido, e obriga o devedor e todos os credores a ele sujeitos, em prejuízo das garantias" que possuam (art. 59, caput). (Toledo, Paulo F. C. Salles de; Abrão, Carlos Henrique (coords.). *Comentários à lei de recuperação de empresas e falência*. 5. ed. rev. atual. e ampl. São Paulo: Saraiva, 2012, p. 168-169).

em estado de crise econômica se reestruturarem, ainda que com parcial sacrifício de seus credores (...)".[256]

Mauro Rodrigues Penteado, após analisar as teorias mencionadas acerca da natureza da concordata, afirma que: "(...) *a nova Lei caracteriza a recuperação judicial como um negócio jurídico, com as peculiaridades já acima descritas, ou seja, que é realizado mediante uma proposta do devedor (o Plano), ao qual podem aderir sem reservas os credores, desde que silenciem no prazo legal das objeções (art. 55), ou então aprovado, integralmente ou com modificações, pela assembleia-geral de credores (art. 35, I, a). Trata-se de negócio jurídico privado, realizado sob supervisão judicial (...)"*.[257]

Sustenta o autor que a LRF consagrou, definitivamente, o princípio das deliberações majoritárias, vinculando os ausentes e dissidentes em prol do interesse da comunhão ou da coletividade dos credores e tendo em vista a função social da atividade negocial do devedor e os princípios estabelecidos no artigo 47 da LRF.[258]

Comungamos desse posicionamento e entendemos pela natureza contratual da recuperação judicial, com as peculiaridades próprias adotadas pela LRF e decorrentes das características específicas relacionadas à importância social da crise da empresa.

Como estudado, o plano de recuperação judicial é o meio pelo qual o devedor apresentará aos credores as possíveis soluções para a superação de sua crise. Deve conter a descrição pormenorizada dos meios de recuperação que serão empregados para atingir tal fim, bem como a demonstração da viabilidade econômica do devedor, além de ser acompanhado por laudo econômico-financeiro subscrito por profissional legalmente habilitado.

Nos termos da LRF, o plano de recuperação judicial será aprovado pelos credores que dele tomarão conhecimento por meio de edital publicado na imprensa oficial. Os credores terão trinta dias para mani-

256 TOLEDO, Paulo F. C. Salles de; ABRÃO, Carlos Henrique (coords.). *Comentários à lei de recuperação de empresas e falência*. 5. ed. rev. atual. e ampl. São Paulo: Saraiva, 2012, p. 168-172).

257 PENTEADO, Mauro Rodrigues. In: SOUZA JUNIOR, Francisco Satiro; PITOMBO, Antônio Sérgio A. de Moraes. *Comentários à lei de recuperação de empresas e falência: Lei 11.101/2005*. São Paulo: Editora Revista dos Tribunais, 2007, p. 85.

258 SOUZA JUNIOR, Francisco Satiro; PITOMBO, Antônio Sérgio A. de Moraes. *Comentários à lei de recuperação de empresas e falência: Lei 11.101/2005*. São Paulo: Editora Revista dos Tribunais, 2007, p. 85.

festar expressamente seu inconformismo com os termos do plano apresentado. Decorrido o prazo *in albis*, o plano é considerado aprovado. Apresentada objeção por qualquer credor, será convocada assembleia geral de credores para deliberar sobre sua aprovação.

É cediço que compete, exclusivamente, aos credores, a aprovação do plano de recuperação judicial. Mesmo no caso de aplicação do instituto do *cram down* não ocorrerá a aprovação do plano, mas sim a concessão da recuperação judicial, com base em plano rejeitado, por expressa previsão legal.

Cássio Cavalli ressalta a importância do plano: "*O plano de recuperação judicial é o núcleo do procedimento de recuperação de empresas. Ele sintetiza o esforço negocial empreendido entre devedor e credores em busca da maximização do valor da empresa devedora. Nisto, o instituto da recuperação judicial resgatou o quanto de negocial havia sido perdido no instituto da concordata, de modo que agora verdadeiramente tem-se um instituto concursal voltado ao soerguimento da empresa a partir da negociação de um acordo entre credores e devedores*".[259]

Diante de tais premissas, nos parece indubitável que a natureza jurídica do plano de recuperação judicial é a de negócio jurídico .

Antônio Junqueira de Azevedo assim define negócio jurídico: "In concreto, *negócio jurídico é todo fato jurídico consistente em declaração de vontade, a que o ordenamento jurídico atribui os efeitos designados como queridos, respeitados os pressupostos de existência, validade e eficácia impostos pela norma jurídica que sobre ele incide*".[260]

Carlos Roberto Gonçalves, por sua vez, ressalta que: "*No negócio jurídico a manifestação da vontade tem finalidade negocial, que abrange a aquisição, conservação, modificação ou extinção de direitos.*"[261]

Assim, pode-se definir negócio jurídico como a espécie de ato jurídico que depende da declaração de vontade das partes envolvidas e que a manifestam com o fim de produzir efeitos resultantes na aquisição, modificação ou extinção de direitos e obrigações.

[259] Plano de recuperação. In: Coelho, Fábio Ulhoa (org.). *Tratado de direito comercial – Falência e recuperação de empresa e direito marítimo*. São Paulo: Saraiva, 2015, v. 7, p. 258.

[260] Azevedo, Antônio Junqueira de. *Negócio jurídico*. 4. ed. São Paulo: Editora Saraiva, 2002, p. 16.

[261] *Direito civil brasileiro: parte geral – De acordo com a Lei nº 12.874/2013*. 12. ed. São Paulo: Saraiva, 2014, p. 322.

A natureza do plano como negócio jurídico já foi reconhecida pela doutrina e pela jurisprudência. Manoel de Queiroz Pereira Calças, ao tratar da novação recuperacional, manifesta seu posicionamento do sentido de que o plano de recuperação judicial é um negócio jurídico novativo: "*Pergunta-se: a novação derivada da concessão (aprovação) do plano de recuperação judicial, este com inegável natureza contratual – configurando o negócio jurídico novativo –, tal qual ocorre no Código Civil, extingue a obrigação de forma definitiva?*".[262]

Eduardo Secchi Munhoz[263] entende que o plano de recuperação judicial se enquadra no conceito de negócio jurídico: *Daí decorre que o plano de recuperação, a ser aprovado pela assembleia de credores e homologado pelo juízo da recuperação, ao adotar um ou mais dos meios de recuperação exemplificativamente relacionados na LRF, representa, em geral, um negócio jurídico complexo, vez que composto de uma série de declarações de vontade que se dirigem a um objetivo unitário, qual seja, a recuperação (preservação) da empresa.*

Vera Helena de Mello Franco e Rachel Sztajn entendem que o plano é: "(...) *um negócio jurídico de cooperação celebrado entre devedor e credores, homologado pelo juiz. No que diz respeito ao negócio de cooperação, assemelha-se ao contrato plurilateral; no que diz respeito à homologação, pode-se considerar forma de garantia do cumprimento das obrigações assumidas, com o que se reduzem os custos de transação dada a coercitividade que dela, homologação, se resulta.*"

O Superior Tribunal de Justiça já se manifestou sobre a natureza negocial do plano: "(...) *No entanto, se é verdade que a intervenção judicial no quadrante mercadológico de uma empresa em crise visa tutelar interesses públicos relacionados à função social e à manutenção da fonte produtiva e dos postos de trabalho, não é menos certo que a recuperação judicial, com a aprovação do plano, desenvolve-se essencialmente por uma nova relação negocial estabelecida entre o devedor e os credores reunidos em assembleia. (...).*"[264]

262 Novação recuperacional. *Revista do Advogado*. São Paulo: Associação dos Advogados de São Paulo, nº 105, setembro de 2009, p. 119.

263 Anotações sobre o limite do poder jurisdicional. *Revista de Direito Bancário e do Mercado de Capitais*. ano 10, n. 36, p. 185-199, abr.-jun./2007.

264 Trecho do voto proferido pelo Ministro Luís Felipe Salomão nos autos do REsp 1359311/SP, Rel. Ministro Luis Felipe Salomão, Quarta Turma, julgado em 09/09/2014, DJe 30/09/2014.

Assim, considerando que o plano de recuperação judicial é um negócio jurídico, a sua celebração envolverá, necessariamente, mais de um sujeito da relação jurídica: o devedor e a coletividade de credores.

O devedor e a coletividade de credores negociam o plano de recuperação judicial a partir de interesses originalmente divergentes com o objetivo de chegar aos termos que atendem aos interesses de todos.

Com relação aos interesses envolvidos, os negócios jurídicos podem ser classificados, quanto ao número de declarantes em unilaterais, bilaterais e plurilaterais.

Sobre o assunto, importante é a lição de Carlos Roberto Gonçalves:

> *Unilaterais* são os que se aperfeiçoam com uma única manifestação de vontade, como ocorre no testamento, no codicilo, na instituição de fundação, na renúncia de direitos, na procuração, nos títulos de crédito, na confissão de dívida, na renúncia à herança, na promessa de recompensa, etc.
>
> (...)
>
> *Bilaterais* são os que se perfazem com duas manifestações de vontade, coincidentes sobre o objeto. Essa coincidência chama-se de consentimento mútuo de vontades, que se verifica nos contratos em geral.
>
> (...)
>
> *Plurilaterais* são os contratos que envolvem mais de duas *partes*, como o contrato de sociedade com mais de dois sócios e os consórcios de bens móveis e imóveis. As deliberações nesses casos não decorrem de um intercâmbio de declarações convergentes, de unanimidade de manifestações, mas da soma de sufrágios, ou seja, de decisões da maioria, como sucede nas deliberações societárias, nas resultantes de assembleia geral de acionistas e de credores que deliberam no processo de concurso.[265]

Marcos Bernardes de Mello ressalta a distinção entre *lateralidade* e *pessoalidade*: "(...) *lado* significa *centro de interesses*, posição da qual a vontade é emanada num mesmo sentido. (...) é irrelevante quantas sejam as pessoas que participam do negócio (= figurantes), pois somente interessa a *quantidade de lados* a partir dos quais são manifestadas as vontades negociais e, portanto, se há ou não reciprocidade entre elas."[266]

[265] *Direito civil brasileiro: parte geral – De acordo com a Lei n. 12.874/2013*. 12. ed. São Paulo: Saraiva, 2014, p. 329-330.

[266] *Teoria do fato jurídico: plano da existência*. 20. ed. São Paulo: Saraiva, 2014, p. 255.

Tullio Ascarelli, ao tratar da plurilateralidade da constituição de sociedades comerciais, observa:

> Não é preciso lembrar poder "uma" parte ser composta de "vários" sujeitos. Os condôminos que vendem a coisa comum constituem "uma" parte embora composta de "várias" pessoas. Justamente, na hipótese de que a "uma" parte correspondam "várias" pessoas, surge o problema da formação da vontade dessa "parte". Referimo-nos, no texto, a uma pluralidade de "partes" e não à eventualidade de que a "uma" parte correspondem "várias" pessoas. Não há, pois, contrato "plurilateral" na concordata (embora haja, também nesta hipótese, contrato), uma vez que os credores, embora sem constituir uma pessoa jurídica, se apresentam reagrupados em "uma" parte (que se contrapõe à outra parte, constituída pelo devedor): é por isso que, com determinadas cautelas e controles, se torna possível uma deliberação por maioria de credores. [267]

Entendemos que o plano de recuperação judicial se enquadra, perfeitamente, nos conceitos acima estudados. Isto porque, nele estão envolvidos dois *centros de interesse*: i) os credores, que reunidos manifestarão sua vontade de forma única e; ii) o devedor que, em contraposição, deverá também buscar a harmonização dos interesses inicialmente divergentes.

Observe-se que, de acordo com a LRF, para a aprovação do plano, os credores não são individualmente considerados, não manifestam sua vontade de forma individual, mas de forma coletiva, representando, de fato, uma só parte. Assim, o plano de recuperação judicial aprovado seria um negócio jurídico bilateral, um contrato em si.

As questões que se levantam, a partir de tal afirmação, dizem respeito à submissão dos credores dissidentes e ausentes à maioria. Como se sabe, é muito difícil que se obtenha a unanimidade de interesses entre o devedor e a coletividade de credores, pois, a recuperação judicial envolve credores de diversas naturezas e com interesses próprios e diversos. Sobre o assunto, relevante é a lição de Ricardo Negrão:

> O plano é, numa visão externa à empresa, o meio pelo qual o devedor em crise apresenta aos credores sua compreensão acerca da extensão desse seu

[267] *Problemas das sociedades anônimas e direito comparado*. São Paulo:Quorum, 2008, p. 387.

estado deficitário e o modo pelo qual pretende convencê-los a colaborarem a superá-los.

Para os credores, o plano representa renegociação de contratos, com expectativas distintas, considerada a classe de cada crédito. Aos trabalhistas interessa, em grande parte, a manutenção de empregos e a percepção integral dos direitos laborais em menor prazo possível; os credores com privilégio têm interesse na manutenção de seus direitos de garantia; os quirografários, pertencentes à classe III e à nova classe IV – de titulares de créditos enquadrados como microempresa ou empresa de pequeno porte (Lei Complementar nº 147/2014, art. 5º) – possuem visão distinta segundo a origem da dívida assumida pela recuperanda (...).

Apesar da impossibilidade de se alcançar a unanimidade, diante de tão diferentes interesses, todos eles estão vinculados ao escopo comum, qual seja, a manutenção da atividade do devedor. Nesse aspecto, importante é a lição de Marcos Bernardes de Melo:

> Quanto há pluripessoalidade, como quanto condôminos de imóvel rural *revogam* proposta de arrendamento feito a alguém, tem-se a figura do *ato coletivo*. O ato coletivo, também dito *ato colegial*, não é espécie (autônoma) de fato jurídico; ou compõe ato jurídica *stricto sensu* ou *negócio jurídico* unilateral ou bilateral, conforme o caso; é modo de formação de manifestação de vontade que pode ser suporte fáctico de ato jurídico (*lato sensu*).
>
> O ato coletivo, colegial, é ato que em sua formação há pluralidade de vontades que e fundem numa só. A deliberação de uma assembleia geral de sociedade anônima, tomada por unanimidade ou por maioria, é ato coletivo. Também o são a deliberação de condôminos em vender bem pertencente ao condomínio e a decisão de suas pessoas de criar uma fundação. Apesar da pluralidade de vontades, o ato coletivo é sempre unilateral no sentido de que compõe uma só vontade.[268]

Assim, a decisão pela aprovação ou rejeição do plano de recuperação judicial representará a vontade de uma das partes do contrato: os credores. Como há uma pluralidade deles, tal manifestação de vontade será tomada de acordo com os critérios legais.

[268] *Teoria do fato jurídico: plano da existência*. 20. ed. São Paulo: Saraiva, 2014, p. 256-257.

Na aprovação do plano de recuperação judicial, como já visto, o legislador estabeleceu critérios legais para manifestação de vontade dos credores: i) a aprovação pela ausência de objeções, hipótese em que a LRF qualificou o silêncio como manifestação de vontade, o que é admitido pela legislação civil (art. 111, Código Civil); ou, ii) havendo objeções, pela deliberação em assembleia geral de credores, em que cada credor terá a oportunidade de se manifestar expressamente.

No âmbito da assembleia geral de credores, duas questões são relevantes: i) para os credores ausentes, o legislador também estabeleceu a hipótese do silêncio qualificado, quando definiu o quórum de aprovação a partir do número de presentes; ii) para os credores que comparecerem, prevalece o quórum de deliberação previsto no artigo 45 da LFR, que representará a vontade da maioria dos credores.

Nesse sentido, especialmente com relação aos dissidentes, não há que se falar em ausência de contrato por ausência de concordância do credor. Isto porque, quando a vontade de uma das partes deve ser manifestada por vários sujeitos, a deliberação por maioria é figura que se impõe. Assim ocorre nos condomínios, nas sociedades etc., pois, a divergência de pensamentos é algo ínsito do ser humano, devendo o legislador estabelecer critérios para solucionar tais conflitos, como estabeleceu a LRF.

Por tudo isso, não há como negar a natureza contratual do plano de recuperação judicial.

Entendemos, todavia, que o plano, enquanto negócio jurídico, possui peculiaridades próprias do ambiente no qual está inserido: o processo de recuperação judicial. Assim, não pode ser considerado um negócio jurídico puramente privado e deve ser interpretado, sempre, com base nos princípios que fundamentam a recuperação judicial no Brasil.

Segundo Eduardo Secchi Munhoz, o direito falimentar tem uma função pública e que o elemento central do direito falimentar contemporâneo está na questão: "(...) *como assegurar que a disciplina jurídica da recuperação da empresa leva a soluções consentâneas com o interesse público. Afinal, nesta quadra do direito falimentar, já não se discute seu caráter publicista e seu papel fundamental para a implementação de políticas públicas que levem ao desenvolvimento.*"[269]

[269] Anotações sobre o limite do poder jurisdicional. *Revista de Direito Bancário e do Mercado de Capitais*. ano 10, nº 36, p. 185-199, abr.-jun./2007.

No mesmo sentido, Renata Mota Maciel Madeira Dezem salienta a tendência à publicização do direito comercial:

> Há uma tendência à inserção de princípios de ordem pública na ordenação jurídica, em detrimento de normas que, em prol da liberdade, não observam o interesse social envolvido, e no caso do direito da insolvência não foi diferente, constatando-se que nas Leis vigentes sobre a matéria em diversos países, principalmente a partir de mudanças nos últimos anos, a inserção de normas abertas, que privilegiam, por exemplo, a preservação da empresa.[270]

Destaca a autora o dualismo pendular mencionado por Fábio Konder Comparato[271] que denota a tendência da legislação concursal a ora proteger o devedor, ora proteger o credor.

Segundo Walfrido Jorge Warde Jr. e Guilherme Setoguti J. Pereira: "*A recuperação de empresas tutela evidentemente a empresa, mas também o crédito. E se trata, por certo, de uma tutela institucional da empresa e do crédito, pelo que transcende o interesse do grupo de credores que, em concreto, aprovam ou desaprovam o dado plano.*"[272]

Assim, percebe-se que os interesses privados – sejam do credor, sejam do devedor – apesar de relevantes, não podem ser os únicos observados, já que a crise da empresa é regulada por lei justamente por-

[270] Poderes do juiz e dos credores na recuperação judicial: análise da Lei nº 11.101/05 a partir dos interesses envolvidos. In: DE LUCCA, Newton; VASCONCELOS, Miguel Pestana de. (org.). *Falência, insolvência e recuperação de empresas: estudos luso-brasileiros.* São Paulo: Quartier Latin, 2015, v. 1, p. 69.

[271] Aspectos jurídicos da macro-empresa. São Paulo: RT, 1970, p. 102 apud Poderes do juiz e dos credores na recuperação judicial: análise da Lei nº 11.101/05 a partir dos interesses envolvidos. In: DE LUCCA, Newton; VASCONCELOS, Miguel Pestana de. (org.). *Falência, insolvência e recuperação de empresas: estudos luso-brasileiros.* São Paulo: Quartier Latin, 2015, v. 1, p. 84.

[272] WARDE JUNIOR, Walfrido Jorge; PEREIRA, Guilherme Setoguti J. Discricionariedade da Assembleia Geral de Credores e Poderes do Juiz na Apreciação do Plano de Recuperação Judicial. In: ELIAS, Luís Vasco (coord.). *10 anos da lei de recuperação de empresas e falência: reflexões sobre a reestruturação empresarial no Brasil.* São Paulo: Quartier Latin, 2015, p. 495.

que envolve interesse social. Se assim não fosse, não haveria razão para o Estado intervir em relações jurídicas eminentemente privadas.[273]

Por isso, se justifica o sistema adotado pela LRF que determina a submissão da minoria à decisão da maioria. A ideia é que se busca tutelar o crédito e não somente os credores, sem deixar de reconhecer a importância de tutelar também os seus interesses particulares. Esse sistema leva em conta a necessidade de dar ao mercado a segurança jurídica necessária ao bom andamento dos negócios e à economia.

Por fim, outra questão importante está relacionada com o advento do novo Código de Processo Civil: a instituição expressa, por meio do artigo 190[274], da possibilidade de celebração de negócio jurídico processual.

O artigo 190 do novo Código de Processo Civil admite que as partes do processo, tratando-se de direitos que admitam autocomposição, celebrem negócios para: i) ajustar o procedimento às especificidades da causa; e ii) convencionar sobre os seus ônus, poderes, faculdades e deveres processuais, antes ou durante o processo.

Jaldemiro Rodrigues de Ataíde Junior, ao tratar do tema, conceitua: "*Somada a noção de negócio jurídico à de fato jurídico processual (lato sensu), pode-se concluir que negócio jurídico processual é o negócio jurídico que decorre da*

[273] Nesse sentido, conclui Renata Dezem: "A Lei nº 11.101/05 traz mecanismo que permitem proteger tanto os interesses dos credores como da devedora e dos demais envolvidos, sem perder de vista os reflexos sociais da atividade empresária, o que passa pelo reconhecimento de que a recuperação judicial trata de questões que abarcam interesses eminentemente privados, mas, também, versa sobre interesses públicos e coletivos, que devem ser reconhecidos pelo juízo da insolvência, a fim de que não deixe a cargo irrestrito dos credores as decisões mais importantes sobre os destinos da empresa, sem comprometer, de qualquer modo, a eficiência do mercado e a autonomia que lhe é peculiar. (Poderes do juiz e dos credores na recuperação judicial: análise da Lei nº 11.101/05 a partir dos interesses envolvidos. In: DE LUCCA, Newton; VASCONCELOS, Miguel Pestana de. (org.). Falência, Insolvência e Recuperação de Empresas: estudos luso-brasileiros. São Paulo: Quartier Latin, 2015, v. 1, p. 83).

[274] Art. 190. Versando o processo sobre direitos que admitam autocomposição, é lícito às partes plenamente capazes estipular mudanças no procedimento para ajustá-lo às especificidades da causa e convencionar sobre os seus ônus, poderes, faculdades e deveres processuais, antes ou durante o processo. Parágrafo único. De ofício ou a requerimento, o juiz controlará a validade das convenções previstas neste artigo, recusando-lhes aplicação somente nos casos de nulidade ou de inserção abusiva em contrato de adesão ou em que alguma parte se encontre em manifesta situação de vulnerabilidade.

incidência de uma norma de natureza processual e que se refere a algum processo, ou melhor que tem valor para o processo."[275]

Pedro Henrique Nogueira embora entenda que os negócios jurídicos processuais não são inovações do novo Código de Processo Civil, pois já estavam presentes no CPC/73, ainda que implicitamente, considera: "(...) *não se pode negar que o art. 190, caput, do CPC/2015 representa uma grande novidade no direito brasileiro: conferiu-se a faculdade às partes e aos sujeitos em geral de disciplinarem, por meio de convenção, de maneira ampla, o próprio processo.*"[276]

Acreditamos que tal conceito não se aplica à recuperação judicial, na medida em que nos parece que o negócio jurídico processual tem por objeto o procedimento ou as faculdades e os deveres processuais, enquanto o plano de recuperação judicial versa sobre questões de direito material, como a forma de pagamento dos credores, os meios pelos quais o devedor pretende superar sua crise etc.. Assim, entendemos que o plano de recuperação judicial é negócio jurídico de direito material e não processual.

Por tudo o que foi exposto, adotamos nesse trabalho a ideia de que o plano de recuperação judicial é um negócio jurídico bilateral, mas que deve ser interpretado e regulado levando em conta os interesses sociais envolvidos que servirão de base para o julgamento dos conflitos.

4.2. O negócio jurídico e a autonomia privada

Como já dito, entendemos que o plano de recuperação judicial é um negócio jurídico. Assim, como todo negócio jurídico, o plano tem por fundamento a manifestação de vontade de todos os envolvidos e nasce legitimamente dela.

Carlos Alberto Garbi ensina que a legislação brasileira que regula as relações privadas teve influência do Liberalismo econômico, segundo o qual, o Estado deve intervir minimamente nos interesses particulares, seguindo o tradicional primado do *pacta sunt servanda*.[277]

[275] Ataíde Junior, Jalemiro Rodrigues de. Negócios jurídicos materiais e processuais – Existência, validade e eficácia – Campo-invariável e campos-dependentes: sobre os limites dos negócios jurídicos processuais. *Revista de Processo*. v. 244/2015, p. 393-423, jun. 2015.

[276] *Negócios jurídicos processuais*. Salvador: JusPODIVM, 2016, p. 225.

[277] *O adimplemento da obrigação e a intervenção judicial no contrato em face do princípio da integridade da prestação e da cláusula geral da boa-fé*. Tese de doutorado. São Paulo: Pontifícia Universidade Católica, 2010, p. 10-46.

No mesmo sentido, Marcos Bernardes de Mello ensina que a concepção clássica de negócio jurídico foi inspirada na ideologia do Estado liberal "(...) *cuja característica mais notável consistia na preservação da liberdade individual, a mais ampla possível, diante do Estado.*"[278]

Continua o autor: "*Por isso, concebeu-se o negócio jurídico como instrumento de realização da vontade individual, respaldando uma liberdade contratual que se queria praticamente sem limite.*"[279]

De acordo com essa concepção clássica de negócio jurídico baseada na autonomia privada chegou-se ao entendimento de que as partes, quando contratam, criam normas jurídicas individuais, invertendo-se o processo de criação da norma jurídica: não é mais a norma jurídica que permite a liberdade de contratação; é a liberdade de contratação que faz nascer a norma jurídica.

Marcos Bernardes de Mello critica esse posicionamento:

> O negócio jurídico, em si, é apenas um fato jurídico, resultante, portanto, da incidência de normas jurídicas. Ademais, como já demonstramos, mesmo nos casos em que, por determinação absoluta das normas jurídicas, não haja normas específicas sobre certo negócio jurídico, em campo jurídico em que vigore o princípio da liberdade na criação de tipos negociais – no direito das obrigações, por exemplo –, a vontade que estruture um negócio jurídico, regulando direitos e obrigações, embora, aparentemente, esteja *criando normas* que se aplicariam, específica e exclusivamente (por isso se dizem individuais), àquele negócio, na verdade está tão somente aplicando normas jurídicas do ordenamento jurídico, às vezes implícitas, em decorrência do permissivo resultante da própria indeterminação normativa. Tanto isso é verdade que a ninguém é dado realizar negócio jurídico que seja proibido ou que não seja permitido. Somente onde há permissivo do ordenamento é possível à vontade estabelecer negócio jurídico. A indeterminação das normas, já vimos antes, dá maior liberdade à vontade, permitindo que atue em maior amplitude. A sua margem de escolha é mais acentuada, porém não implica o poder de *criar norma jurídica.*[280]

278 *Teoria do fato jurídico: plano da existência.* 20. ed. São Paulo: Saraiva, 2014, p. 224.
279 *Teoria do fato jurídico: plano da existência.* 20. ed. São Paulo: Saraiva, 2014, p. 224.
280 *Teoria do fato jurídico: plano da existência.* 20. ed. São Paulo: Saraiva, 2014, p. 243-244.

A ideia de poder ilimitado da vontade na contratação privada não pode ser admitida atualmente. Carlos Alberto Garbi ressalta que, com a evolução dos tempos, percebeu-se que a autonomia da vontade não podia ser considerada como um conceito absoluto, já que partia da ideia de igualdade entre os contratantes, o que não se verificava no caso concreto.[281]

Marcos Bernardes de Mello explica que o fenômeno da explosão demográfica e do desenvolvimento tecnológico, deu origem à massificação social, influenciando também as relações negociais que passaram a ter maior intervenção estatal.[282]

Nesse contexto é a ideia de Estado Social, segundo a qual o Estado pode intervir na vontade humana para tutelar interesses coletivos e sociais. Parte-se de um sistema jurídico fechado para um sistema jurídico aberto, fundado nos princípios constitucionais e cláusulas gerais.[283] A intervenção do Estado na autonomia da vontade é necessária para garantir a justiça do contratado. Explica o autor:

> (...) Surge uma nova fase do Estado Social na qual se procura superar a insuficiência das normas de ordem pública para assegurar a material igualdade, controlar os efeitos perversos da massificação contratual, definir

[281] *O adimplemento da obrigação e a intervenção judicial no contrato em face do princípio da integridade da prestação e da cláusula geral da boa-fé.* Tese de doutorado. São Paulo: Pontifícia Universidade Católica, 2010, p. 10-46.

[282] Explica o autor: "Na verdade, desde o final da Segunda Guerra Mundial temos presenciado profundas transformações nas concepções de vida e nos padrões de comportamento social, em decorrência, principalmente, do desenvolvimento tecnológico e da explosão demográfica. No mundo massificado em que vivemos, as relações negociais perderam, em muito, o caráter individual, que antes tinham, passando a se estabelecer de um modo impessoal, muitas vezes, até, por intermédio de máquinas. Essas transformações sociais impuseram a necessidade da intromissão do Estado na regulação do relacionamento individual, reduzindo e abrandando a liberdade contratual da maneira como concebida pelo individualismo do Estado liberal. A intervenção do Estado na economia e na direção de certos aspectos da vida social, como as relações de trabalho, de produção e de circulação de bens, especialmente a moradia e o fundo rural, mudaram a fisionomia das próprias relações jurídicas, desde quando estas não são mais do que aquelas regidas pelo direito" (*Teoria do fato jurídico: plano da existência.* 20. ed. São Paulo: Saraiva, 2014, p. 249-250).

[283] *O adimplemento da obrigação e a intervenção judicial no contrato em face do princípio da integridade da prestação e da cláusula geral da boa-fé.* Tese de doutorado. São Paulo: Pontifícia Universidade Católica, 2010, p. 10-46.

melhor a responsabilidade civil, inclusive pelo risco da atividade, e conferir novas bases para a mudança que se verificou na estrutura familiar. Essa fase, para alguns, chamada de *pós-modernidade* tem se caracterizado no mundo jurídico pela flexibilização do direito e a ampliação dos poderes do julgador na aplicação de regras e princípios ao caso concreto, abrindo o sistema a interpretações moldadas pelos princípios.[284]

Essa intervenção se dá, modernamente, pela aplicação dos princípios e cláusulas gerais. Na legislação pátria, esse movimento teve início com a Constituição Federal que estabeleceu a dignidade da pessoa humana como fundamento do Estado, sendo também adotado pelo Código Civil que, apesar de influenciado pelo Liberalismo, criou as chamadas cláusulas gerais da boa-fé e da função social do contrato que servem de norte para a interpretação dos contratos. Assim, observa Carlos Alberto Garbi:

> Nesse novo contexto em que se insere o contrato, o juiz é o protagonista da solução dos conflitos e impasses dos contratantes e o operador das cláusulas gerais e princípios que caracterizam o sistema aberto. Ao juiz cabe intervir na relação contratual para salvá-la, procurando dentro do sistema solução capaz de assegurar o cumprimento do contrato com equilíbrio e respeito ao interesse das partes. A atuação judicial não tem forma previamente definida, como não poderia ter em face das infinitas variações de conflitos contratuais que se lhe apresentam, assim como são infinitas as potencialidades de solução que pode encontrar no sistema à luz dos valores constitucionais.[285]

No mesmo sentido, é a lição de Carlos Roberto Gonçalves:

> Cumpre a esta altura relembrar que o exercício da autonomia privada não tem mais o caráter individualista que norteou o Código Civil de 1916. O novo diploma afastou-se dessas concepções para seguir orientação compatível com a socialização do direito contemporâneo, cujas diretrizes foram

[284] *O adimplemento da obrigação e a intervenção judicial no contrato em face do princípio da integridade da prestação e da cláusula geral da boa-fé.* Tese de doutorado. São Paulo: Pontifícia Universidade Católica, 2010, p. 37.

[285] *O adimplemento da obrigação e a intervenção judicial no contrato em face do princípio da integridade da prestação e da cláusula geral da boa-fé.* Tese de doutorado. São Paulo: Pontifícia Universidade Católica, 2010, p. 149.

traçadas na Constituição de 1988, especialmente no tocante à função social da propriedade e ao respeito à dignidade da pessoa humana.

O princípio da *socialidade*, acolhido pelo novo Código Civil, reflete a prevalência dos valores coletivos sobre os individuais. E o da *eticidade* prioriza, além de outros critérios éticos, a equidade e a boa-fé nos contratos.[286]

Por tudo isso, constata-se a necessidade da mudança de paradigma para permitir que o Estado, na figura do juiz, possa intervir no conteúdo do contratado para coibir abusos e garantir a realização da verdadeira justiça ao caso concreto:

> É necessário, portanto, que o espírito dos operadores do Direito se abra para uma nova forma de pensar o direito privado, revendo os antigos dogmas forjados no Liberalismo, cujos ideais conservadores encontram-se fora do tempo.
>
> Remover as bases de uma cultura jurídica que reconhecia valor absoluto nas declarações de vontade das partes e as obrigava ao cumprimento do que foi prometido a qualquer custo, sempre invocando o velho e desgastado aforismo *pacta sunt servanda* para justificar iníquas soluções, é o trabalho do jurista de hoje para a construção de uma nova doutrina do direito obrigacional.[287]

A partir de tal concepção, busca-se analisar o limite da intervenção do Estado no conteúdo dos negócios jurídicos, o que se dá pela imposição de normas jurídicas que regulam a autonomia da vontade.

Percebe-se que a ideia de autonomia da vontade, de liberdade para determinar o conteúdo do contrato é substituída pelo conceito de autonomia privada, ou seja, a vontade do indivíduo deve ser submetida ao ordenamento jurídico vigente. Nesse sentido, é a lição de Carlos Alberto Garbi:

> (...) Essa autonomia da vontade que caracterizou fortemente o Liberalismo levou à concepção de contrato como lei entre as partes, ideia que está

[286] *Direito civil brasileiro: parte geral – De acordo com a Lei nº 12.874/2013*. 12. ed. São Paulo: Saraiva, 2014, p. 321.

[287] Garbi, Carlos Alberto. *O adimplemento da obrigação e a intervenção judicial no contrato em face do princípio da integridade da prestação e da cláusula geral da boa-fé*. Tese de doutorado. São Paulo: Pontifícia Universidade Católica, 2010, p. 45.

> presente em nossos dias na doutrina e jurisprudência que conservam aqueles valores e resistem, por inúmeros fatores, à aplicação de novos paradigmas. Não há mais lugar para ela no mundo moderno, que vê presente nas relações privadas interesses que transcendem aqueles particulares envolvidos diretamente no negócio jurídico. São interesses coletivos ou sociais que estão definidos no regramento das normas jurídicas, que são a verdadeira fonte geradora de efeitos jurídicos do negócio.[288]

Assim, o Estado cria normas jurídicas para limitar a vontade negocial. Na verdade, é o Estado, por meio do ordenamento jurídico, que permite a existência da liberdade negocial. Nesse sentido, a vontade manifestada só produz efeitos jurídicos, inclusive de obrigatoriedade, porque é regulada e permitida pela norma jurídica.

Ensina Marcos Bernardes de Mello: "*O ordenamento jurídico é que defere ao indivíduo o poder de manifestar a vontade, regulando as suas próprias relações no plano jurídico, donde haver, em última análise, um reconhecimento do poder de autorregramento da vontade peças normas jurídicas*".[289]

A limitação da vontade negocial, por sua vez, varia de acordo com os limites impostos pela norma jurídica. Continua o autor: "(...) *Concluindo: não há efeito jurídico* ex voluntate. *Todos são ex lege no sentido de que sempre decorrem de imputação feito aos fatos, inclusive atos, pelas normas jurídicas. Assim, no negócio jurídico a vontade não cria efeitos, porque estes são definidos pelo ordenamento jurídico; apenas, dentro de uma amplitude variável, as normas jurídicas concedem às pessoas certo poder de escolha da categoria jurídica.*"[290]

O ordenamento jurídico cria categorias jurídicas, umas mais amplas, outras mais restritas. Trata-se da clássica distinção entre norma cogente e dispositiva ou não cogente. Optando o indivíduo por uma categoria jurídica mais ampla, poderá criar instrumentos não previstos nas normas, como são os chamados contratos atípicos ou as situações em que se permite a disposição em contrato de forma diversa da previsão legal. Optando por uma categoria mais restrita, deverá limitar-se aos efeitos atribuídos pelas normas.

[288] GARBI, Carlos Alberto. *O adimplemento da obrigação e a intervenção judicial no contrato em face do princípio da integridade da prestação e da cláusula geral da boa-fé.* Tese de doutorado. São Paulo: Pontifícia Universidade Católica, 2010, p. 24.

[289] *Teoria do fato jurídico: plano da existência.* 20. ed. São Paulo: Saraiva, 2014, p. 239.

[290] *Teoria do fato jurídico: plano da existência.* 20. ed. São Paulo: Saraiva, 2014, p. 238.

Consiste em tarefa árdua a tentativa de identificar, no caso concreto, a existência e a incidência das limitações impostas à vontade privada pelo ordenamento jurídico. Especialmente, com relação ao objeto do presente estudo – o plano de recuperação judicial – trata-se de um dos assuntos mais polêmicos do direito concursal na doutrina e na jurisprudência nacionais.

4.3. A intervenção judicial no conteúdo do Plano de Recuperação Judicial

A necessidade do estudo do plano de recuperação judicial como negócio jurídico se justifica no fato de que se trata de instrumento que envolve inúmeros agentes econômicos: o devedor, empresário ou sociedade empresária em crise; os credores, empresários, empregados, dentre outros, que suportam os efeitos da crise do devedor; e o Estado que, além de credor, também é interessado no sucesso do exercício da atividade econômica como fator primordial para o bom andamento da economia do país.

Por tudo isso, a manutenção da atividade econômica é de interesse de todos e deve ser realizada procurando-se minimizar os efeitos negativos refletidos em todos os envolvidos na cadeia produtiva do devedor.

Nesse sentido, é importante a lição de Fábio Ulhoa Coelho:

> A consistência do plano de recuperação judicial é essencial para o sucesso da reorganização da empresa em crise. Só se justifica o sacrifício imediato de interesses dos credores e, em larga medida, da sociedade brasileira como um todo, derivado da recuperação judicial, se o Plano aprovado pela Assembleia dos Credores for consistente. Se ele vai funcionar ou não, é outro problema. Depende de uma série de outros fatores não inteiramente controláveis pelo devedor e seus credores. Um Plano consistente pode não dar certo, essa não é a questão. O fato é que um plano inconsistente certamente não dará certo. (...).[291]

Nesse sentido, a consistência e solidez do plano de recuperação judicial são essenciais para efetiva recuperação da crise do devedor exercente de atividade econômica e, em larga escala, para a concessão do

[291] *Comentários à Lei de Falências e de recuperação de empresas*. 9. ed. São Paulo: Saraiva, 2013, p. 223.

crédito no mercado e a manutenção da credibilidade do próprio instituto da recuperação judicial

A LRF determina que o plano de recuperação judicial seja aprovado pela coletividade de credores, como já estudado. A aprovação pode se dar em razão da ausência de objeções ou por decisão expressa da maioria dos créditos e credores computada nos termos do seu artigo 45. Entendeu o legislador que os credores, interessados na superação da crise, teriam legitimidade e condições de decidir o destino do devedor.

Dessa forma, de acordo com a LRF, o plano aprovado pelos credores deve ser homologado pelo juiz que concederá a recuperação judicial. Daí se falar em soberania dos credores.

Ocorre que, por muitas vezes, os credores não têm condições ou interesse em realizar uma apurada avaliação sobre a consistência do plano apresentado pelo devedor. Rosemarie Adalardo Filardi ressalta: "*Há que se ter cautela ao deixar tanto poder nas mãos dos credores, pois a meu ver o Brasil é um país que ainda não tem uma cultura participativa e de cooperação como ocorre nos Estados Unidos, em que o sistema permite ampla negociação por parte dos credores e devedor, sendo que o* Capítulo 11, do Bankruptcy Code, *tem a preocupação de criar um ambiente favorável às negociações entre os interessados*".[292]

Fábio Ulhoa Coelho entende que há três razões para justificar como falsa a ideia de que a possibilidade de aprovação de plano inconsistente está afastada por ser ele aprovado pela coletividade de credores:

> (...) Pressupõe a lei que a possibilidade de aprovação de um plano inconsistente está afastada porque os credores que o aprovam, em Assembleia. Esse pressuposto, porém, é falso. E por três razões.
>
> Em primeiro lugar, porque a tendência no mundo todo é a do absenteísmo. Os credores têm cada um seus próprios problemas e, em geral, não se preocupam tanto com a recuperação do devedor. Quem controla a Assembleia, na maioria das vezes, é o próprio requerente do benefício, por meio de comissários que negociaram com os credores a aquisição dos direitos creditórios deles.
>
> Em segundo lugar, porque os credores, mesmo querendo participar, não têm todas as informações necessárias para elaborar um plano alternativo. Aliás, mesmo para avaliar a consistência do plano apresentado pelo deve-

292 Órgãos da recuperação judicial e da falência. In: COELHO, Fábio Ulhoa. *Tratado de direito comercial.* São Paulo: Editora Saraiva, 2015. v. 07. p. 214-215.

> dor, carecem de informações plenas. De qualquer modo, não se interessam por custear a elaboração de planos alternativos, porque isso só aumentaria seu prejuízo caso o devedor falisse (equivaleria a "pôr dinheiro bem em cima de dinheiro ruim").
>
> Em terceiro lugar, porque a lei, ao vincular o indeferimento da recuperação judicial à decretação da falência, reduz enormemente as alternativas do devedor. Ou ele vota pela aprovação de qualquer plano – mesmo percebendo sua evidente inconsistência – ou amargará o prejuízo certo pela falência do devedor.
>
> Diante desse quadro, fica fácil perceber que se o devedor submeter à Assembleia dos credores um *blá-blá-blá*, como provavelmente ninguém terá plano alternativo a oferecer, a tendência será a de aprovação de um plano vazio de conteúdo.[293]

A lição do autor serve para sintetizar a necessidade de estabelecer mecanismos que impeçam a aprovação de planos de recuperação judicial absolutamente inconsistentes e que servirão apenas para prolongar o tempo de vida do devedor e oportunizar o aumento do prejuízo de todos os envolvidos.

Nesse sentido, conclui o autor: "(...) *Pela lei brasileira, os juízes, em tese, não poderiam deixar de homologar os planos aprovados pela Assembleia dos Credores, quando alcançado o quórum qualificado da lei. Mas, como a aprovação de planos inconsistentes levará à desmoralização do instituto, entendo que, sendo o instrumento aprovado um blá-blá-blá inconteste, o juiz pode deixar de homologá-lo e incumbir o administrador judicial, por exemplo, de procurar construir com o devedor e os credores mais interessados um plano alternativo.*[294]

Alex Floriano Neto, em obra que trata da atuação do juiz no processo de Recuperação Judicial, pondera:

> (...) Há, nesta linha de pensamento, duas perigosas situações. Uma, porque a lei permite que os credores (interessados obviamente em receber seus créditos, da melhor e mais ágil forma) possam abusar dos poderes a eles conferidos e determinar a retirada de empresas economicamente viável e

[293] *Comentários à lei de falências e de recuperação de empresas*. 9. ed. São Paulo: Saraiva, 2013, p. 223-224.

[294] *Comentários à lei de falências e de recuperação de empresas*. 9. ed. São Paulo: Saraiva, 2013, p. 224.

> com papel social relevante, do mercado, o que causaria nefastos impactos para toda a sociedade.
>
> Duas, porque ninguém garante que os credores são habilitados para aferir a viabilidade econômica da empresa pretendente à recuperação, de modo que podem aprovar Plano de Recuperação aparentemente viável, mas com difícil ou inexequível cumprimento, o que implicaria em custos elevados, perda de tempo e, no fim das contas, no assoar da empresa do mercado no qual atua.[295]

No mesmo sentido, é a lição de Walfrido Jorge Warde Jr. e Guilherme Setoguti J. Pereira que entendem que o verbo "concederá" inserido no artigo 58 da LRF traz, na verdade, um poder-dever do juiz e deve ser interpretado no sentido de permitir a realização de controle do plano aprovado pelos credores. Assim, entendem que a aprovação de um plano não deve ser homologada quando: *"(i) o plano aprovado for flagrantemente incapaz de recuperar a empresa em questão; ou (ii) houver prova de que houve vício do negócio deliberativo que aprovou o plano; ou (iii) a aprovação do plano significar satisfação improvável dos direitos creditórios contemplados"*.[296]

Tudo isso demonstra que o Poder Judiciário não pode silenciar-se diante da existência de ilegalidades ou abusos perpetrados por devedores em processos de Recuperação Judicial.

Rosemarie Adalardo Filardi[297] propõe a criação de um órgão, composto por profissionais especializados em gestão e recuperação de empresas, que possa assegurar a viabilidade do plano e da atividade empresarial. O parecer desse órgão auxiliaria, inclusive, os credores na análise do plano de recuperação judicial ofertado pelo devedor. A sugestão da autora representaria, realmente, um avanço para o sistema de aprovação de planos de recuperação vigente.

[295] *Atuação do juiz na recuperação judicial.* Belo Horizonte: Arraes Editores, 2012, p. 156.

[296] Warde Junior, Walfrido Jorge; Pereira, Guilherme Setoguti J. Discricionariedade da Assembleia Geral de Credores e Poderes do Juiz na Apreciação do Plano de Recuperação Judicial. In: Elias, Luís Vasco (coord.). *10 anos da lei de recuperação de empresas e falência: reflexões sobre a reestruturação empresarial no Brasil.* São Paulo: Quartier Latin, 2015, p. 498-500.

[297] Filardi, Rosemarie Adalardo. Órgãos específicos da administração da falência e da recuperação judicial das empresas. Tese de doutorado. São Paulo: Pontifícia Universidade Católica, 2008, p. 189-192.

O Tribunal de Justiça de São Paulo, atento à realidade dos processos de Recuperação Judicial em andamento, em 2012, proferiu a primeira decisão declarando a nulidade da deliberação da Assembleia-Geral de Credores que aprovou plano de recuperação judicial, em caso histórico, envolvendo grande empresário paulista.[298]

Nesse sentido, foi aprovado, na I Jornada de Direito Comercial do Conselho da Justiça Federal, o Enunciado 44, com o seguinte texto: "A homologação de plano de recuperação judicial aprovado pelos credores está sujeita ao controle judicial de legalidade".

Dessa forma, consolidou-se o entendimento de que a decisão que aprova o plano de recuperação judicial não é, de todo, soberana, já que pode ser revista pelo Poder Judiciário que zelará pela legalidade da votação e da aprovação.

No primeiro caso histórico julgado pelo Tribunal de Justiça de São Paulo entendeu-se pela nulidade da assembleia geral de credores em razão das diversas disposições contidas no plano de recuperação judicial que macularam a vontade dos credores, uma vez que violaram os princí-

[298] AGRAVO. RECUPERAÇÃO JUDICIAL. Plano aprovado pela assembleia-geral de credores. Plano que prevê o pagamento do passivo em 18 anos, calculando-se os pagamentos em percentuais (2,3%, 2,5% e 3%) incidentes sobre a receita líquida da empresa, iniciando-se os pagamentos a partir do 3º ano contado da aprovação. Previsão de pagamento por cabeça até o 6º ano, acarretando pagamento antecipado dos menores credores, instituindo conflitos de interesses entre os credores da mesma classe. Pagamentos sem incidência de juros. Previsão de remissão ou anistia dos saldos devedores caso, após os pagamentos do 18º ano, não haja recebimento integral. Proposta que viola os princípios gerais do direito, os princípios constitucionais da isonomia, da legalidade, da propriedade, da proporcionalidade e da razoabilidade, em especial o princípio da "*pars conditio creditorum*" e normas de ordem pública. Previsão que permite a manipulação do resultado das deliberações assembleares. Falta de discriminação dos valores de cada parcela a ser paga que impede a aferição do cumprimento do plano e sua execução específica, haja vista a falta de liquidez e certeza do "quantum" a ser pago. Ilegalidade da cláusula que estabelece o pagamento dos credores quirografários e com garantia real após o decurso do prazo bienal da supervisão judicial (art. 61, 'caput', da Lei nº 11.101/2005). Invalidade (nulidade) da deliberação da assembleia-geral de credores declarada de ofício, com determinação de apresentação de outro plano, no prazo de 30 dias, a ser elaborado em consonância com a Constituição Federal e Lei nº 11.101/2005, a ser submetido à assembleia-geral de credores em 60 dias, sob pena de decreto de falência. (Relator(a): Pereira Calças; Comarca: Suzano; Data do julgamento: 28/02/2012; Data de registro: 28/02/2012).

pios e regras constitucionais, além de leis infraconstitucionais, como a própria LRF.

Com o passar dos anos, vem se reconhecendo também nulidade ou ineficácia de disposições de planos de recuperação, partindo da análise do seu conteúdo, da validade e eficácia de cláusulas, buscando estabelecer alguns limites legais mínimos para a negociação entre o devedor e a coletividade de credores, de forma a garantir a produção de todos os efeitos desejados pelos agentes envolvidos.

A LRF determina que o juiz deverá conceder a recuperação judicial se o plano de recuperação judicial não sofreu objeções ou se foi aprovado pela assembleia geral de credores. Por outro lado, deverá decretar a falência do devedor se o plano foi rejeitado pelos credores e não houve o preenchimento dos requisitos do *cram down*, previstos no artigo 58, § 1º, da LFR.

Assim, como já dito, aos credores foi dada a incumbência de aprovar o plano de recuperação judicial e decidir o destino do devedor. O juiz, nesse diapasão, tem a função de homologar ou não a decisão dos credores.

Considerando-se, então, que os credores, de forma livre e autônoma, tenham decidido pela aprovação de plano de recuperação judicial que contenha vícios ou que seja inviável, ou, ainda, que os credores tenham decidido pela rejeição de plano que, em tese, seria viável, o ponto relevante é se poderia o juiz intervir na vontade privada manifestada pelos credores.

Alex Floriano Neto, ao tratar do tema, preceitua: "(...) *se as deliberações têm natureza contratual, o Estado pode, pelo sistema jurídico que se lhe apresenta, intervir e analisá-las, tendo em vista que as relações civis devem se pautar ou limitar às previsões constitucionais, conforme se atesta no atual modelo econômico das relações negociais.*"[299]

Conclui o autor que: "(...) *nessa interação entre a atuação do juiz, suas decisões e as deliberações da AGC, não há o devido prestígio aos princípios da inafastabilidade do Poder Judiciário, seu livre convencimento e livre apreciação das provas, porquanto aquele se encontra impedido, pela lei, de examinar todos os elementos do processo e as mencionadas deliberações.*"[300]

299 *Atuação do juiz na recuperação judicial.* Belo Horizonte: Arraes Editora, 2012, p. 166.
300 *Atuação do juiz na recuperação judicial.* Belo Horizonte: Arraes Editora, 2012, p. 170.

A legislação argentina, Ley nº 24.522, de 1995, em seu artigo 52, com redação determinada pela Ley 25.589, de 2002[301], determina que o acordo não será homologado se a proposta for abusiva ou fraudar a lei.

No mesmo sentido, estabelece a legislação chilena, Ley nº 20.720/ /2014, em seu artigo 85[302] que prevê como causas para impugnação do acordo aprovado: i) vícios na convocação da assembleia de credores; ii) erros no cômputo da votação realizada; iii) falsidade ou alteração no

[301] Artículo 52: Homologación. No deducidas impugnaciones en término, o al rechazar las interpuestas, el juez debe pronunciarse sobre la homologación del acuerdo. 1. Si considera una propuesta única, aprobada por las mayorías de ley, debe homologarla. 2. Si considera un acuerdo en el cual hubo categorización de acreedores quirografarios y consiguiente pluralidad de propuestas a las respectivas categorías: a) Debe homologar el acuerdo cuando se hubieran obtenido las mayorías del artículo 45 o, en su caso, las del artículo 67; b) Si no se hubieran logrado las mayorías necesarias en todas las categorías, el juez puede homologar el acuerdo, e imponerlo a la totalidad de los acreedores quirografarios, siempre que resulte reunida la totalidad de los siguientes requisitos: i) Aprobación por al menos una de las categorías de acreedores quirografarios; ii) Conformidad de por lo menos las tres cuartas partes del capital quirografario; iii) No discriminación en contra de la categoría o categorías disidentes. Entiéndese como discriminación el impedir que los acreedores comprendidos en dicha categoría o categorías disidentes puedan elegir – después de la imposición judicial del acuerdo – cualquiera de las propuestas, únicas o alternativas, acordadas con la categoría o categorías que las aprobaron expresamente. En defecto de elección expresa, los disidentes nunca recibirán un pago o un valor inferior al mejor que se hubiera acordado con la categoría o con cualquiera de las categorías que prestaron expresa conformidad a la propuesta; iv) Que el pago resultante del acuerdo impuesto equivalga a un dividendo no menor al que obtendrían en la quiebra los acreedores disidentes. 3. El acuerdo no puede ser impuesto a los acreedores con privilegio especial que no lo hubieran aceptado. 4. En ningún caso el juez homologará una propuesta abusiva o en fraude a la ley.

[302] Artículo 85. – Causales para impugnar el Acuerdo. El Acuerdo podrá ser impugnado por los acreedores a los que les afecte, siempre que se funde en alguna de las siguientes causales: 1) Defectos en las formas establecidas para la convocatoria y celebración de la junta de acreedores, que hubieren impedido el ejercicio de los derechos de los acreedores o del deudor. 2) El error en el cómputo de las mayorías requeridas en este Capítulo, siempre que incida sustancialmente en el quórum del Acuerdo de Reorganización Judicial. 3) Falsedad o exageración del crédito o incapacidad o falta de personería para votar de alguno de los acreedores que hayan concurrido con su voto a formar el quórum necesario para el Acuerdo, si excluido este acreedor o la parte falsa o exagerada del crédito, no se logra el quórum del Acuerdo. 4) Acuerdo entre uno o más acreedores y el Deudor para votar a favor, abstenerse de votar o rechazar el Acuerdo, para obtener una ventaja indebida respecto de los demás acreedores. 5) Ocultación o exageración del activo o pasivo. 6) Por contener una o más estipulaciones contrarias a lo dispuesto en esta ley.

valor dos créditos ou incapacidade para votar; iv) acordo entre credores e devedores tendo por objeto o voto; v) ocultação ou alteração do ativo ou passivo e; vi) estipulação contrária à lei.

A legislação espanhola, Ley 22/2003, por sua vez, estabelece a possibilidade de apresentação de oposição ao acordo aprovado, tendo como fundamento a informação às normas da lei. Há também a hipótese de impugnação por credores titulares de pelo menos 5% dos créditos quando entenderem que o cumprimento do acordo aprovado é objetivamente inviável.[303]

O Código de Insolvência e Recuperação de Empresas de Portugal também prevê hipótese de não homologação, de ofício, de plano que violar as regras relacionadas à assembleia, bem como, às normas aplicáveis ao seu conteúdo.[304]

[303] Artículo 128 Oposición a la aprobación del convenio. 1. Podrá formularse oposición a la aprobación judicial del convenio en el plazo de diez días, contado desde el siguiente a la fecha en que el Secretario judicial haya verificado que las adhesiones presentadas alcanzan la mayoría legal para la aceptación del convenio, en el caso de propuesta anticipada o tramitación escrita, o desde la fecha de conclusión de la junta, en el caso de que en ella se acepte una propuesta de convenio. Estarán activamente legitimados para formular dicha oposición la administración concursal, los acreedores no asistentes a la junta, los que en ella hubieran sido ilegítimamente privados del voto y los que hubieran votado en contra de la propuesta de convenio aceptada por mayoría, así como, en caso de propuesta anticipada de convenio o tramitación escrita, quienes no se hubiesen adherido a ella. La oposición sólo podrá fundarse en la infracción de las normas que esta Ley establece sobre el contenido del convenio, la forma y el contenido de las adhesiones, las reglas sobre tramitación escrita, la constitución de la junta o su celebración. Se consideran incluidos entre los motivos de infracción legal a que se refiere el párrafo anterior aquellos supuestos en que la adhesión o adhesiones decisivas para la aprobación de una propuesta anticipada de convenio o tramitación escrita, o, en su caso, el voto o votos decisivos para la aceptación del convenio por la junta, hubieren sido emitidos por quien no fuere titular legítimo del crédito u obtenidos mediante maniobras que afecten a la paridad de trato entre los acreedores ordinarios. 2. La administración concursal y los acreedores mencionados en el apartado anterior que, individualmente o agrupados, sean titulares, al menos, del cinco por ciento de los créditos ordinarios podrán además oponerse a la aprobación judicial del convenio cuando el cumplimiento de éste sea objetivamente inviable.

[304] Artigo 215. Não homologação oficiosa. O juiz recusa oficiosamente a homologação do plano de insolvência aprovado em assembleia de credores no caso de violação não negligenciável de regras procedimentais ou das normas aplicáveis ao seu conteúdo, qualquer que seja a sua natureza, e ainda quando, no prazo razoável que estabeleça, não se verifiquem as

Percebe-se que a legislação extravagante admite a possibilidade de intervenção judicial no plano aprovado em assembleia quando há violação à lei. A legislação espanhola prevê, inclusive, objeção fundada na patente inviabilidade do plano.

No Brasil, como já dito, o Enunciado nº 44 da Jornada de Direito Comercial firmou o entendimento de que o juiz pode realizar o controle de legalidade sobre o plano de recuperação judicial, ou seja, pode se sobrepor à vontade dos credores para coibir abusos ou ilegalidades que serão estudados no próximo capítulo.

Por outro lado, o Enunciado nº 46 da mesma Jornada enuncia que: *"Não compete ao juiz deixar de conceder a recuperação judicial ou de homologar a extrajudicial com fundamento na análise econômico-financeira do plano de recuperação aprovado pelos credores."*

Esse é o entendimento do Superior Tribunal de Justiça[305]. O Ministro Luís Felipe Salomão pondera:

> (...) No entanto, se é verdade que a intervenção judicial no quadrante mercadológico de uma empresa em crise visa tutelar interesses públicos relacionados à função social e à manutenção da fonte produtiva e dos postos de trabalho, não é menos certo que a recuperação judicial, com a aprovação do plano, desenvolve-se essencialmente por uma nova relação negocial estabelecida entre o devedor e os credores reunidos em assembleia. (...) Ademais, o magistrado não é a pessoa mais indicada para aferir a viabilidade econômica de planos de recuperação judicial, sobretudo daqueles que já passaram pelo crivo positivo dos credores em assembleia, haja vista que as

condições suspensivas do plano ou não sejam praticados os actos ou executadas as medidas que devam preceder a homologação.

[305] Direito Empresarial. Plano de Recuperação Judicial. Aprovação em Assembleia. Controle de Legalidade. Viabilidade Econômico-Financeira. Controle Judicial. Impossibilidade. 1. Cumpridas as exigências legais, o juiz deve conceder a recuperação judicial do devedor cujo plano tenha sido aprovado em assembleia (art. 58, *caput*, da Lei n. 11.101/2005), não lhe sendo dado se imiscuir no aspecto da viabilidade econômica da empresa, uma vez que tal questão é de exclusiva apreciação assemblear. 2. O magistrado deve exercer o controle de legalidade do plano de recuperação – no que se insere o repúdio à fraude e ao abuso de direito –, mas não o controle de sua viabilidade econômica. Nesse sentido, Enunciados n. 44 e 46 da I Jornada de Direito Comercial CJF/STJ. 3. Recurso especial não provido. (REsp 1359311/SP, Rel. Ministro Luis Felipe Salomão, Quarta Turma, julgado em 09/09/2014, DJe 30/09/2014).

> projeções de sucesso da empreitada e os diversos graus de tolerância obrigacional recíproca estabelecida entre credores e devedor não são questões propriamente jurídicas, devendo, pois, acomodar-se na seara negocial da recuperação judicial (...).[306]

Assim, a atuação judicial admitida pelos nossos tribunais é limitada ao controle de legalidade e não à viabilidade da proposta apresentada pelo devedor e a sua eficácia para superação da crise econômico-financeira.

Nesse sentido, pondera Eduardo Secchi Munhoz[307]: "*Ao ter-se em conta que o plano constitui negócio jurídico complexo, a produzir efeitos sobre um grande número de pessoas, é curial a conclusão de que a certeza e a segurança quanto à sua validade e eficácia são fatores fundamentais para viabilizar o atendimento ao princípio da preservação da empresa.*"

O problema que se coloca é definir as limitações da vontade negocial dos envolvidos: devedor e credores, que configura, de fato, o conteúdo desse controle de legalidade admitido pela jurisprudência nacional, de forma a dar mais segurança a todos os agentes envolvidos na recuperação da empresa.

O objetivo do presente trabalho é estudar o conteúdo do plano de recuperação judicial aprovado pela ausência de objeções ou pela assembleia geral de credores e, a partir daí, realizar uma tentativa de sistematização dos limites impostos pela lei, pelos princípios aplicáveis à recuperação judicial e pela ordem pública.

Não se pretende, nesse estudo, tratar da questão da validade e da eficácia da assembleia geral de credores, nos casos em que o plano é aprovado por ela. É cediço que a assembleia é o ambiente no qual o devedor e os credores manifestam a vontade de aprovar ou rejeitar o plano e essa manifestação de vontade é essencial à sua existência. É incontroverso, ainda, que a manifestação de vontade pode ser válida ou inválida, eficaz

306 REsp 1359311/SP, Rel. Ministro Luis Felipe Salomão, Quarta Turma, julgado em 09/09/2014, DJe 30/09/2014.

307 Anotações sobre o limite do poder jurisdicional. *Revista de Direito Bancário e do Mercado de Capitais*. ano 10, nº 36, p. 185-199, abr.-jun./2007.

ou ineficaz, questões que demandariam um estudo próprio como o brilhantemente realizado por Erasmo Valladão A. e N. França.[308]

O presente trabalho tratará, assim, do conteúdo da proposta realizada pelo devedor aos credores sob a ótica da tricotomia existência-validade-eficácia.

[308] França, Erasmo Valladão A. e N. Da Assembleia-Geral de Credores. In: Souza Junior, Francisco Satiro; Pitombo, Antônio Sérgio A. de Moraes. *Comentários à lei de recuperação de empresas e falência: Lei 11.101/2005*. São Paulo: Editora Revista dos Tribunais, 2007, p. 186217.

5. Existência, Validade e Eficácia do Plano de Recuperação Judicial

5.1. A tricotomia existência-validade-eficácia do negócio jurídico

O negócio jurídico é entendido como espécie de fato jurídico *lato sensu*. O fato jurídico é aquele acontecimento da realidade relevante para o direito. Em razão dessa relevância, nesses casos, há norma jurídica estabelecendo os efeitos a serem aplicados quando tal acontecimento se concretiza no mundo real.

Os fatos jurídicos são classificados em *fatos naturais* (fatos jurídicos *stricto sensu*), como o nascimento, a morte, os desastres naturais, terremotos, tempestades, raios etc. Tais acontecimentos são considerados fatos jurídicos porque há norma estabelecendo efeitos em razão da sua concretização.[309]

Podem ainda ser fatos humanos, ou seja, que decorrem de ações volitivas, são os chamados atos jurídicos *lato sensu*. Esses podem ser lícitos ou ilícitos. Os fatos jurídicos lícitos, objeto do presente estudo, são dividi-

[309] Fábio Ulhoa Coelho exemplifica: O que torna jurídico qualquer fato é a norma. O ordenamento elege os fatos jurídicos. Se a verificação de um evento não é pressuposto de nenhuma consequência prescrita em norma, ele não é um fato jurídico. É um acontecimento sem importância para o direito. Um jovem completar 17 anos de idade não é fato jurídico; o mesmo jovem fazer 18 anos, porém, já é fato jurídico, porque a partir dessa idade ele já é plenamente capaz para os atos da vida civil. O que faz do décimo oitavo aniversário da pessoa física um fato jurídico é a norma, que escolheu os 18 anos como o marco final da menoridade (CC, art. 5º). Poderia ter escolhido outra idade, maior ou menor, ou mesmo condicionar a obtenção da capacidade à prova, por meio de exames psicológicos, de certo grau de amadurecimento, mas se limitou a dar relevância apenas à idade. (*Curso de direito civil: parte geral*. 6. ed. São Paulo: Saraiva, 2013, p. 299).

dos em duas espécies: o negócio jurídico ou ato jurídico *lato sensu*[310] e o ato jurídico *stricto sensu.*

A diferença precípua entre o negócio jurídico e os demais atos jurídicos é a finalidade negocial. Explica Carlos Roberto Gonçalves: "*No negócio jurídico há uma composição de interesses, um regramento bilateral de condutas, como ocorre na celebração dos contratos. A manifestação de vontade tem finalidade negocial, que em geral é criar, adquirir, transferir, modificar, extinguir direitos etc.*"[311]

Pontes de Miranda, ao estudar o fato jurídico e especificamente o negócio jurídico ou ato jurídico *lato sensu* estabelece a tricotomia existência-validade-eficácia. Trata-se de clássica teoria do direito privado, chamada de "Escada Ponteana", em referência ao autor que busca estudar o negócio jurídico sobre três planos: o da sua existência, o da sua validade e o da sua eficácia.

Pontes de Miranda ensina:

> Para que algo valha é preciso que exista. Não tem sentido falar-se de validade ou de invalidade a respeito do que não existe. A questão da existência é questão prévia. Somente depois de se afirmar que existe é possível pensar-se em validade ou em invalidade. Nem tudo que existe é suscetível de a seu respeito discutir-se se vale, ou se não vale. Não se há de afirmar nem de negar que o nascimento, ou a morte, ou a avulsão, ou o pagamento valha. Não tem sentido. Tão-pouco, a respeito do que não existe; se não houve ato jurídico, nada há que possa ser válido ou inválido. Os conceitos de validade ou de invalidade só se referem a atos jurídicos, isto é, a atos huma-

[310] Esclarece Carlos Roberto Gonçalves: O Código Civil de 1916, no Livro III, concernente aos "Fatos jurídicos", tratava, nas "Disposições preliminares", da aquisição, conservação, modificação e extinção de direitos, e, em seguida, no Título I, dos "Atos jurídicos". O novo Código substituiu a expressão genérica "ato jurídico" pela designação específica "negócio jurídico", porque somente este é rico em conteúdo e justifica uma pormenorizada regulamentação, aplicando-se-lhe os preceitos constantes do Livro III. Alterou, também, a ordem da matéria. (...) A denominação "Dos fatos jurídicos", dada ao Livro III, foi mantida, abrangendo os fatos jurídicos em geral, ou seja, os fatos jurídicos em sentido amplo e suas espécies (...) (*Direito civil brasileiro: parte geral – De acordo com a Lei n. 12.874/2013.* 12. ed. São Paulo: Saraiva, 2014, p. 315-316).

[311] *Direito civil brasileiro: parte geral – De acordo com a Lei n. 12.874/2013.* 12. ed. São Paulo: Saraiva, 2014, p. 328.

> nos que entraram (plano da existência) no mundo jurídico e se tornaram, assim, atos jurídicos.
>
> (...)
>
> Os fatos jurídicos, inclusive atos jurídicos, podem existir sem serem eficazes. O testamento, antes da morte do testador, nenhuma eficácia tem que a de negócio jurídico unilateral, que, perfeito, aguarda o momento da eficácia. Há fatos que são ineficazes, sem que a respeito deles possa discutir validade ou invalidade. De regra, os atos jurídicos nulos são ineficazes: mas, ainda aí, pode a lei dar efeitos ao nulo.[312]

O exemplo trazido pelo autor esclarece bem a necessidade de se examinar o negócio jurídico sob três prismas: o da existência, o da validade e o da eficácia. Somente assim será possível atingir a plena realização dos efeitos pretendidos por aqueles que firmaram o negócio jurídico.

Marcos Bernardes de Mello ressalta que os três planos devem ser tratados em conjunto, de forma harmônica, mas sem perder de vista o preciso significado de cada um deles. Explica o autor: "(...) *É evidente que se pode falar de uma ineficácia em sentido amplo, que abranja todas as situações em que o fato jurídico não produza efeito, inclusive durante a pendência de condições suspensivas. Nesse sentido estariam compreendidas a nulidade (salvo quando a lei atribui algum efeito ao ato jurídico) e a ineficácia em sentido estrito. Mas, aqui, a boa ciência impõe a necessidade de se precisar o sentido em que o termo é empregado, evitando-se assim ambiguidades e equívocos. O que não é possível, absolutamente, é incluir no âmbito da ineficácia ou invalidade os chamados atos inexistentes, porque constitui uma contradição falar de ato (portanto, de dado da realidade empírica) inexistente (que significa não ser). Também não tem razão quem relaciona a nulidade e a ineficácia à inexistência, fazendo afirmativas como as de que o ato nulo e o ato ineficaz são juridicamente inexistentes, ou dizendo que atos inexistentes, nulos e anuláveis são categorias de ineficácia do negócio jurídico. Ser, valer e ser eficaz são situações distintas, com consequências específicas e inconfundíveis cada uma, e assim precisam ser tratadas.*"

O Código Civil de 2002 não adotou a Escada Ponteana, na medida em que não faz menção aos requisitos de existência, tratando apenas da invalidade, com a especificação dos requisitos de validade do negócio

[312] *Tratado de direito privado: parte geral: tomo iv: validade. nulidade. anulabilidade.* 4. edição. São Paulo: Editora Revista dos Tribunais, 1983, v. IV, p. 6-7.

jurídico, e da ineficácia, discriminando a possibilidade de condicionar os efeitos desse negócio a condição, termo ou encargo.[313]

Com relação ao plano de recuperação judicial, considerando-o como um negócio jurídico, ou seja, um encontro de declarações de vontade que produzirá efeitos jurídicos, também deve ser analisado a partir desses três planos: existência, validade e eficácia. É o que pretendemos fazer a seguir.

5.2. Plano da existência

Como já dito, o negócio jurídico é uma das espécies de fato jurídico. Este, por sua vez, é aquele fato da realidade considerado relevante pelo ordenamento e para o qual se atribuiu efeitos jurídicos. O negócio jurídico é a espécie de fato jurídico em que há intenção negocial, ou seja, intenção das partes em determinar os efeitos jurídicos que aquele fato da realidade produzirá.

Como já visto também, a vontade negocial está autorizada pelo nosso ordenamento jurídico que reconhece a possibilidade de o indivíduo escolher os efeitos que serão produzidos pela sua vontade dentre as categorias jurídicas existentes.

Nesse sentido, a primeira questão que se coloca é a da existência do negócio jurídico, ou seja, da presença de seus elementos constitutivos para que a vontade manifestada produza os efeitos pretendidos.

Marcos Bernardes de Mello ensina que os elementos nucleares para a existência do negócio jurídico são o cerne e os completantes. Explica o autor: "*No estudo dos suportes fácticos complexos, em especial dos negócios jurídicos, é preciso ter em vista que há fatos que, por serem considerados pela norma jurídica essenciais à sua incidência e consequente criação do fato jurídico, consti-*

[313] Carlos Roberto Gonçalves esclarece: "O novo Código Civil não adotou a tricotomia existência-validade-eficácia, conhecida como 'Escada Ponteana', em alusão a Pontes de Miranda. Na realidade, não há necessidade de mencionar os requisitos de existência, pois esse conceito encontra-se na base do sistema dos fatos jurídicos. Depois de se estabelecerem os requisitos de validade do negócio jurídico são tratados dois aspectos ligados à manifestação de vontade: a interpretação e a representação. Em seguida, disciplinam-se a condição, o termo e o encargo, que são autolimitações da vontade, isto é, uma vez apostos à manifestação de vontade, tornam-se inseparáveis dela. Finalmente, surge a parte patológica do negócio jurídico: seus defeitos e invalidade. (*Direito civil brasileiro: parte geral – De acordo com a Lei n. 12.874/2013*. 12. ed. São Paulo: Saraiva, 2014, p. 349).

tuem-se nos elementos nucleares do suporte fáctico ou, simplesmente, o seu núcleo. Dentre esses há sempre um fato que determina a configuração final do suporte fáctico e fixa, no tempo, a sua concreção. Às vezes esse fato não está expressamente mencionado, mas, por constituir o dado fáctico fundamental do fato jurídico, a sua presença é pressuposta em todas as normas que integram a respeito da instituição jurídica. Esse fato configura o cerne do suporte fáctico. Além do cerne, há outros fatos que completam o núcleo do suporte fáctico e, por isso, são denominados elementos completantes do núcleo."[314]

Os elementos cerne são aqueles estruturais, essenciais para que a manifestação de vontade seja considerada como expressada no mundo jurídico. Os elementos completantes são aqueles essenciais para determinada categoria de negócios jurídicos, como a entrega da coisa fungível no contrato de mútuo, pois, nele, a tradição é elemento completante essencial para que o mútuo se concretize.[315-316].

Esclarece Marcos Bernardes de Mello: "*Suporte fáctico, assim, constitui um conceito do mundo dos fatos, não do mundo jurídico, porque somente depois que se concretizam (= ocorram) no plano das realidades todos os elementos que o compõem é que se dá a incidência da norma, juridicizando-se e fazendo surgir o fato jurídico.*"[317]

Assim, percebe-se que somente existirá o negócio jurídico se o fato ocorrido na realidade puder ser juridicizado, ou seja, houver norma que atribua a esse fato os efeitos queridos pelas partes. Esse, nos parece, é um dos pressupostos para a existência de qualquer fato jurídico[318].

314 *Teoria do fato jurídico: plano da existência*. 20. ed. São Paulo: Saraiva, 2014, p. 93.

315 *Teoria do fato jurídico: plano da existência*. 20. ed. São Paulo: Saraiva, 2014, p. 93.

316 Ensina Marcos Bernardes de Mello: "No estudo da problemática da juridicidade o primeiro elemento essencial a considerar é a previsão, por norma jurídica, da hipótese fáctica condicionante da existência do fato jurídico (= o antecedente da estrutura lógica da proposição normativa, a que Pontes de Miranda denominou suporte fáctico, traduzindo a expressão *Tatbestand*, criada pela doutrina alemã. (Teoria do fato jurídico: plano da existência. 20. ed. São Paulo: Saraiva, 2014, p. 81).

317 *Teoria do fato jurídico: plano da existência*. 20. ed. São Paulo: Saraiva, 2014, p. 81.

318 Importante é a observação de Marcos Bernardes de Mello: "Em verdade, consoante já demonstrado, a juridicidade somente existe por força da incidência de norma jurídica sobre fatos da vida que ela própria define como sendo seu suporte fáctico. Sem a definição normativa não há de falar-se em fato jurídico. Nada do mundo é jurídico por si. Daí, ressalta à evidência que uma exteriorização consciente de vontade somente poderá gerar um negócio

A doutrina, por sua vez, diverge quanto aos demais elementos de cerne e completantes do negócio jurídico. Carlos Roberto Gonçalves entende como elementos estruturais do negócio jurídico: a declaração de vontade, a finalidade negocial e a idoneidade do objeto.[319] Orlando Gomes, por sua vez, entende que os elementos essenciais que determinam a existência do negócio jurídico são vontade e objeto.[320]

Procuraremos, nesse estudo, compilar esses posicionamentos, estabelecendo, como elementos estruturais ou essenciais: i) a incidência de norma jurídica, a juridicidade; ii) a declaração de vontade consciente com finalidade negocial; iii) a idoneidade do objeto, bem como, aplicando tais conceitos ao plano de recuperação judicial, objeto do presente estudo.

Assim, entendemos que o primeiro elemento estrutural para a existência do negócio jurídico é a **juridicidade**, ou seja, a incidência de norma jurídica reconhecendo os efeitos do fato da realidade. É a norma jurídica que trará os demais elementos estruturais do negócio.

É elemento estrutural do negócio jurídico **a declaração de vontade consciente** expressada pelo sujeito de direito no sentido de produzir os efeitos jurídicos pretendidos.[321] Carlos Roberto Gonçalves esclarece que a vontade do sujeito deve ser exteriorizada, pois o ordenamento jurídico

jurídico se, estando prevista como suporte fáctico de norma jurídica, recebe sua incidência. Sem a previsão normativa vontade alguma pode ser considerada negócio jurídico, ou mesmo elemento constitutivo seu; será mero fato da vida, sem relevância jurídica alguma. (*Teoria do fato jurídico: plano da existência*. 20. ed. São Paulo: Saraiva, 2014, p. 227-228.)

319 *Direito civil brasileiro: parte geral – De acordo com a Lei nº 12.874/2013*. 12. ed. São Paulo: Saraiva, 2014, p. 350.

320 Gomes, Orlando. *Introdução ao direito civil. Rio de Janeiro: Forense, 2010*. p. 365.

321 Optamos por não adentrar nas discussões acerca da diferença entre "declaração" e "manifestação" de vontade em razão do posicionamento firmado por Pontes de Miranda que entendeu que tanto a declaração como a manifestação de vontade são suficientes para existência do negócio jurídico: "No suporte fáctico do negócio jurídico, há de estar declaração suficiente de vontade ou manifestação suficiente de vontade. A prova de que o negócio jurídico pode ter, no seu suporte fáctico, mera manifestação de vontade, em vez de declaração de vontade, está em que o consumo de coisas pelo dominus negotti é suporte fáctico suficiente de negócio jurídico (...)"(*Tratado de direito privado: parte geral: tomo III: Negócios jurídicos. Representação. Forma. Prova*. 4. edição. São Paulo: Editora Revista dos Tribunais, 1983, v. III, p. 10).

não atribui efeitos à vontade pensada e não dita, por isso, o elemento estrutural do negócio é a declaração da vontade e não a vontade por si.[322]

A declaração de vontade, por sua vez, pode ser expressa, manifestada por palavras ou gestos; tácita, revelada pelo comportamento do agente; ou presumida, ou seja, a declaração não realizada pelo agente, mas que produz efeitos de declaração por força de lei.[323]

A vontade, ainda, deve ser consciente e ter finalidade negocial. No negócio jurídico, diferente de outras espécies de fato jurídico, há necessidade de manifestação consciente do sujeito com um propósito específico de adquirir, conservar, modificar ou extinguir direitos ou obrigações. Nesse sentido, ensina Pontes de Miranda: "*O elemento "consciência" é essencial à declaração de vontade e à manifestação de vontade (ato adeclarativo, que basta ao negócio jurídico). A manifestação de vontade de negócio há de ser, por exigência da teoria mesma do auto-regramento da vontade (dita da autonomia privada), consciente. De modo que é suporte fáctico do negócio jurídico assim a declaração de vontade como o ato volitivo (adeclarativo), desde que a vontade, que ali se "declara" e aqui se "indicia", seja a de negociar (= concluir negócio jurídico).*"[324]

O sujeito de direito que celebra negócio jurídico deve ter o propósito de buscar os efeitos próprios previstos no ordenamento jurídico para aquela declaração ou manifestação de vontade. Essa finalidade existe, inclusive, nos negócios jurídicos unilaterais, visto que, o sujeito quando resolve elaborar um testamento, por exemplo, está imbuído da intenção de dispor o destino dos seus bens após a sua morte.

Por fim, entendemos que o último elemento estrutural do negócio jurídico é a **idoneidade do objeto**. Aqui não pretende tratar da licitude, possibilidade ou determinação do objeto que é questão de validade, mas sim da adequação do objeto à categoria jurídica escolhida pelos sujeitos na celebração do negócio jurídico.

Sobre esse conceito, importante é a lição de Carlos Roberto Gonçalves: "*A idoneidade do objeto é necessária para a realização do negócio que se tem*

[322] *Direito civil brasileiro: parte geral – De acordo com a Lei nº 12.874/2013*. 12. ed. São Paulo: Saraiva, 2014, p. 350.

[323] *Direito civil brasileiro: parte geral – De acordo com a Lei nº 12.874/2013*. 12. ed. São Paulo: Saraiva, 2014, p. 351.

[324] *Tratado de direito privado: parte geral: tomo III: negócios jurídicos. Representação. Forma. Prova*. 4. ed. São Paulo: Editora Revista dos Tribunais, 1983, v. III, p. 7.

em vista. Assim, se a intenção das partes é celebrar um contrato de mútuo, a manifestação de vontade deve recair sobre coisa fungível (...) Os demais bens são inidôneos para a celebração de tal negócio."[325]

Assim, no momento de se avaliar a existência do negócio jurídico, deve-se observar se o seu objeto é o adequado para que se produzam os efeitos pretendidos pelos sujeitos.

Ressalte-se que Marcos Bernardes de Mello entende que a possibilidade física também é elemento essencial do negócio jurídico. Entende o autor que o Código Civil, impropriamente, definiu a possibilidade como elemento de validade, mas, a seu ver, não há negócio jurídico no caso de impossibilidade material do objeto.[326]

Aplicando-se tais conceitos ao plano de recuperação judicial, percebe-se que, com relação ao elemento da juridicidade, a norma incidente é a Lei nº 11.101/2005 que estabelece o conteúdo, forma de aprovação e efeitos. Essa norma vai estabelecer quais são os elementos estruturais desse plano.

Como estudado, a norma jurídica pode delimitar o sujeito de direito que terá capacidade de direito naquele fato jurídico. No caso do plano de recuperação judicial, possuem capacidade de direito para celebrar esse negócio jurídico, os credores sujeitos à recuperação judicial, os titulares de créditos existentes na data do pedido, ainda que não vencidos, com exceção daqueles previstos nos §§ 3º e 4º do artigo 49, da LFR, quais sejam: i) decorrentes de contrato de alienação fiduciária em garantia, arrendamento mercantil, compra e venda com reserva de domínio e compromisso de compra e venda com cláusula de irretratabilidade e irrevogabilidade; ii) os decorrentes de adiantamento a contrato de câmbio; e, ainda, os créditos fiscais, por força do disposto no artigo 187 do Código Tributário Nacional.

Os credores sujeitos, por sua vez, de acordo com a LRF, declaram a sua vontade: i) forma expressa, por meio de votação na assembleia geral

[325] *Direito civil brasileiro: parte geral – De acordo com a Lei nº 12.874/2013*. 12. ed. São Paulo: Saraiva, 2014, p. 356.

[326] Explica o autor: "Coisa absolutamente insuscetível, por sua natureza, de apropriação, como o sol, as estrelas, não pode ser objeto de negócio jurídico, razão por que não se pode falar de sua nulidade, mas de inexistência por ausência de objeto. O mesmo ocorre quando o objeto é coisa que já não existe." (*Teoria do fato jurídico: plano da validade*. 14. ed. São Paulo: Saraiva, 2015, p. 159).

de credores ou; ii) de forma presumida: a) pela da ausência de objeções, no caso em que o plano for aprovado sem a necessidade de convocação de assembleia geral de credores; b) pela abstenção, quando a assembleia for convocada e o credor, apesar de comparecer, preferir não se manifestar e; c) pelo não comparecimento à assembleia geral de credores.

No caso da aprovação expressa do plano de recuperação judicial na assembleia geral de credores, a LRF atribui tal efeito caso haja preenchimento do quórum previsto no artigo 45[327], trazendo como consequência a submissão dos demais credores, dissidentes e ausentes, aos termos nele previstos.

No caso de aprovação por ausência de objeções, a LRF presumiu a concordância dos credores, mesmo sem a manifestação de vontade expressa, nos termos do artigo 58.[328]

Com a reforma da Lei nº 14.112/2020, o artigo 6º, §4º-A e o artigo 56, §4º, passaram a permitir a apresentação de plano alternativo pelos credores. Nessas hipóteses, discute-se se o devedor precisaria concordar com os termos do plano alternativo apresentado pelos credores. A questão foi abordada no item 3.5 do presente trabalho. Ali manifestamos nosso entendimento do sentido de que o plano alternativo que não contiver a expressa concordância dos credores deve ser tido por inexistente.

A declaração de vontade manifestada pelos credores e pelo devedor tem finalidade específica, qual seja, formar a vontade de uma das partes do plano de recuperação judicial no aceitar ou rejeitar os seus termos.

Ainda, no que se refere a idoneidade do objeto do plano de recuperação judicial, entendemos que somente é considerado objeto idôneo para

[327] Art. 45. Nas deliberações sobre o plano de recuperação judicial, todas as classes de credores referidas no art. 41 desta Lei deverão aprovar a proposta. § 1º Em cada uma das classes referidas nos incisos II e III do art. 41 desta Lei, a proposta deverá ser aprovada por credores que refpresentem mais da metade do valor total dos créditos presentes à assembleia e, cumulativamente, pela maioria simples dos credores presentes. § 2º Nas classes previstas nos incisos I e IV do art. 41 desta Lei, a proposta deverá ser aprovada pela maioria simples dos credores presentes, independentemente do valor de seu crédito. § 3º O credor não terá direito a voto e não será considerado para fins de verificação de *quorum* de deliberação se o plano de recuperação judicial não alterar o valor ou as condições originais de pagamento de seu crédito.

[328] Art. 58. Cumpridas as exigências desta Lei, o juiz concederá a recuperação judicial do devedor cujo plano não tenha sofrido objeção de credor nos termos do art. 55 desta Lei ou tenha sido aprovado pela assembléia-geral de credores na forma do art. 45 desta Lei.

fazer parte do plano de recuperação judicial os créditos a ele sujeitos, nos termos do artigo 49 da LRF.

No momento da concessão da recuperação judicial, o magistrado deve verificar a presença de tais elementos estruturais. Considerando as peculiaridades do plano de recuperação judicial, de sua elaboração, apresentação e aprovação, entendemos que, em regra, esses elementos estruturais são observados. Mesmo no caso da idoneidade do objeto, havendo a inclusão de créditos não sujeitos, não haverá razão para considerar o plano inexistente, devendo a questão ser tratada sob a ótica da validade e da eficácia, como será estudado adiante.

5.3. Plano da validade

Reconhecida a existência do negócio jurídico pela presença dos elementos estruturais ou essenciais, passa-se ao exame da questão da sua validade. Antônio Junqueira de Azevedo ensina: "*A validade é, pois, a qualidade que o negócio deve ter ao entrar no mundo jurídico consistente em estar de acordo com as regras jurídicas ('ser regular'). Validade é, como o sufixo da palavra indica, qualidade de um negócio existente. 'Válido' é adjetivo com que se qualifica o negócio jurídico formado de acordo com as regras jurídicas.*"[329]

O reconhecimento da validade do negócio jurídico deve ser realizado a partir do exame do seu grau de incidência: admite-se a invalidade pela nulidade, ou, ainda, a invalidade pela anulabilidade.

5.3.1. Causas de nulidade do plano de recuperação judicial

O negócio jurídico nulo é aquele eivado de imperfeição insanável. Carlos Roberto Gonçalves explica: "*O negócio é nulo quando ofende preceitos de ordem pública, que interessam à sociedade. Assim, quando o interesse público é lesado, a sociedade o repele, fulminando-o de nulidade, evitando que venha a produzir os efeitos esperados pelo agente.*"[330]

O Código Civil estabelece, em seu artigo 104, os requisitos de validade do negócio jurídico, quais sejam: i) agente capaz; ii) objeto lícito, possível, determinado ou determinável; e iii) forma prescrita ou não

[329] *Negócio jurídico*. 4. ed. São Paulo: Editora Saraiva, 2002, p. 42.

[330] *Direito civil brasileiro: parte geral – de acordo com a Lei nº 12.874/2013*. 12. ed. São Paulo: Saraiva, 2014, p. 474.

proibida por lei. Prevê, ainda, outras causas de invalidade do negócio jurídico, mencionadas no artigo 166, que serão estudadas a seguir.

A capacidade do agente é a chamada capacidade de exercício, ou seja, aptidão para praticar os atos da vida civil. De acordo com o artigo 5º do Código Civil[331] são capazes os maiores de dezoito anos ou os emancipados. Os artigos 3º e 4º do mesmo diploma elencam os absolutamente e relativamente incapazes. Esses somente poderão celebrar negócios jurídicos se devidamente representados ou assistidos.

Além da capacidade, há necessidade de se observar a presença da legitimação. Ensina Carlos Roberto Gonçalves: "*A incapacidade não se confunde com os impedimentos ou falta de legitimação. Esta é a incapacidade para a prática de determinados atos.*"[332] Trata-se da hipótese em que, apesar de haver capacidade para os atos da vida civil, o agente não pode praticar aquele determinado ato, como o caso do mandatário que não está legitimado a adquirir bens sob sua administração, nos termos do artigo 497 do Código Civil.

O objeto do negócio jurídico, por sua vez, deve ser lícito, possível, determinado ou determinável. Sendo o negócio jurídico representativo de uma relação jurídica obrigacional, o seu objeto é a prestação e pode ser imediato ou mediato. Silvio de Salvo Venosa faz a distinção: "(...) *podemos distinguir o objeto imediato ou conteúdo, que são os efeitos jurídicos a que o negócio tende, de acordo com as manifestações de vontade e a lei aplicável; e o objeto mediato, ou objeto propriamente dito, que é aquilo sobre o que recaem aqueles efeitos.*"[333]

O objeto é lícito quando não ofende a lei, a moral e os bons costumes e a ordem pública. Perceba-se que o conceito de ilicitude é mais

[331] Art. 5º A menoridade cessa aos dezoito anos completos, quando a pessoa fica habilitada à prática de todos os atos da vida civil. Parágrafo único. Cessará, para os menores, a incapacidade: I – pela concessão dos pais, ou de um deles na falta do outro, mediante instrumento público, independentemente de homologação judicial, ou por sentença do juiz, ouvido o tutor, se o menor tiver dezesseis anos completos; II – pelo casamento; III – pelo exercício de emprego público efetivo; IV – pela colação de grau em curso de ensino superior; V – pelo estabelecimento civil ou comercial, ou pela existência de relação de emprego, desde que, em função deles, o menor com dezesseis anos completos tenha economia própria.

[332] *Direito civil brasileiro: parte geral – De acordo com a Lei nº 12.874/2013.* 12. ed. São Paulo: Saraiva, 2014, p. 359.

[333] *Direito civil: parte geral.* 13. ed. São Paulo: Atlas, 2013, v. I, p. 382.

amplo do que o de ilegalidade, na medida em que, também é ilícito o que ofende a moral, os bons costumes e a ordem pública.[334]

A impossibilidade do objeto pode ser física ou jurídica. A impossibilidade física é aquela que decorre de impedimento de ordem material, que resulta da natureza do objeto mediato da prestação, como celebrar um contrato de compra e venda de um terreno em Marte.[335] A impossibilidade jurídica é aquela que decorre de proibição legal ou contratual. Havendo norma jurídica que proíba a alienação de determinado objeto ou serviço o negócio jurídico será nulo, como a norma prevista no artigo 426 do Código Civil que proíbe negócio que tenha por objeto herança de pessoa viva. Da mesma forma, haverá impossibilidade jurídica se as partes fizeram incidir sobre o objeto uma cláusula de inalienabilidade.

O objeto ainda deve ser determinado ou determinável. A regra é que a prestação deve ser determinada no momento da celebração do negócio: as partes devem estabelecer o objeto imediato (dar, fazer ou não fazer), bem como, o objeto mediato (o bem ou serviço negociado). O legislador, porém, admitiu que a determinação do objeto seja realizada posteriormente, até o momento da execução da obrigação. Observa Antônio Junqueira de Azevedo: "*O que não é possível é a indeterminação absoluta, como a constante da seguinte estipulação: pagarás o que quiseres.*"[336]

Por fim, o negócio jurídico deve observar a forma prescrita em lei, se houver. O legislador civilista adotou a regra da liberdade das formas, nos termos do artigo 107 do Código Civil[337]. Assim, a observância da forma somente é obrigatória se houver previsão legal nesse sentido.

[334] Ensina Marcos Bernardes de Mello: "O conceito de ilicitude do objeto do negócio jurídico, assim, está, essencialmente, relacionado ao de conformidade com o direito, expressão, como vimos antes (§13), que não restringe ao aspecto da pura legalidade, mas inclui a questão da moralidade e do respeito à ordem pública. Objeto ilícito é aquele contrário a direito, portanto, não somente à lei, mas também à moral (bons costumes) e à ordem pública." (*Teoria do fato jurídico: plano da validade.* 14. ed. São Paulo: Saraiva, 2015, p. 133).

[335] Já ressaltamos que Marcos Bernardes de Mello entende que tal impossibilidade seria causa de inexistência de negócio jurídico e não de invalidade, mas esse não foi o entendimento adotado pelo Código Civil que a elenca como causa de invalidade por nulidade (art. 166). (*Teoria do fato jurídico: plano da validade.* 14. ed. São Paulo: Saraiva, 2015, p. 159).

[336] *Negócio Jurídico.* 4. ed. São Paulo: Editora Saraiva, 2002, p. 44.

[337] Art. 107. A validade da declaração de vontade não dependerá de forma especial, senão quando a lei expressamente a exigir.

A ausência de preenchimento dos requisitos de validade faz com que o negócio jurídico seja nulo, nos termos do artigo 166, I, II, IV e V, do Código Civil.[338] No caso da capacidade, o negócio celebrado por absolutamente incapaz é nulo; o celebrado por relativamente incapaz é anulável.

O artigo 166, III, do Código Civil, estabelece a nulidade do negócio jurídico quando o motivo determinante de sua celebração, comum a ambas as partes, for ilícito. O motivo é a razão pela qual o negócio jurídico foi celebrado. Marcos Bernardes de Mello faz a distinção entre objeto e motivo: "*Motivo, porque é móvel psíquico, razão condutora do ato, constitui questão fáctica, não jurídica* per se. *Objeto, ao contrário, por dizer respeito à atribuição jurídica do negócio, tem natureza exclusivamente jurídica, nunca fáctica.*"[339]

O motivo, em regra, não é relevante para o direito; será quando for determinante, for ilícito e comum a ambas as partes. O motivo é determinante quando se prova que as partes não teriam celebrado o negócio por outra razão. É ilícito quando ofende a lei, a ordem pública, a moral e os bons costumes e, ainda, deve ser comum a todos os agentes envolvidos. [340]

Marcos Bernardes de Mello critica a adoção do instituto pelo Código Civil de 2002: "(...) *a ilicitude do motivo, comum a todos os figurantes do negócio jurídico, como causa de nulidade, parece-nos inócua, porque de difícil constatação na prática (...) A dificuldade de prova é evidente. Bastará que não se consiga provar o motivo ilícito de um dos figurantes para que se descaracterize a*

[338] Art. 166. É nulo o negócio jurídico quando: I – celebrado por pessoa absolutamente incapaz; II – for ilícito, impossível ou indeterminável o seu objeto; III – o motivo determinante, comum a ambas as partes, for ilícito; IV – não revestir a forma prescrita em lei; V – for preterida alguma solenidade que a lei considere essencial para a sua validade; VI – tiver por objetivo fraudar lei imperativa; VII – a lei taxativamente o declarar nulo, ou proibir-lhe a prática, sem cominar sanção.

[339] *Teoria do fato jurídico: plano da validade.* 14. ed. São Paulo: Saraiva, 2015, p. 164.

[340] Marcos Bernardes de Mello exemplifica: "(...) grupo de pessoas constitui uma sociedade cuja finalidade declarada seja desenvolver atividades de lazer, mas que o motivo que levou ao negócio seja o de explorar jogo proibido. Tal sociedade tem objeto lícito, porém motivo ilícito." (*Teoria do fato jurídico: plano da validade.* 14. ed. São Paulo: Saraiva, 2015, p. 164).

invalidade."[341]Realmente, se trata de hipótese de difícil aferição prática pelas razões apontadas pelo autor.

O artigo 166, VI e VII, do Código Civil, trata da hipótese de nulidade em razão do negócio ter por objetivo fraudar lei imperativa e da hipótese em que a lei taxativamente o declarar nulo, ou proíbe a sua prática, sem cominar sanção. As duas hipóteses versam sobre a violação à norma cogente.

O caso previsto no artigo 166, VII, é o da violação à norma cogente proibitiva. Em diversos momentos na legislação, é possível encontrar hipóteses em que a própria lei impõe como consequência a nulidade do negócio jurídico[342]. Considerando que a própria lei atribui a consequência da violação da norma pelos agentes, considera-se que a nulidade é *expressa ou textual.*

Há situações, entretanto, em que a lei proíbe a prática de determinado ato, mas não impõe, expressamente, a nulidade como efeito da prática proibida. Marcos Bernardes de Mello entende que: "(...) *não é correta a afirmativa de que a violação de norma cogente tem sempre a nulidade como sanção, porque depende de como a própria norma jurídica trata a infração. Se a norma jurídica prevê outra penalidade para o ato que a infrinja, não haverá nulidade, como se pode concluir da norma do art. 166, VII, do Código Civil.*"[343]

Assim, se a lei proíbe a prática, mas comina sanção, esta deve prevalecer. Porém, se a lei proíbe a prática, mas não comina sanção, o negócio será nulo. Carlos Roberto Gonçalves esclarece:

> Outras vezes a lei não declara expressamente a nulidade do ato, mas proíbe a sua prática ou submete a sua validade à observância de certos requisitos de interesse geral. Utiliza-se, então, de expressões como 'não pode' (arts. 426 e 1.521), 'não se admite' (art. 380), 'ficará sem efeito' (arts. 483 e 485) etc. Em tais hipóteses, dependendo da natureza da disposição vio-

[341] *Teoria do fato jurídico: plano da validade.* 14. ed. São Paulo: Saraiva, 2015, p. 167-168.

[342] Como exemplo as disposições sobre o contrato de doação: Art. 548. É nula a doação de todos os bens sem reserva de parte, ou renda suficiente para a subsistência do doador. Ainda: Art. 549. Nula é também a doação quanto à parte que exceder à de que o doador, no momento da liberalidade, poderia dispor em testamento.

[343] *Teoria do fato jurídico: plano da validade.* 14. ed. São Paulo: Saraiva, 2015, p. 136.

lada, a nulidade está subentendida, sendo chamada de virtual ou implícita (...).[344]

Nesses casos, há violação à norma cogente proibitiva, admitindo-se, expressa ou implicitamente, a nulidade como efeito da violação da proibição legal, ou não se aplicando a nulidade quando a própria lei estabelecer outra consequência.

Por fim, questão relevante é a prevista no inciso VI que trata da nulidade do negócio que tem por objetivo fraudar lei imperativa. Parece incontroverso que a lei imperativa, prevista no artigo 166, VI, do Código Civil é a norma cogente. A discussão, aqui, reside no objetivo de "fraudar". Marcos Bernardes de Mello esclarece: *"É usual, em doutrina e em julgados, o emprego das expressões como ato em fraude à lei, in fraudem legis agere, fraude à lei, fraus legis, para designar aquele procedimento através do qual, por meios indiretos, aparentemente lícitos, viola-se norma jurídica cogente, obtendo resultado por ela proibido (norma jurídica cogente proibitiva) ou impedindo que fim por ela imposto se realize (norma cogente impositiva)."*[345]

O que se discute é a necessidade da prova da intencionalidade do agente em fraudar a norma cogente para que ocorra a declaração de nulidade do negócio celebrado. O autor mencionado entende que não há necessidade da prova da intencionalidade:

> Não há dúvida de que a intenção de violar a lei aparentando licitude está presente, em geral, nos atos de infração indireta à lei. Não, porém, com caráter de necessidade. A boa ciência tem demonstrado que a intencionalidade constitui circunstância de todo irrelevante quando se trata de caracterizar a infração indireta da norma jurídica, salvo se a própria norma jurídica a tem como elemento de seu suporte fático. Por se tratar de um modo de infringir a norma jurídica, não importa se foi intencional, de má-fé, fraudulenta (o que ocorre na grande maioria dos casos), ou se foi inocente, se o figurante não conhecia a proibição ou a imposição, e, portanto, tenha agido de boa-fé, sem a mínima intenção e praticar a infração. O princípio da inalegabilidade da *ignorantia iuris* parar furtar-se a cumprir a lei, tal como con-

[344] *Direito civil brasileiro: parte geral – De acordo com a Lei nº 12.874/2013*. 12. ed. São Paulo: Saraiva, 2014, p. 477.

[345] *Teoria do fato jurídico: plano da validade*. 14. ed. São Paulo: Saraiva, 2015, p. 138.

substanciado nos arts. 3º da Lei de Introdução às Normas do Direito Brasileiro e 16 do Código Penal, impõe essa conclusão.[346]

No mesmo sentido, é o entendimento de Cristiano Chaves de Farias e Nelson Rosenvald: "*Na realidade, o negócio* in fraudem legis *é o que foge da incidência da norma jurídica ou das obrigações legais, sendo realizado sob forma diferenciada. A nulidade por fraude é objetiva, não estando atrelada à intenção de burlar o mandamento legal. Havendo contrariedade à lei, pouca interessa se o declarante tinha, ou não, o propósito fraudatório.*"[347]

Como se não bastasse o posicionamento de tais autores, é cediço que o Código Civil, no artigo 166, II, declarou nulo o negócio cujo objeto seja ilícito. Nesse momento, é importante a lição de Marcos Bernardes de Mello: "*No plano da validade, o conceito de objeto do negócio jurídico tem sentido lato que inclui o de objeto da prestação, consoante mencionamos antes. Desse modo, tanto a ilicitude da atribuição jurídica (resultado) que se pretende com o negócio jurídico (objeto do negócio jurídico em senso próprio) como a do objeto da prestação (=coisa ou ato humano com que se adimple a obrigação) acarretam a sua invalidade.*"[348]

Assim, a ilicitude não está proibida somente no objeto da prestação, ou seja, na conduta humana ou no bem ou serviço objeto do negócio, mas no próprio negócio em si.

Como já visto, a ilicitude tem um conceito mais amplo do que a ilegalidade, porque é caracterizada como a violação à lei, mas também à moral, aos bons costumes e à ordem pública, corroborando o entendimento de que, havendo violação à norma cogente, com ou sem intencionalidade, nulo será o ato jurídico, pois, o objetivo do legislador foi proteger a ordem pública.

Há outra causa de nulidade prevista no artigo 167 do Código Civil[349]: é a simulação. Considera-se simulado o negócio quando aparentarem

[346] *Teoria do fato jurídico: plano da validade*. 14. ed. São Paulo: Saraiva, 2015, p. 141.

[347] *Curso de direito civil: parte geral e LINDB*. 13. ed. rev., ampl. e atual. São Paulo: Atlas, 2015, p. 526.

[348] *Teoria do fato jurídico: plano da validade*. 14. ed. São Paulo: Saraiva, 2015, p. 134.

[349] Art. 167. É nulo o negócio jurídico simulado, mas subsistirá o que se dissimulou, se válido for na substância e na forma. § 1º Haverá simulação nos negócios jurídicos quando: I – aparentarem conferir ou transmitir direitos a pessoas diversas daquelas às quais realmente se conferem, ou transmitem; II – contiverem declaração, confissão, condição ou

conferir ou transmitir direitos a pessoas diversas daquelas às quais realmente se conferem, ou transmitem; contiverem declaração, confissão, condição ou cláusula não verdadeira ou; os instrumentos particulares forem antedatados, ou pós-datados. Diferente do previsto no Código Civil de 1916, o legislador de 2002 entendeu que a simulação é causa de nulidade e não de anulabilidade do negócio jurídico.

Examinadas as causas de nulidade previstas no Código Civil, passa-se ao exame das causas de nulidade do plano de recuperação judicial. Entendemos que o plano de recuperação judicial é um negócio jurídico, portanto, sobre ele recai a análise do preenchimento dos requisitos de validade mencionados pelo Código Civil e acima estudados.

Os agentes que celebram esse negócio são o devedor e os credores, que devem ser capazes e legitimados para manifestar suas vontades. A capacidade do devedor e a regularidade de sua representação são verificadas pelo juiz no momento do deferimento do processamento da recuperação judicial.

Com relação ao credor, caso não haja objeções ao plano, a aprovação é tácita, presumindo-se a concordância dos credores por força de lei. Nessa hipótese, não se verifica a capacidade de cada credor, um a um, o que não representa uma ilegalidade, já que se trata de procedimento inerente aos negócios dessa natureza.

Caso haja objeções, o plano será aprovado em assembleia de credores devidamente convocada para esse fim. O administrador judicial é o presidente da assembleia, cabendo a ele a verificação da capacidade civil e da representação dos credores, não permitindo que exerçam o direito de voto os incapazes que não estiverem devidamente representados ou assistidos ou as pessoas jurídicas que não estiverem representadas nos termos dos seus atos constitutivos.[350]

Nessa hipótese, havendo alguma falha nessa verificação, entendemos haver eventual invalidade, provocada por problema decorrente de vício

cláusula não verdadeira; III – os instrumentos particulares forem antedatados, ou pós-datados. § 2º Ressalvam-se os direitos de terceiros de boa-fé em face dos contraentes do negócio jurídico simulado.

[350] Como mencionado anteriormente, não pretendemos, nesse trabalho, tratar da validade ou invalidade da manifestação dos credores na assembleia. Isto porque, dada sua complexidade, mereceria trabalho própria. Porém, traremos o posicionamento da doutrina sobre algumas questões relevantes sem, contudo, enfrentá-las uma a uma.

na manifestação de vontade daquele credor, com a consequente nulidade ou anulabilidade do voto por ele dado, sem comprometer, *per si*, a validade do plano de recuperação judicial.

Isto porque, o Código Civil, em seu artigo 184[351], admite a invalidade parcial, com a manutenção da parte válida, desde que separável. Parece-nos esse o caso, pois sendo o plano de recuperação judicial um negócio jurídico complexo[352], não é plausível que se declare a nulidade do plano em razão da incapacidade de um ou alguns dos credores, bastando, para tanto, desconsiderar a sua presença inclusive para fins de cômputo do quórum de instalação da assembleia, e apurando-se o resultado a partir dos votos dos demais.[353]

Com relação ao objeto do plano de recuperação judicial, entendemos que o objeto imediato é a constituição de novas obrigações, com características próprias, em substituição às anteriormente firmadas – a novação – com o objetivo de proporcionar a recuperação da atividade econômica do devedor. O objeto mediato se constitui pelos próprios créditos sujeitos ao plano.

351 Art. 184. Respeitada a intenção das partes, a invalidade parcial de um negócio jurídico não o prejudicará na parte válida, se esta for separável; a invalidade da obrigação principal implica a das obrigações acessórias, mas a destas não induz a da obrigação principal.

352 Silvio de Salvo Venosa explica o conceito: "São negócios jurídicos complexos aqueles em que há um conjunto de manifestações de vontade, sempre mais de uma, sem existirem interesses antagônicos, como o contrato de sociedade. As partes procuram uma finalidade comum." (*Curso de direito civil: parte geral e LINDB*. 13. ed. rev., ampl. e atual. São Paulo: Atlas, 2015, p. 344).

353 Nesse sentido é o entendimento de Erasmo Valladão A. e N. França: "(...) Há de se distinguir, nessa matéria, três diferentes espécies de vício, com consequências também diversas: (a) vícios da própria Assembleia – que pode ter sido irregularmente convocada (ou mesmo, não convocada) ou instalada, hipótese em que a sua invalidação trará como consequência, obviamente, a invalidade de todas as deliberações que nela forem tomadas; (b) vícios nas deliberações – nessa hipótese, o vício de uma das deliberações não se estende às demais, que não sejam viciadas; (c) vícios de voto – nessa hipótese, o vício do voto só acarretaria o vício de determinada deliberação se o voto foi decisivo para a formação da maioria; senão, será irrelevante, só atingindo o próprio voto viciado. São completamente diversos, pois, os vícios em questão. (França, Erasmo Valladão A. e N. Da Assembleia-Geral de Credores. In: Souza Junior, Francisco Satiro; Pitombo, Antônio Sérgio A. de Moraes. *Comentários à lei de recuperação de empresas e falência: Lei 11.101/2005*. São Paulo: Editora Revista dos Tribunais, 2007, p. 190-191).

O objeto do plano de recuperação deve ser lícito, possível, determinado ou determinável. Como já visto, o objeto ilícito é aquele que viola a lei, a moral, os bons costumes e a ordem jurídica. A licitude do objeto do plano de recuperação judicial nos parece presente, já que o objeto imediato é a constituição de novas obrigações.

Questão que se coloca é a da eventual ilicitude de um dos créditos originários, que será extinto com a aprovação do plano. Entendemos que, tratando-se de negócio jurídico complexo, a ilicitude de algum dos créditos, por qualquer motivo, inclusive a simulação, hipótese bastante comum, não invalida o plano como um todo. Tal entendimento, a nosso ver, se coaduna com o disposto no artigo 39, § 2º, que determina a impossibilidade de invalidação de deliberação da assembleia por posterior decisão judicial acerca da existência, quantificação ou classificação dos créditos. Isto porque, tal dispositivo tem por objetivo tratar da hipótese de eventual decisão proferida nos autos de impugnação de crédito.[354]

O objeto deve ser possível. No caso da recuperação judicial, também se aplicam os mesmos conceitos já estudados. Poderia haver impossibilidade do objeto, por exemplo, se o devedor oferecesse em pagamento de determinada classe de credores objeto dotado de impossibilidade física ou jurídica, como, por exemplo, bem onerado com cláusula de inalienabilidade.

O objeto, ainda, deve ser determinado ou determinável. Como o objeto do plano de recuperação judicial é a repactuação dos pagamentos dos credores, verifica-se que a forma e valores de pagamento devem ser

[354] Ensina Erasmo Valladão A. e N. França ao comentar o artigo 39, § 2º, da LFR: "O dispositivo sob comentário deve ser interpretado em termos que conduzam a um sentido ético que se presume sempre buscado pelo legislador. O que se deve entender é que as deliberações da Assembléia-Geral não serão invalidadas pelo só fato de ocorrer uma decisão judicial posterior acerca da existência, quantificação ou classificação de créditos. O que não quer dizer que, verificada posteriormente, por decisão judicial, a existência, por exemplo, de um crédito forjado, que tenha sido determinante para a deliberação de aprovação de uma recuperação judicial absolutamente inviável, com a nomeação de um gestor judicial conluiado com o devedor etc., não possam os interessados requerer a anulação da deliberação." (França, Erasmo Valladão A. e N. Da Assembleia-Geral de Credores. In: Souza Junior, Francisco Satiro; Pitombo, Antônio Sérgio A. de Moraes. *Comentários à lei de recuperação de empresas e falência: Lei 11.101/2005*. São Paulo: Editora Revista dos Tribunais, 2007, p. 212).

determinados ou determináveis no momento do vencimento da obrigação ou de sua execução.

O Tribunal de Justiça de São Paulo[355] firmou entendimento no sentido de que, contendo o plano obrigação ilíquida, por não conter os valores das parcelas, tampouco, parâmetro para calculá-los no momento da execução, o plano deve ser considerado nulo, por ser impossível executá-lo, em caso de descumprimento. Da mesma forma, se não contém prazo certo para pagamento ou para cumprimento da obrigação, seja com relação ao número de parcelas, seja com relação ao vencimento delas. No mesmo sentido, entendeu o Tribunal de Justiça do Paraná[356].

Nessas hipóteses, não havendo como apurar o valor da parcela, o vencimento e o prazo de pagamento, entendemos tratar-se de indeterminação do objeto, o que faz com que não preencha o requisito de validade previsto no artigo 104, II, do Código Civil, sendo eivado de nulidade. Aqui, entretanto, acreditamos que não seja possível separar a parte válida do plano, já que a indeterminação compromete o cerne da obrigação que se pretendia constituir.

Por fim, quanto à forma, verifica-se que, no caso do plano de recuperação judicial, o artigo 53 da LRF exige a forma escrita. Estabelece,

355 Recuperação Judicial. Plano de Recuperação. *Proposta de pagamento com definição de valores. Mera estimativa, entretanto, sem alternativa para a hipótese de não existir sobra de fluxo de caixa. Ausência, ademais, de data certa para o pagamento. Recuperação Judicial. Plano que prevê venda de imóvel e pagamento de parte do saldo devedor com o respectivo produto. Ausência, porém, de prazo para concretização da operação, assim como de formas de pagamento, além da falta de alternativa para a hipótese de não ocorrer.* Recuperação Judicial. Previsão de pagamento de credores trabalhistas em um ano, contado da homologação do plano. Inadmissibilidade. Questão de ordem pública e que pode se resolvida de ofício. Determinação de pagamento em um ano, contado do ajuizamento da recuperação. Recurso parcialmente provido. (Relator(a): Araldo Telles; Comarca: Barueri; Órgão julgador: 2ª Câmara Reservada de Direito Empresarial; Data do julgamento: 10/04/2015; Data de registro: 03/07/2015) (grifamos).

356 Direito Processual Civil e Civil. Agravo de Instrumento. Ação de Recuperação Judicial. Homologação do Plano de Recuperação Judicial Aprovado em Assembleia Geral de Credores. Ausência Específica dos Valores Líquidos de Cada Parcela. Inviabilidade do Cumprimento do Plano de Recuperação e sua Execução. Falta de Liquidez e Certeza do Quantum a Ser Pago. Concordância de Outro Credor Interessado. Necessidade de Anular o Plano de Recuperação Judicial. Recurso Provido. (TJ-PR – Ação Civil de Improbidade Administrativa: 9844820 PR 984482-0 (Acórdão), Relator: Mário Helton Jorge, Data de Julgamento: 13/11/2013, 17ª Câmara Cível, Data de Publicação: DJ: 1266) (grifamos).

inclusive, que o plano deve ser apresentado nos autos do processo de recuperação judicial. O plano que não observa tal forma é nulo.

O artigo 56, § 3º, da LFR[357], admite, entretanto, a possibilidade de o plano de recuperação judicial sofrer alterações durante a assembleia geral de credores e não estabelece forma para que tais alterações sejam realizadas. Os Tribunais vêm admitindo a realização de alterações ou aditamentos, de forma verbal ou escrita, desde que:

a) haja tempo hábil para que os credores analisem as alterações propostas;[358] A legislação uruguaia, Ley 18.387/2008, prevê que a alteração na proposta deve ser apresentada com antecedência mínima de 15 dias, para que os credores possam examiná-las.[359]

b) tais alterações não impliquem diminuição dos direitos, exclusivamente, dos credores ausentes.[360]

[357] Art. 56. Havendo objeção de qualquer credor ao plano de recuperação judicial, o juiz convocará a assembléia-geral de credores para deliberar sobre o plano de recuperação. (...) § 3º O plano de recuperação judicial poderá sofrer alterações na assembléia-geral, desde que haja expressa concordância do devedor e em termos que não impliquem diminuição dos direitos exclusivamente dos credores ausentes.

[358] Agravo. Recuperação Judicial. Alteração substancial e profunda do plano de recuperação judicial proposta sem observância de publicidade com antecedência razoável para o comparecimento de todos os credores. Vulneração dos princípios da lealdade, confiança e boa-fé objetiva. Natureza contratual da recuperação judicial que exige, na fase pré-contratual, conduta proba, honesta e ética, sob pena de afronta à boa-fé objetiva do art. 421 do Código Civil. A liberdade de contratar deve ser exercida sob a luz da função social da recuperação judicial. Inteligência do art. 421 do Código Civil. Agravo parcialmente provido para anular a Assembleia-Geral, ordenando-se convocação de outro conclave no qual, o plano, observe as regras do art. 53 da Lei nº 11.101/2005. (Relator(a): Pereira Calças; Comarca: São Paulo; Data do julgamento: 22/11/2011; Data de registro: 22/11/2011) (grifamos).

[359] Artículo 141. (Irrevocabilidad e inmodificabilidad de las propuestas). – El deudor no podrá revocar la propuesta o las propuestas de convenio que hubiera presentado. El deudor sólo podrá modificar la propuesta o propuestas de convenio que hubiera presentado si las modificaciones cumplen acumulativamente con los siguientes requisitos: 1) No alteran sustancialmente la propuesta. 2) Comportan condiciones más favorables para todos los acreedores quirografarios o para algunos de ellos. 3) Se introducen con una anticipación mínima de quince días a la fecha fijada para la Junta de Acreedores.

[360] Agravo de Instrumento. Recuperação judicial. Homologação de plano aprovado pela assembleia. Alegação de irregularidades no procedimento de aditamento do plano, sem respeito aos prazos para manifestação dos credores. Inocorrência. Aditamento apre-

Assim, ausente um desses requisitos de validade, a cláusula do plano deve ser considerada nula, se houver possibilidade de separá-la das demais. Não sendo possível, deve-se declarar a nulidade do plano de recuperação judicial, por força dos artigos 166, I, II, IV e V, do Código Civil.

O artigo 166, III, do Código Civil, trata da situação em que o motivo determinante para celebração do negócio, comum às partes, for ilícito. Como estudado, trata-se de hipótese de difícil aplicação, especialmente no âmbito da recuperação judicial em que o devedor, para ter o seu pedido deferido, deve apresentar uma série de documentos que demonstrarão a veracidade da crise por ele enfrentada. Nada impede, porém, o magistrado de declará-lo nulo se comprovada a ilicitude do motivo determinante para apresentação do plano.

Poderia se cogitar a hipótese de o devedor valer-se da recuperação judicial para, em conluio com o credor, forjar uma crise que, na realidade, não existe. Estaríamos diante, talvez, de recuperação judicial simulada que também poderia ser declarada nula, se comprovada, por força do artigo 167 do Código Civil.

Assim, nos resta enfrentar a hipótese de fraude à lei imperativa, bem como a hipótese de violação dos princípios aplicáveis à recuperação judicial, além do abuso de direito.

5.3.1.1. Cláusulas que violam lei imperativa

O artigo 166, VI, do Código Civil, trata da nulidade do negócio jurídico que tem por objetivo fraudar lei imperativa. Como estudado, discute-se se há necessidade da prova da intencionalidade para que se configure a nulidade do negócio.

sentado em primeira sessão da assembleia, observado um mês de intervalo para manifestação dos credores. Permissão legal a que a assembleia modifique o plano, desde que não prejudicados exclusivamente os ausentes. Incidência do art. 56, § 3º, da lei especial. Caso, ademais, em que as alterações melhoraram a situação dos credores. Deságio de 40% e carência de um ano. Inexistência de ilegalidade *a priori*. Precedentes. Medidas necessárias para a preservação da empresa. Ausência de qualquer indicativo de que a recuperação poderia se dar de outra forma. Decisão mantida. Recurso desprovido. (Relator(a): Claudio Godoy; Comarca: São Paulo; Órgão julgador: 1ª Câmara Reservada de Direito Empresarial; Data do julgamento: 11/03/2015; Data de registro: 13/03/2015) (grifamos).

O artigo 166, VII, do Código Civil, por sua vez, trata da nulidade por violação de norma que preveja, explícita ou implicitamente, a nulidade como consequência de seu descumprimento. Ressaltamos, porém, que há casos em que a lei pode estabelecer outra consequência à sua violação, hipótese em que tal consequência prevalecerá, não havendo que se falar em nulidade.

Dessa forma, havendo ilegalidade, ou seja, afronta à lei imperativa, o negócio jurídico será nulo. A expressão "norma imperativa" deve ser interpretada como norma cogente. Importante é a lição de André Franco Montoro:

> Normas imperativas, também denominadas tradicionalmente coativas, absolutas ou absolutamente cogentes – são as que possuem obrigatoriedade absoluta. Mandam ou proíbem de modo incondicionado, isto é, não podem deixar de ser aplicadas, nem modificadas pela vontade dos que lhe são subordinados. (...) é oportuno observar que a expressão norma "imperativa" pode receber, na linguagem jurídica, três significações diferentes: 1. em sentido amplíssimo, como vimos, toda norma jurídica é imperativa; as próprias normas permissivas ou supletivas são, de certo modo, obrigatórias ou imperativas; a lei "manda" que certos atos sejam "permitidos", ou que, se aplique "supletivamente" determinada disposição; 2. em sentido menos amplo, norma imperativa é a norma jurídica que manda ou proíbe de modo absoluto e não pode ser alterada pela vontade das partes, isto é, são as normas de ordem pública. 3. em sentido estrito, a expressão se restringe às normas imperativas "positivas", com exclusão das imperativas negativamente ou proibitivas.[361]

Há distinção entre norma cogente proibitiva e norma cogente impositiva ou imperativa: a norma cogente proibitiva é "negativa", aquela que proíbe, expressamente, determinada conduta; já a norma cogente impositiva ou imperativa é "positiva", aquela que impõe determinada conduta.

A LFR estabeleceu normas cogentes imperativas e, também, proibitivas que limitam a atuação dos sujeitos – devedor e credores – na negociação do conteúdo do plano de recuperação judicial.

[361] *Introdução à ciência do direito*. 24. ed. São Paulo: Editora Revista dos Tribunais, 1997, p. 340-341.

O artigo 54 da LRF, por exemplo, determina que: "*O plano de recuperação judicial não poderá prever prazo superior a 1 (um) ano para pagamento dos créditos derivados da legislação do trabalho ou decorrentes de acidentes de trabalho vencidos até a data do pedido de recuperação judicial.*" Trata-se de norma cogente proibitiva, não podendo ser derrogada por convenção das partes, ainda que decorra da unanimidade dos credores desta classe.

Ainda que tais normas sejam positivas, ou seja, não proíbam, mas imponham determinadas condutas, sobre elas não há como prevalecer a autonomia da vontade. É o caso do artigo 73, IV, da LFR, que determina: "*O juiz decretará a falência durante o processo de recuperação judicial: (...) IV – por descumprimento de qualquer obrigação assumida no plano de recuperação, na forma do § 1º do art. 61 desta Lei.*"

Nesse caso, apesar do legislador não proibir expressamente nenhuma conduta, a norma não deixa de ser considerada cogente, na medida em que impõe uma situação obrigatória sobre a qual as partes não podem dispor em sentido contrário. Tal entendimento se justifica no fato de que toda lei é imperativa. A norma dispositiva[362], ou seja, aquela que ressalva a vontade das partes é expressamente indicada pelo legislador com expressões como "salvo disposição em contrário", "se as partes não convencionarem em sentido contrário".

Seguindo tal entendimento, é cediço que o plano de recuperação judicial não poderá tratar de assuntos sobre os quais há normas cogentes na LFR. Tem se entendido como norma cogente:

i) o disposto no artigo 54 da LFR[363] que estabelece os prazos para pagamento dos créditos trabalhistas e será melhor estudado a seguir;

ii) o disposto no artigo 66 da LFR[364] que proíbe a alienação ou oneração dos bens ou direitos do ativo permanente do devedor, salvo com autorização judicial e do comitê e evidente utilidade;

362 Ensina André Franco Montoro: "Normas dispositivas – também denominadas indicativas, simplesmente dispositivas, ou relativamente cogentes: são as que se limitam a permitir determinado ato ou a suprir a manifestação de vontade das partes." (*Introdução à ciência do direito*. 24. ed. São Paulo: Editora Revista dos Tribunais, 1997, p. 340-341).

363 Art. 54. O plano de recuperação judicial não poderá prever prazo superior a 1 (um) ano para pagamento dos créditos derivados da legislação do trabalho ou decorrentes de acidentes de trabalho vencidos até a data do pedido de recuperação judicial.

364 Art. 66. Art. 66. Após a distribuição do pedido de recuperação judicial, o devedor não poderá alienar ou onerar bens ou direitos de seu ativo não circulante, inclusive para os

iii) o disposto no artigo 73 da LFR[365] que estabelece as hipóteses de convolação de recuperação judicial em falência;

iv) o disposto no artigo 49 da LRF quando estabelece a sujeição dos créditos ao processo de recuperação judicial.

Assim, são nulas as cláusulas que disponham sobre conteúdo de norma cogente:

a) que estabeleçam prazo superior aos determinados no artigo 54 da LFR, para pagamento dos créditos trabalhistas, ainda que aprovado por unanimidade, pois, para essa questão, o ordenamento jurídico não permitiu a disposição pelos interessados e que será mais bem estudada a seguir;

b) que prevejam a alienação ou oneração de bens do ativo permanente do devedor sem a necessidade de autorização judicial e do Comitê de Credores;[366]

fins previstos no art. 67 desta Lei, salvo mediante autorização do juiz, depois de ouvido o Comitê de Credores, se houver, com exceção daqueles previamente autorizados no plano de recuperação judicial. (...).

365 Art. 73. O juiz decretará a falência durante o processo de recuperação judicial: I – por deliberação da assembléia-geral de credores, na forma do art. 42 desta Lei; II – pela não apresentação, pelo devedor, do plano de recuperação no prazo do art. 53 desta Lei; III – quando não aplicado o disposto nos §§ 4º, 5º e 6º do art. 56 desta Lei, ou rejeitado o plano de recuperação judicial proposto pelos credores, nos termos do § 7º do art. 56 e do art. 58-A desta Lei; IV – por descumprimento de qualquer obrigação assumida no plano de recuperação, na forma do § 1º do art. 61 desta Lei. V – por descumprimento dos parcelamentos referidos no art. 68 desta Lei ou da transação prevista no art. 10-C da Lei nº 10.522, de 19 de julho de 2002; e VI – quando identificado o esvaziamento patrimonial da devedora que implique liquidação substancial da empresa, em prejuízo de credores não sujeitos à recuperação judicial, inclusive as Fazendas Públicas.

366 Agravo de Instrumento – Recuperação Judicial. Plano aprovado por assembleia de credores – Verificação de sua legalidade pelo Poder Judiciário. Possibilidade Inconformismo do credor a respeito do deságio excessivo nas classes dos credores com garantia real e quirografários, sem a incidência de correção monetária e juros de acordo com a variação do CDI, assim como em relação às cláusulas que versaram sobre a alienação do passivo sem anuência dos credores e a suspensão das ações promovidas contra as recuperandas. Alegação de tratamento desigual de credores da mesma classe – Provimento, em parte, para desconstituir a homologação, determinada a apresentação de novo plano (no prazo de 60 dias) que estabeleça parâmetros legais de aceitação para pagamento dos créditos regularmente constituídos, com a inserção dos juros legais (art. 406 do CC) e correção monetária, considerada inadmissível a taxa de juros anteriormente aprovada pela variação do CDI –

c) que condicionem a convolação da recuperação judicial em falência à constituição em mora do devedor ou à convocação de assembleia geral de credores[367-368].

Fica mantido o estabelecimento de condições diferenciadas de pagamento entre as subclasses de credores nos termos do entendimento sacramentado por esta Câmara Reservada de Direito Empresarial – *Declarada, ainda, nula a cláusula que determinou a extinção/suspensão das ações existentes contra os coobrigados da recuperanda, da cláusula que determinou a venda de bens do ativo permanente das agravadas sem prévia autorização judicial e dos credores e da cláusula que previu prazo de pagamento superior ao biênio legal.* (Relator(a): Enio Zuliani; Comarca: Pirassununga; Órgão julgador: 1ª Câmara Reservada de Direito Empresarial; Data do julgamento: 29/08/2013; Data de registro: 30/08/2013) (grifamos).

367 Agravo de Instrumento – Recuperação judicial – Plano de recuperação aprovado em assembleia de credores e homologado pelo juízo, *excluindo-se cláusulas ilegais que, entre outras, previam a extensão da novação aos coobrigados e condicionava eventual convolação em falência a conclave assemblear* – Minuta recursal que, além das matérias já afastada na r. decisão que deferiu a recuperação judicial às agravadas, insiste que há ilegalidade na dilação de 180 meses para saldar as obrigações, contados a partir do decurso da carência de 18 meses – Deságio de 60% – Inconformismo procedente – Possível o controle judicial do acordo de novação dos créditos entre a devedora e seus credores, que como qualquer ato jurídico, além do acordo de vontades, exige-se a boa-fé e justiça contratual – Ilegalidade constatada na cumulação do deságio de 60%, com carência de 18 meses e dilação de 180 meses para quitação – Determinação de apresentação de novo plano – Agravo provido. Dispositivo: Dão provimento, com determinação de elaboração de novo plano e realização de novo conclave. (Relator(a): Ricardo Negrão; Comarca: São Paulo; Órgão julgador: 2ª Câmara Reservada de Direito Empresarial; Data do julgamento: 18/05/2015; Data de registro: 21/05/2015) (grifamos).

368 Recuperação Judicial. Homologação do plano apresentado pelos devedores, após aprovação pela assembleia-geral de credores. Possibilidade, ante a natureza negocial do plano de recuperação, de controle judicial da legalidade das respectivas disposições. Precedentes das C. Câmaras Especializadas de Direito Empresarial. Previsão de deságio da ordem de 15% (quinze por cento) para os credores quirografários. Remissão parcial dos débitos que, nesses termos, não desborda da razoabilidade, pois preserva percentual considerável do quanto originariamente devido. Prazo de carência para o início dos pagamentos, por seu turno, que não se mostra irregular, pois inferior ao lapso bienal de supervisão judicial. Ausência de previsão de incidência de correção monetária, com aplicação de juros cujo percentual é inferior ao estipulado no art. 406 do Código Civil. Possibilidade. Disposição que condiciona a convolação em falência, em caso de descumprimento do plano recuperacional, a prévia deliberação por parte da assembléia-geral de credores. Descabimento. Inteligência dos artigos 61, 62 e 73 da Lei nº 11.101/2005. Impossibilidade, ademais, de livre alienação de bens dos devedores à míngua de controle por parte do Poder Judiciário. Inteligência dos arts. 66 e 142 do mesmo diploma legal. Cláusula atinente à extensão

d) que excluam determinado grupo de credores dos efeitos do plano de recuperação judicial sem autorização legal [369]

Além dessas situações mencionadas, a jurisprudência vem reconhecendo a nulidade de cláusulas que violam outras leis imperativas. É o caso das cláusulas que preveem o pagamento dos créditos sem juros moratórios e sem correção monetária. Analisaremos os dois casos separadamente.

Primeiramente, trataremos da questão da correção monetária. A correção monetária existe para possibilitar a manutenção do valor de compra da moeda apesar do decurso do tempo, evitando que seja corroída pela inflação. Os tribunais vêm entendendo pela obrigatoriedade da aplicação de correção monetária nas obrigações assumidas nos planos de

dos efeitos da homologação do plano aos coobrigados dos recuperandos. Ineficácia. Tema que não constitui objeto da recuperação judicial, desbordando das matérias passíveis de análise pela assembléia-geral de credores. Adequação nesse sentido do plano, sem necessidade de refazimento, promovendo-se no caso, já que não atingido o cerne do plano, à mera extirpação das cláusulas aqui apontadas como ilegais. Decisão de Primeiro Grau, homologatória do plano de recuperação judicial, reformada em tais limites. Agravo de instrumento parcialmente provido. (Relator(a): Fabio Tabosa; Comarca: Cafelândia; Órgão julgador: 2ª Câmara Reservada de Direito Empresarial; Data do julgamento: 05/10/2015; Data de registro: 06/10/2015).

369 RECUPERAÇÃO JUDICIAL – PLANO ADITIVO QUE PREVÊ QUE O CRÉDITO DAS INSTITUIÇÕES FINANCEIRAS SERÁ TRATADO POR MEIO DE AJUSTE E COMPOSIÇÃO AMIGÁVEL, FORA DO PLANO, E QUE NÃO TERÃO DIREITO DE VOTO – ILEGALIDADE DA CLÁUSULA – *É dever da recuperanda elencar todos os credores sujeitos à recuperação judicial (art. 51, III, LRJ) – A cláusula do Plano, ao excluir as instituições financeiras do plano de recuperação judicial e dispor que as relações negociais serão tratadas por ajuste amigável, é ilegal, seja por ofender o disposto no art. 51, III, LRJ, seja por afastar o direito de tais credores de participar e votar na Assembleia Geral de Credores* – No caso, o credor, ora agravante, constou da relação de credores prevista no art. 7º, § 2º, LRJ, circunstância que o legitima a participar da Assembleia Geral de Credores, com direito a voto (art. 39, caput, LRJ) – Impossibilidade de exclusão de determinados credores do plano de recuperação judicial, por ofensa ao princípio da par conditio creditorum – No caso dos autos, deverá a recuperanda apresentar novo plano de recuperação judicial sem exclusão das instituições financeiras que estão sujeitas aos efeitos da recuperação judicial – Decisão reformada – RECURSO PROVIDO, COM DETERMINAÇÃO. (TJSP; Agravo de Instrumento 2262075-62.2020.8.26.0000; Relator (a): Sérgio Shimura; Órgão Julgador: 2ª Câmara Reservada de Direito Empresarial; Foro de São José do Rio Preto – 5ª Vara Cível; Data do Julgamento: 25/08/2021; Data de Registro: 25/08/2021).

recuperação judicial.[370] Há julgados, porém, reconhecendo a ausência de ilegalidade de cláusula que preveja a não incidência de correção monetária aprovada por ampla maioria de credores.[371]

Entendemos que o fundamento para o reconhecimento de tal obrigatoriedade está na Lei nº 6.899/81 que determina: *"Art. 1º. A correção monetária incide sobre qualquer débito resultante de decisão judicial, inclusive sobre custas e honorários advocatícios."*

É cediço que nem todos os créditos sujeitos à recuperação judicial são resultantes de decisão judicial, pois muitos dos credores têm o seu crédito constituído por meio de títulos executivos extrajudiciais, como contratos ou títulos de crédito. Porém, havendo a homologação judicial do plano de recuperação aprovado pelo juízo, aquelas obrigações são extintas, constituindo-se novas que, agora sim, decorrerão de decisão judicial.

Assim, como já entendeu o Tribunal de Justiça de São Paulo[372], entendemos que a cláusula que prevê a não incidência da correção

[370] Plano de recuperação judicial que, em que pese aprovado pela maioria, não prevê correção monetária aos créditos quirografários. Impossibilidade. Previsão que não representa majoração ao crédito, mas manutenção do valor da moeda. Jurisprudência das Câmaras Especializadas do Tribunal. Decisão que homologou o plano afastada. Determinação para apresentação e novo plano que contenha indexador. Recurso parcialmente provido. (Relator(a): Carlos Alberto Garbi; Comarca: Osasco; Órgão julgador: 2ª Câmara Reservada de Direito Empresarial; Data do julgamento: 29/06/2015; Data de registro: 16/07/2015) (grifamos).

[371] RECUPERAÇÃO JUDICIAL. PLANO DE RECUPERAÇÃO. CONTROLE DE LEGALIDADE. AUSÊNCIA DE INTERESSE RECURSAL. Liberação de garantias e suspensão de ações e execuções ajuizadas em face dos devedores solidários. Concessão da recuperação judicial com a ressalva de que os credores conservam seus direitos e privilégios, nos termos do art. 49, § 1º, LFRE. Recurso não conhecido neste ponto. JUROS DE MORA E CORREÇÃO MONETÁRIA. Previsão de juros moratórios de 6% ao ano. *Não incidência de correção monetária. Ausência de ilegalidade. Credores que, por ampla maioria, aprovaram o plano. Soberania da assembleia geral de credores.* Decisão mantida. Recurso parcialmente conhecido e, na parte conhecida, não provido. (Relator(a): Tasso Duarte de Melo; Comarca: São Paulo; Órgão julgador: 2ª Câmara Reservada de Direito Empresarial; Data do julgamento: 17/11/2014; Data de registro: 03/12/2014) (grifamos).

[372] RECUPERAÇÃO JUDICIAL. Decisão que homologou plano de reestruturação. Agravo de instrumento de credor. Deságio, carência, prazo de pagamento e juros que se afiguram razoáveis, não ensejando a anulação do plano aprovado. *Inadmissibilidade, entretanto, da ausência de correção monetária. Créditos concursais que deverão ser corrigidos, desse modo, com*

monetária é nula por violação à lei, devendo ser aplicada a correção monetária incidente sobre os débitos judiciais. Por fim, ressalte-se que há decisões judiciais, inclusive, prevendo a nulidade de cláusula que prevê a TR (Taxa Referencial) como índice de correção, em razão da inviabilidade econômica de sua aplicação.[373]

Diferente é a situação quando se trata da aplicação dos juros moratórios. É incontroverso que os juros moratórios servem para remunerar

base na tabela prática deste Tribunal. Alegada iliquidez do plano que não se verifica. Valor das parcelas que será contabilizado por meio de simples cálculos aritméticos, de acordo com os critérios previamente aprovados em assembleia. Reforma parcial da decisão agravada. Agravo de instrumento parcialmente provido. (TJSP; Agravo de Instrumento 2242708-57.2017.8.26.0000; Relator (a): Cesar Ciampolini; Órgão Julgador: 1ª Câmara Reservada de Direito Empresarial; Foro de Araraquara – 3ª Vara Cível; Data do Julgamento: 25/04/2018; Data de Registro: 26/04/2018) (grifamos).

[373] Nesse sentido: Recuperação judicial – Rejeição de impugnações ofertadas pelo credor-agravante – Falta de demonstração da ausência de lastro contábil para os créditos questionados – Exigência, ademais, de que impugnações sejam ajuizadas nos termos do art. 8º, "caput" da Lei 11.101/2005, com a instauração de incidente próprio – Aditamento do plano de recuperação judicial na data da assembleia – Possibilidade – Crédito constante da Classe II a ser pago nos termos do contrato, ausente qualquer prejuízo para o recorrente – Desnecessidade de suspensão da assembleia, que implicaria em prejuízo a toda comunidade de credores – Abstenção da votação em conformidade com o disposto no §3º do art. 45 da Lei 11.101/2005 – Ausência de invalidade no procedimento assemblear. Condenação do agravante ao pagamento de multa por litigância de má-fé – Demonstrada atuação de forma temerária e com alteração da verdade dos fatos, tumultuando o trâmite do feito – Enquadramento no art. 80, II, IV e V do CPC/2015 – Multa mantida. *Plano aprovado em assembleia e homologado – Soberania da assembleia de credores – Relativização – Jurisprudência – Exame concreto das cláusulas – Taxa de juros estabelecida como fruto da manifestação de vontade coletiva – Correção monetária indexada pela Taxa Referencial (TR) – Atual inviabilidade – Perda de sua funcionalidade, em especial diante da "contaminação" derivada da tentativa de sua utilização para atualização de condenações da Fazenda Pública, recentemente rechaçada pelo STF – Divulgação de taxa zero, equivalente à ausência de correção – Substituição pela Tabela Prática deste Tribunal de Justiça – Correção monetária que deve possuir o condão de recompor o valor da moeda em razão da inflação, incidindo a partir da data do ajuizamento do pedido de recuperação judicial* – Necessidade de observância da preservação das garantias instituídas frente a coobrigados, fiadores e obrigados de regresso, desde que ausente manifestação de renúncia por credores individualmente beneficiados, sendo inválida cláusula em sentido contrário – Homologação mantida, mas com ressalvas – Recurso parcialmente provido. (TJSP; Agravo de Instrumento 2150414-44.2021.8.26.0000; Relator (a): Fortes Barbosa; Órgão Julgador: 1ª Câmara Reservada de Direito Empresarial; Foro de Amparo – 2ª Vara; Data do Julgamento: 13/09/2021; Data de Registro: 13/09/2021)

o capital. Tratando-se de remuneração, a princípio, os juros são disponíveis, podendo o credor, expressamente, renunciar a eles. Entendemos que há três situações a serem consideradas: i) o plano aprovado que prevê o pagamento sem qualquer menção aos juros; ii) o plano aprovado que prevê o pagamento com juros inferiores à taxa legal e; iii) o plano aprovado que prevê o pagamento sem incidência de juros;

No primeiro caso, o plano nada prevê quanto ao pagamento dos juros. Há julgados[374] – entendendo que a ausência de tal previsão viola o artigo 406 do Código Civil que dispõe: "*Quando os juros moratórios não forem convencionados, ou o forem sem taxa estipulada, ou quando provierem de determinação da lei, serão fixados segundo a taxa que estiver em vigor para a mora do pagamento de impostos devidos à Fazenda Nacional.*"

Entendemos que tal dispositivo legal tem natureza de norma supletiva, ou seja, serve para disciplinar as situações não reguladas pelas partes.[375]

[374] Processual Civil. Agravo de Instrumento. Recuperação Judicial. Aprovação do Plano pela Assembleia de Credores. Homologação Judicial. Ingerência Judicial. Impossibilidade. Controle de Legalidade das Disposições do Plano. Possibilidade. Alegação de que o Plano de Recuperação Judicial Aprovado pela Assembleia Geral de Credores é Ilegal e não tem Viabilidade Econômica. Inocorrência. Inexistência de Qualquer Elemento Capaz de Demonstrar a Inconsistência e Inviabilidade Econômica do Plano Apresentado. *Ausência de Previsão dos Juros. Violação ao disposto no art. 406 do CC. Ausência de previsão da correção monetária. Omissão que torna o plano vulnerável. Necessidade de previsão expressa no plano.* Plano de recuperação que contém cláusula que estende os efeitos da novação aos coobrigados, devedores solidários, fiadores e avalistas. Credor que votou contra a aprovação na assembleia. Ineficácia da cláusula em relação aos credores que apresentaram discordância expressa no conclave assemblear. Reconhecimento do direito dos credores impugnantes da cláusula extensiva de intentar ou prosseguir nas ações contra avalistas e demais garantidores. Agravo parcialmente provido. (TJPR – 18ª C. Cível – AI – 1287967-7 – Região Metropolitana de Londrina – Foro Regional de Cambé – Rel.: Espedito Reis do Amaral – Unânime – J. 08.07.2015) (TJ-PR – AI: 12879677 PR 1287967-7 (Acórdão), Relator: Espedito Reis do Amaral, Data de Julgamento: 08/07/2015, 18ª Câmara Cível, Data de Publicação: DJ: 1628 14/08/2015) (grifamos).

[375] Ensina André Franco Montoro: "Normas supletivas, subsidiárias ou interpretativas são que suprem a falta de manifestação de vontade das partes. São "normas" que só se aplicam quando os interessados não disciplinam suas relações." (*Introdução à ciência do direito.* 24. ed. São Paulo: Editora Revista dos Tribunais, 1997, p. 342).

Assim, não havendo previsão expressa no plano quanto à incidência de juros moratórios, por força do artigo 406 do Código Civil, aplicar-se-á a taxa legal.[376] Perceba-se que, nesse caso, não há que se falar em violação à lei, nem em nulidade, não havendo necessidade de apresentação de novo plano.

A segunda hipótese é aquela em que o plano de recuperação judicial prevê taxa de juros inferior à taxa legal. Entendemos não haver nenhuma ilegalidade, já que, os credores estão sendo remunerados, o que atende aos fins do processo de recuperação judicial que também é possibilitar a superação da crise sem o sacrifício excessivo dos credores. Nesse sentido, têm entendido os tribunais.[377]

A terceira hipótese é aquela em que o plano prevê a não incidência de juros, tanto os moratórios quanto os remuneratórios. Nessa situação, os credores aprovam o plano contendo cláusula em que renunciam ao recebimento dos juros. Entendemos que não há ilegalidade em tal situ-

[376] AGRAVO DE INSTRUMENTO. RECUPERAÇÃO JUDICIAL. Recuperação judicial – Plano aprovado por assembleia de credores – Verificação de sua legalidade pelo Poder Judiciário – Possibilidade – Deságio que condiz com a situação de crise da empresa. *Necessidade de adequação da correção monetária e de inserção dos juros legais (art. 406 do CC). Inserção de ofício, dispensando-se a convocação de AGC.* Reconhecimento, ainda, da nulidade referente à cláusula que prevê a desobrigação dos avalistas, fiadores e coobrigados de responder pelos créditos originais. Provimento, em parte, para este fim. (Relator(a): Enio Zuliani; Comarca: São Paulo; Órgão julgador: 1ª Câmara Reservada de Direito Empresarial; Data do julgamento: 12/08/2015; Data de registro: 18/08/2015) (grifamos).

[377] RECUPERAÇÃO JUDICIAL. Plano de recuperação aprovado em assembleia de credores, mas ainda não homologado. Indeferimento do pedido do agravante, credor fiduciário, de declaração de nulidade do plano, por supostas ilegalidades. Decisão mantida. Controle de legalidade. Possibilidade. En. CJF nº 44. Violação da pars conditio creditorum. Tratamento diferenciado de um único credor, tido como estratégico pelo plano. Possibilidade, dadas as condições peculiares do caso concreto. Credor que é o único fornecedor de aços homologados da América Latina, imprescindível à continuidade das atividades das recuperandas. Favorecimento justificável. Manipulação de votos inocorrente. *Juros de 2% ou 4% e atualização monetária pela TR. Ausência de ilegalidade.* Alegações de fraudes que dependem da solução dos competentes incidentes, mas que não justificam o sobrestamento da recuperação ou a homologação do plano. Plano que prevê a possibilidade de criação e alienação de UPIs. Direitos dos credores fiduciários que foram ressalvados em assembleia e são garantidos pela lei. Art. 50 § 1º LFR. Recurso desprovido. (Relator(a): Teixeira Leite; Comarca: Jundiaí; Órgão julgador: 1ª Câmara Reservada de Direito Empresarial; Data do julgamento: 16/12/2015; Data de registro: 18/12/2015).

ação, já que sendo os juros a remuneração do capital, tal verba é disponível e pode ser renunciada pela maioria dos credores em benefício da recuperação da atividade do devedor. Nesse sentido já decidiu o Tribunal de Justiça de São Paulo.[378]

Percebe-se, portanto, que a violação à norma imperativa, seja positiva ou negativa, acarreta como consequência a nulidade da cláusula, se separável, ou do plano, se não for possível mantê-lo sem a cláusula nula, por força do disposto no artigo 166, VI e VII, do Código Civil.

Algumas decisões aqui citadas determinando a anulação da cláusula ou mesmo a sua ineficácia. *Data maxima venia*, entendemos que tais hipóteses devem ser tratadas sob a ótica da validade, como sustentado.

Importante destacar que o presente trabalho não tem a pretensão de esgotar as possíveis ilegalidades dos planos de recuperação judicial, mas apenas trazer situações julgadas pelos nossos tribunais como exemplos de ilegalidades já reconhecidas.

5.3.1.1.1. Créditos trabalhistas

No que se refere ao conteúdo do plano de recuperação judicial em relação aos créditos trabalhistas, a LRF estabelece limites objetivos por meio de normas jurídicas cogentes. O artigo 54[379] determina que os cré-

[378] AGRAVO DE INSTRUMENTO – RECUPERAÇÃO JUDICIAL CONCEDIDA – Insurgência de credor contra o plano de recuperação judicial – Decisão da assembleia geral de credores que é soberana, mas não absoluta, cabendo ao juiz observar sua legalidade, constitucionalidade e também o cumprimento do que ficou deliberado – Insurgência do agravante quanto à não disposição de juros e correção monetária – *Os juros remuneratórios são remuneração do crédito, tendo natureza patrimonial e, portanto, disponível, admitindo-se a sua não incidência* – Deságio – Eventual deságio implícito não se mostra abusivo ou ilegal, estando inserido dentro do poder discricionário da AGC, que o reputou melhor aos interesses dos credores – Princípio da relevância do interesse dos credores – A recuperação judicial é na verdade um favor creditício, devendo prevalecer a vontade majoritária dos credores, na linha de que eventual custo individual a ser suportado seria inferior ao benefício social que o plano de recuperação traria para a coletividade, com a preservação da atividade empresária – Recuperanda deve seguir fielmente o que ficou estabelecido no Plano de Recuperação, sob pena de ter decretada sua quebra – Decisão mantida – Recurso desprovido. (Relator(a): Ramon Mateo Júnior; Comarca: Mirassol; Órgão julgador: 2ª Câmara Reservada de Direito Empresarial; Data do julgamento: 11/11/2015; Data de registro: 01/12/2015) (grifamos).

[379] Art. 54. O plano de recuperação judicial não poderá prever prazo superior a 1 (um) ano para pagamento dos créditos derivados da legislação do trabalho ou decorrentes de aci-

ditos trabalhistas devem ser pagos nos seguintes prazos: i) 30 (trinta) dias para o pagamento, até o limite de 5 (cinco) salários-mínimos por trabalhador, dos créditos de natureza estritamente salarial vencidos nos 3 (três) meses anteriores ao pedido de recuperação judicial., e; ii) 1 (um) ano para pagamento dos créditos derivados da legislação do trabalho ou decorrentes de acidentes de trabalho vencidos até a data do pedido de recuperação judicial.

A reforma instituída pela Lei nº 14.112/2020 acrescentou o §2º ao artigo 54, estabelecendo uma nova regra, qual seja: o prazo de 1 ano, estabelecido no *caput*, poderá ser estendido em até 2 (dois) anos, se o plano de recuperação judicial atender aos seguintes requisitos, cumulativamente: I – apresentação de garantias julgadas suficientes pelo juiz; II – aprovação pelos credores titulares de créditos derivados da legislação trabalhista ou decorrentes de acidentes de trabalho, na forma do § 2º do art. 45, da LRF; e, III – garantia da integralidade do pagamento dos créditos trabalhistas.

Entendemos que os prazos aqui estabelecidos representam verdadeira norma cogente e, portanto, não podem ser derrogados por convenção das partes, ainda que haja aprovação pelos integrantes dessa classe de credores. Esse é o entendimento que prevalece no Superior Tribunal de Justiça.[380]

dentes de trabalho vencidos até a data do pedido de recuperação judicial. § 1º O plano não poderá, ainda, prever prazo superior a 30 (trinta) dias para o pagamento, até o limite de 5 (cinco) salários-mínimos por trabalhador, dos créditos de natureza estritamente salarial vencidos nos 3 (três) meses anteriores ao pedido de recuperação judicial.§ 2º O prazo estabelecido no caput deste artigo poderá ser estendido em até 2 (dois) anos, se o plano de recuperação judicial atender aos seguintes requisitos, cumulativamente: I – apresentação de garantias julgadas suficientes pelo juiz; II – aprovação pelos credores titulares de créditos derivados da legislação trabalhista ou decorrentes de acidentes de trabalho, na forma do § 2º do art. 45 desta Lei; e, III – garantia da integralidade do pagamento dos créditos trabalhistas.

[380] Agravo Interno em Agravo em Recurso Especial. Agravo de Instrumento. Recuperação Judicial. Insurgência Contra Decisão que Homologou o Plano de Recuperação com Deságio de 50% dos Créditos Quirografários, Carência de 18 Meses para Início do Pagamento, Prazo de 10 Anos para Pagamento e Juros de Mora e Correção Monetária Inferiores aos Índices de Inflação. Ausência de Ilegalidades. Condições Necessárias ao Soerguimento da Empresa. Precedentes. *Carência de 12 Meses para Pagamento do Passivo Trabalhista. Nulidade Constatada,*

Não negamos, porém, existir uma tendência de flexibilização. O Superior Tribunal de Justiça vem entendendo como válida a cláusula do plano que aplica a limitação prevista no artigo 83, I, da LRF[381], prevendo o pagamento de 150 salários-mínimos dentro do prazo legal de 1 ano e o pagamento do saldo devedor juntamente com os créditos quirografários.[382]

de Ofício. Violação da Norma Cogente Prevista no Art. 54 da LRF. Prazo Anual de Pagamento que se Conta a Partir da Homologação do Plano ou o Término do Prazo de Stay, o que Ocorrer Primeiro. Caso em que a Recuperação se Processa desde Agosto de 2014. Impossibilidade de Contagem do Prazo Anual a Partir da Sentença que Concede a Recuperação Judicial. Determinação de Pagamento em até 30 Dias. Precedentes. Argumentação Deficiente. Súmula 284 do STF. Incidência. Acórdão em Harmonia com a Jurisprudência do STJ. Súmula 83 do STJ. Incidência. Agravo Interno não Provido. 1. A ausência de demonstração da violação aos dispositivos legais pelo acórdão recorrido implica deficiência de fundamentação, conforme pacífico entendimento deste STJ. Aplicação da Súmula 284 do STF.2. O entendimento da Corte local apresenta-se em harmonia com a jurisprudência desta Corte Superior de Justiça, o que atrai a inadmissibilidade do recurso especial pela incidência da Súmula 83 do STJ. 3. Agravo interno não provido.(AgInt no AREsp 1654168/SP, Rel. Ministro Luis Felipe Salomão, Quarta Turma, julgado em 26/04/2021, DJe 28/04/2021)

[381] A regra contida no art. 83, I, LRF, trata do pagamento do passivo na falência. Diz o dispositivo: "Art. 83. A classificação dos créditos na falência obedece à seguinte ordem: I – os créditos derivados da legislação trabalhista, limitados a 150 (cento e cinquenta) salários-mínimos por credor, e aqueles decorrentes de acidentes de trabalho; (...)"

[382] Agravo Interno no Recurso Especial. Recuperação Judicial. Crédito Trabalhista. Honorários Advocatícios. Artigo 83, I, da Lei nº 11.101/2005. Limite. Aplicação Automática. Impossibilidade. Forma de Pagamento. Plano de Recuperação Judicial. Habilitação de Crédito. Impugnação. Honorários Sucumbenciais. Cabimento. Art. 85, § 2º, do CPC/2015. Súmula nº 7/STJ. 1. Recurso especial interposto contra acórdão publicado na vigência do Código de Processo Civil de 2015 (Enunciados Administrativos nºs 2 e 3/STJ). 2. *A jurisprudência do Superior Tribunal de Justiça é no sentido de que não há aplicação automática do limite previsto no art. 83, I, da Lei nº 11.101/2005 às empresas em recuperação judicial, pois a forma de pagamento dos créditos é estabelecida consensualmente pelos credores e pela recuperanda no plano de recuperação judicial.* Precedentes. 3. Esta Corte Superior entende ser cabível a fixação da verba honorária quando houver impugnação de crédito na recuperação judicial e orienta-se pela necessidade de se observar os parâmetros previstos no art. 85, § 2º, do CPC/2015. Precedentes. 4. Excetuadas as hipóteses em que o valor afigura-se manifestamente ínfimo ou exorbitante, o que não é o caso dos autos, a majoração ou redução dos honorários advocatícios, igualmente, atrai a incidência da Súmula nº 7/STJ. 5. A aplicação da multa por interposição de recurso manifestamente inadmissível não é automática, pois não se trata de mera decorrência lógica da rejeição do recurso. No caso

Nessa toada, a Lei nº 14.112/2020, ao inserir o §2º, ao artigo 54, mencionado acima, estabeleceu a possibilidade de extensão do prazo de 1 ano em até 2 (dois) anos, se o plano de recuperação judicial preencher determinadas condições, quais sejam: i) apresentar garantias julgadas suficientes pelo juiz; ii) for aprovado pelos credores trabalhistas observado o quórum legal; e, iii) houver garantia do pagamento da integralidade dos créditos.

A partir dessa nova disposição, algumas questões podem ser debatidas. A primeira delas diz respeito à literalidade do texto da norma: o prazo de 1 ano pode ser estendido para *até 2 anos* ou *por mais 2 anos*?

Fábio Ulhoa Coelho[383] ensina que o prazo anual pode ser ampliado para 2 anos, desde que verificadas as condições previstas na regra. Manoel Justino Bezerra Filho e Marcelo Sacramone[384], por sua vez, entendem que o prazo de 1 ano pode ser prorrogado por mais 2 anos, completando-se, assim, um prazo legal máximo de 3 anos para pagamento dos créditos trabalhistas.[385]

Realmente, com todo respeito ao legislador, a redação da lei não é clara e a dúvida é absolutamente pertinente. Mais uma vez, caberá ao Poder Judiciário alcançar a interpretação que melhor atenda aos interesses de todos os envolvidos: por um lado o devedor, a quem a extensão do prazo ajudaria e muito na luta contra a crise e na manutenção da atividade empresarial; e de outro lado, os credores trabalhistas, cujas verbas de natureza alimentar têm absoluta prioridade.

Outra questão já debatida e que parece ter sido esclarecida com a reforma é a possibilidade de previsão, no plano de recuperação judicial, de deságio ou *haircut* para os créditos trabalhistas. O inciso III, do §2º,

concreto, a parte recorrente interpôs os recursos legalmente previstos no ordenamento jurídico, sem abusar do direito de recorrer. 6. Agravo interno não provido. (AgInt no REsp 1829166/SP, Rel. Ministro Ricardo Villas Bôas Cueva, Terceira Turma, julgado em 31/08/2020, DJe 03/09/2020).

[383] Coelho, Fábio Ulhoa. *Comentários à Lei de Falências e de Recuperação de Empresas.* 14. ed. rev., atual. e ampl. São Paulo: Thomson Reuters Brasil, 2021, p. 224.

[384] Sacramone, Marcelo Barbosa. *Comentários à lei de recuperação de empresas e falência.* 2. ed. São Paulo: Saraiva Educação, 2021, p. 318.

[385] Bezerra Filho, Manoel Justino. *Lei de recuperação de empresas e falência: Lei 11.101/2005: comentado artigo por artigo.* 15. ed. rev., atual. e ampl. São Paulo: Thomson Reuters Brasil, 2021, p. 278.

do artigo 54, LRF, estabelece a quitação da integralidade dos créditos como condição para a extensão do prazo. Ao que parece, referida norma passou a permitir, a *contrario sensu* a aplicação do deságio para os créditos trabalhistas pagos dentro do prazo de 1 ano.

Sobre essa questão, louvável é a crítica de Manoel Justino Bezerra Filho: "(...) *Ao contrário do favorecimento a credores privilegiados (v.g. capital financeiro e fisco), a situação do credor trabalhista foi agravada por esta reforma, o que é de se lamentar, embora este seja consequência natural de um capitalismo que busca lucro a qualquer custo, já chamado por alguns de 'capitalismo selvagem'* (...)"[386] Compartilhamos da crítica trazida pelo autor, pois a possibilidade de deságio sem limites precisos pode gerar abusos, o que, no âmbito dos créditos trabalhistas, é especialmente preocupante.

Diferente do que ocorre com a aplicação da regra do artigo 83, I, LRF, acima referida, em que os credores trabalhistas recebem a integralidade do crédito, ainda que em momento futuro, nesse caso, a previsão permite que tais credores renunciem a parte do seu crédito. Muitos poderiam argumentar que a renúncia ocorre no âmbito das ações trabalhistas na Justiça do Trabalho quando da celebração de acordos, mas é fundamental ressaltar que, naquela esfera, o credor titular do respectivo crédito manifesta expressamente a sua vontade de renunciar, o que pode não ocorrer nos processos de Recuperação Judicial, já que a vontade da maioria é suficiente para aprovar o eventual deságio.

Apesar de termos passado por recente reforma, entendemos que a aplicação irrestrita do deságio pode culminar na necessidade de alteração do quórum de aprovação do plano de recuperação judicial em relação aos créditos trabalhistas. Vejamos: atualmente, essa classe de credores depende da maioria simples dos credores presentes, independentemente do valor do crédito, para aprovação do plano de recuperação judicial. Já os credores quirografários e com garantia real utilizam o quórum misto, exigindo a aprovação por tanto por número de créditos (votação por "cabeça") como por valor de créditos.

[386] BEZERRA FILHO, Manoel Justino. *Lei de recuperação de empresas e falência: Lei 11.101/2005: comentado artigo por artigo*. 15. ed. rev., atual. e ampl. São Paulo: Thomson Reuters Brasil, 2021, p. 279.

Assim, no sistema vigente, o devedor conseguirá aprovar o deságio somente com os votos favoráveis da maioria dos credores presentes, o que pode incentivar, ainda que indiretamente, a manipulação dos votos. Adotar o quórum misto traria uma maior complexidade para a aprovação, o que poderia representar, a nosso ver, um óbice a eventual atuação fraudulenta.

Por fim, importante frisar que a LRF não estabeleceu o termo inicial para a contagem dos referidos prazos de pagamento: se seriam contados a partir do ajuizamento do pedido, da aprovação do plano ou da concessão da Recuperação Judicial.

O Tribunal de Justiça de São Paulo publicou o Enunciado I aprovado pelo Grupo de Câmaras Reservadas de Direito Empresarial[387] que consolidou o entendimento de que o termo inicial para pagamento dos créditos trabalhistas seria contado da data da homologação do plano de recuperação judicial ou do término do prazo de suspensão de que trata o artigo 6º, §4º, da Lei 11.101/2005, o *stay period*, independentemente de prorrogação, o que ocorrer primeiro.[388]

Mais uma vez, caberá ao Poder Judiciário, dentro do controle de legalidade do plano, estabelecer os limites razoáveis em prol da preservação dos direitos dos empregados.

Ainda, importante mencionar que os créditos de natureza trabalhista anteriores ao ajuizamento pedido de Recuperação Judicial estão sujeitos aos efeitos do plano de recuperação. O Superior Tribunal de Justiça, no julgamento do Tema 1051[389], firmou o entendimento no sentido de que a sujeição do crédito aos efeitos da recuperação judicial é determinada pela data em que ocorreu o seu fato gerador. No caso dos créditos tra-

[387] Enunciado I: O prazo de um ano para o pagamento de credores trabalhistas e de acidentes de trabalho, de que trata o artigo 54, caput, da Lei 11.101/2005, conta-se da homologação do plano de recuperação judicial ou do término do prazo de suspensão de que trata o artigo 6º, parágrafo 4º, da Lei 11.101/2005, independentemente de prorrogação, o que ocorrer primeiro.

[388] O Superior Tribunal de Justiça também adotou tal posicionamento. Nesse sentido: AgInt no AREsp 1654168/SP, Rel. Ministro Luis Felipe Salomão, Quarta Turma, julgado em 26/04/2021, DJe 28/04/2021.

[389] Tema 1051, STJ: Para o fim de submissão aos efeitos da recuperação judicial, considera-se que a existência do crédito é determinada pela data em que ocorreu o seu fato gerador.

balhistas, o fato gerador é considerado no momento da prestação dos serviços.[390]

Assim, esses são os limites estabelecidos pela LFR para a proposta a ser apresentada pelo devedor. Nos demais casos, com relação aos créditos sujeitos à recuperação judicial, poderá o credor apresentar a proposta que melhor atenda às suas necessidades, lembrando sempre que, como são os credores os titulares do poder de aprovação ou rejeição do plano, há liberdade negocial para se alcançar a solução mais adequada para superação da crise, preservação da atividade empresarial e imposição de menor sacrifício aos credores.

Dessa forma, entendemos que a eventual cláusula do plano de recuperação judicial que viole esses direitos estará eivada de nulidade.

5.3.1.2. Cláusulas que violam princípios aplicáveis à Recuperação Judicial

É cediço que a Recuperação Judicial está calcada em diversos princípios do direito comercial que fundamentam a sua existência no ordenamento jurídico.

Como já estudamos no Capítulo 2, item 2.2, o próprio artigo 47 da LRF, menciona os princípios da preservação da empresa e da sua função social. Fábio Ulhoa Coelho[391] trata, ainda, do princípio do impacto social da crise destacando a importância da crise da empresa para todos os agentes envolvidos direta e indiretamente com a atividade empresarial.

Muito se discutia sobre a possibilidade de aplicação do princípio *par condicio creditorum* à recuperação judicial. Isto porque trata-se de prin-

[390] Nesse sentido: "(...) a primeira conclusão que se pode extrair é que o crédito trabalhista tem como critério de fixação de sujeição ao concurso a data da prestação de serviço, podendo a mesma sentença declarar crédito concursal e, também, crédito extraconcursal, que serão inscritos ou não pelo juízo da Recuperação Judicial que detém a competência para eventual desmembramento, o que conduz ao entendimento de que a adoção de instrumento claro para a célere comunicação entre os juízos, a fim de bem saber da classificação e evitar delongas prejudiciais à satisfação do crédito é providência necessária. (...)" (Boeira, Alexandre Kosby; Medeiros, Laurence Bica. Recuperação Judicial e o Crédito Trabalhista: A Simplificação dos Procedimentos de Habilitação em Tempos de Pandemia da Covid-19. In: *Transformações do Direito de Insolvência: Estudos sob a Perspectiva da Reforma da Lei 11.101/2005*. São Paulo: Quartier Latin, 2021, p. 235).

[391] *Princípios do direito comercial: com anotações ao projeto de código comercial*. São Paulo: Saraiva, 2012, p. 57.

cípio basilar da falência, pois nela há uma ordem de pagamento de credores a ser observada pelo administrador judicial. Tal ordem foi criada para garantir a distribuição equânime dos escassos recursos financeiros disponíveis na falência e decorre do princípio da isonomia previsto na Constituição Federal. Na recuperação judicial, como se sabe, exceto com relação aos créditos trabalhistas para os quais a lei previu prazo de pagamento, não há nenhuma norma expressa sobre as condições ou ordem de pagamento dos demais credores, razão pela qual se argumentava pela sua inaplicabilidade nesse processo. A questão parece estar pacificada pelo entendimento dos tribunais, bem como pelo Enunciado nº 81 da II Jornada de Direito Comercial do Conselho da Justiça Federal que assim preceitua: "Aplica-se à recuperação judicial, no que couber, o princípio da *par condicio creditorum.*"

Além de tais princípios, considerando que entendemos que a recuperação judicial tem natureza contratual[392], é incontroversa a aplicação dos princípios da probidade, da boa-fé e da função social do contrato, verdadeiras cláusulas gerais que foram positivadas no Código Civil, em seus artigos 422 e 2.035.[393]

O artigo 2.035, parágrafo único, do Código Civil, estabelece que nenhuma convenção prevalecerá se ofender a ordem pública.

Marcos Bernardes de Mello ensina que os princípios não positivados, constituem normas implícitas:

[392] Sobre essa questão, importante é a lição de Mauro Rodrigues Penteado: "A qualificação da recuperação judicial como modalidade de negócio jurídico apresenta ainda a grande vantagem adicional a que já nos referimos no item 7, supra, ou seja, submetê-la aos princípios e normas de cunho ético hoje inscritas no Código Civil para os negócios jurídicos em geral, especialmente os deveres de probidade e boa-fé (art. 422) (Souza Junior, Francisco Satiro; Pitombo, Antônio Sérgio A. de Moraes. *Comentários à Lei de recuperação de empresas e falência: Lei 11.101/2005.* São Paulo: Editora Revista dos Tribunais, 2007, p. 86).

[393] Art. 422. Os contratantes são obrigados a guardar, assim na conclusão do contrato, como em sua execução, os princípios de probidade e boa-fé.

Art. 2.035. A validade dos negócios e demais atos jurídicos, constituídos antes da entrada em vigor deste Código, obedece ao disposto nas leis anteriores, referidas no art. 2.045, mas os seus efeitos, produzidos após a vigência deste Código, aos preceitos dele se subordinam, salvo se houver sido prevista pelas partes determinada forma de execução.

Parágrafo único. Nenhuma convenção prevalecerá se contrariar preceitos de ordem pública, tais como os estabelecidos por este Código para assegurar a função social da propriedade e dos contratos.

> Atualmente, por força mesmo da investigação científica empregada no trato do direito, a melhor doutrina está de acordo em firmar a impossibilidade de que a realização do direito no ambiente social possa prescindir da *revelação de normas jurídicas* que preencham os vazios deixados pela legislação. Essa atividade relevadora de normas jurídicas com a finalidade de suprir as lacunas do ordenamento jurídico não é nem pode ser considerada, em face dos dogmas do positivismo, uma atuação legislativa. O que ocorre, na verdade, é que o intérprete (geralmente o juiz) na solução dos casos, tomando como fundamento os princípios que norteiam o sistema jurídico, extrai norma que torna específico aquele princípio. Assim, não há criação de norma nova, mas, apenas, revelação de norma que existe de modo não expresso, implícito, no sistema jurídico.[394]

No mesmo sentido, é a lição de Judith Martins-Costa ao tratar da intervenção do Estado na autonomia da vontade por meio das cláusulas gerais que também têm por função auxiliar na aplicação dos princípios:

> (...) Todos os princípios, positivados ou não, necessitam de concreção. As cláusulas gerais atuam instrumentalmente como meios para esta concreção porquanto são elas elaboradas através da formulação de hipótese legal que, em termos de grande generalidade, abrange e submete a tratamento jurídico todo um domínio de casos. Por esta via, ideias genéricas e alheadas de uma elaboração acabada e casuística – como as de boa-fé, bons costumes, uso abusivo de direito, usos de tráfico jurídico e outras similares, que só produzem frutos quando animadas por problemas reais, passam a funcionar como "pontos de partida para a formação concreta de normas jurídicas." Tais cláusulas, pelas peculiaridades de sua formulação legislativa, não apenas consubstanciam princípios, antes permitindo a sua efetiva inserção nos casos concretos. Cláusula geral, portanto, não é princípio – é norma. Mas é norma especial à medida em que, por seu intermédio, um sistema jurídico fundado na tripartição dos poderes do Estado e no direito escrito permite ao juiz "a conformação à norma, à luz de princípios de valor não codificados, e com vinculação, controlada apenas pelos próprios tribunais, a critérios extralegais – mas em todo o caso convencionais – de base e de densidade empírica variável. Não são direito material posto pelo legislador, mas,

394 *Teoria do fato jurídico: plano da existência*. 20. ed. São Paulo: Saraiva, 2014, p. 59-60.

simplesmente, *starding points* ou pontos de apoio para a formação judicial da norma no caso concreto."[395]

Dessa forma, percebe-se que os princípios são encarados como verdadeiras normas jurídicas, ainda que implícitas, em razão da proteção expressa à ordem jurídica. Tal proteção evidencia o conceito de ilicitude, mais amplo que o de ilegalidade, pois abrange a violação à moral[396], aos bons costumes e aos princípios, mesmo não expressamente positivados.

A ilicitude também deve ser considerada como causa de nulidade. Entendemos ser nula a disposição contratual que viola a moral, os bons costumes, a ordem pública e os princípios que estão nela contidos.

No caso da recuperação judicial, entendemos que as disposições que representam violação aos princípios aplicáveis, sejam os específicos do direito recuperacional, sejam os do direito contratual, são nulas. Justifica-se tal entendimento, além do já sustentado, na importância social e econômica do processo de recuperação judicial e nos interesses metaindividuais nele envolvidos.

Poderia se argumentar que tal entendimento gera insegurança jurídica, na medida em que os princípios são conceitos abertos. Nesse momento se mostra crucial o papel do magistrado que, no caso concreto, deve analisar a pertinência da sua aplicação, sopesando os valores protegidos pela LFR, de forma a coibir abusos e erros na interpretação, tanto por parte do devedor como do credor.

Hipótese comum na jurisprudência é a previsão da criação de subclasses de credores nos planos de recuperação judicial. A discussão reside na eventual violação ao princípio *par condicio creditorum.*

Como se sabe, na recuperação judicial os credores são divididos em classes para fins de votação na assembleia geral de credores. Com exceção da classe dos créditos trabalhistas, para a qual a LFR disciplinou tra-

[395] As cláusulas gerais como fatores de mobilidade no sistema jurídico. In: *Revista dos Tribunais*. v. 680/1992, p. 47-58, jun./1992.

[396] Marcos Bernardes de Mello ensina que: "São atos cujos objetos são tipicamente imorais, *in genere*, aqueles que restringem (a) os direitos da personalidade, tais como os relativos à vida, à liberdade, inclusive econômica e sexual, ao nome, à honra, à saúde, e (b) os direitos de família." (Teoria do fato jurídico: plano da validade. 14. ed. São Paulo: Saraiva, 2015, p. 154).

tamento diferenciado, para as demais classes o devedor pode apresentar a proposta que entender mais viável considerando todos os interesses envolvidos. Em princípio, os credores da mesma classe devem receber o mesmo tratamento.

A Lei nº 2.024, de 1908, determinava, em seu artigo 105, § 3º: "*Na proposta de concordata dever-se-á manter a mais absoluta igualdade entre os credores não privilegiados. A concessão de vantagens a certos credores, somente será admitida com o consentimento expresso dos credores menos favorecidos*".

J.X. Carvalho de Mendonça, ao comentar esse dispositivo legal, esclareceu:

> (...) a concordata deve assegurar vantagens iguais a todos os credores, sujeitos aos seus efeitos e essa igualdade precisa ser mantida não só relativamente ao conteúdo substancial, como relativamente aos pactos acessórios. A igualdade de direitos deve levar à igualdade de condições; nem se compreenderia que a concordata tornasse a condição de alguns credores pior que a de outros. Se, porém, a concordata conceder vantagens a um credor, e todos os outros nisso consentirem expressamente, não há razão de censura.[397]

Percebe-se que a lei, já naquela época, admitia a hipótese de determinado credor ou determinado grupo de credores receberem um tratamento diferenciado, desde que os demais credores consentissem expressamente.

A legislação estrangeira reconhece a aplicação de tal princípio nos processos de reorganização de empresas. No Chile, a Ley 20.720 de 2014, trata expressamente da questão em seu artigo 64[398], admitindo a possibilidade de se estabelecer condições mais favoráveis a determinados credores se houver a concordância dos demais, em votação especial entre os membros da classe.

[397] *Tratado de direito comercial brasileiro.* 4. ed. Rio de Janeiro: Livraria Editora Freitas Bastos, 1947, v. VIII, p. 345.

[398] Dispõe: Artículo 64. – Diferencias entre acreedores de igual clase o categoría. En las propuestas de Acuerdo de Reorganización Judicial se podrán establecer condiciones más favorables para algunos de los acreedores de una misma clase o categoría, siempre que los demás acreedores de la respectiva clase o categoría lo acuerden con Quórum Especial, el cual se calculará únicamente sobre el monto de los créditos de estos últimos.

Em Portugal, o artigo 194º do Código da Insolvência e da Recuperação de Empresas (DL nº 53/2004)[399], dispõe sobre a possibilidade de se estabelecer tratamento diferenciado entre credores da mesma classe, desde que haja a concordância do credor afetado.

Ainda, a lei espanhola, Ley nº 22/2003, em seu artigo 125[400], estabelece regra semelhante.

A LFR, infelizmente, não trouxe nenhuma disposição sobre o assunto, deixando a cargo dos tribunais a solução dos conflitos que advém dessa questão.

Felipe Evaristo dos Santos Galea e Igor Silva de Lima, em estudo específico sobre o tema, chamam a atenção para um fenômeno muito comum que é a figura do credor parceiro. Explicam os autores:

> (...) a aplicação da LFR ao longo dos anos revelou fragilidades e obstáculos a serem superados. Dentre eles, a obtenção de crédito e manutenção das relações comerciais durante a recuperação judicial ainda é um problema prático a afetar os devedores. Em virtude disso, doutrina e jurisprudência têm buscado solução para o problema, em especial um mecanismo que, complementarmente ao art. 67 da LFR, incentive credores a assumir postura

[399] Artigo 194. Princípio da igualdade. 1 – O plano de insolvência obedece ao princípio da igualdade dos credores da insolvência, sem prejuízo das diferenciações justificadas por razões objectivas. 2 – O tratamento mais desfavorável relativamente a outros credores em idêntica situação depende do consentimento do credor afectado, o qual se considera tacitamente prestado no caso de voto favorável. 3 – É nulo qualquer acordo em que o administrador da insolvência, o devedor ou outrem confira vantagens a um credor não incluídas no plano de insolvência em contrapartida de determinado comportamento no âmbito do processo de insolvência, nomeadamente quanto ao exercício do direito de voto.

[400] Artículo 125 Reglas especiales. 1. Para que se considere aceptada una propuesta de convenio que atribuya un trato singular a ciertos acreedores o a grupos de acreedores determinados por sus características será preciso, además de la obtención de la mayoría que corresponda conforme al artículo anterior, el voto favorable, en la misma proporción, del pasivo no afectado por el trato singular. A estos efectos, no se considerará que existe un trato singular cuando la propuesta de convenio mantenga a favor de los acreedores privilegiados que voten a su favor ventajas propias de su privilegio, siempre que esos acreedores queden sujetos a quita, espera o a ambas, en la misma medida que los ordinarios. 2. No podrá someterse a deliberación la propuesta de convenio que implique nuevas obligaciones a cargo de uno o varios acreedores sin la previa conformidad de éstos, incluso en el caso de que la propuesta tenga contenidos alternativos o atribuya trato singular a los que acepten las nuevas obligaciones.

colaborativa, mediante, por exemplo, o fornecimento ao devedor de novos recursos, bens ou serviços, conforme aplicável. Nesse contexto, desenvolveu-se a figura dos credores parceiros, que, em troca de maior contribuição para o sucesso da recuperação, receberiam tratamento diferenciado em relação aos demais credores.[401]

Os credores parceiros seriam aqueles que, efetivamente, auxiliariam o devedor na superação da crise, mantendo ou intensificando suas relações comerciais, com uma postura, de fato, colaborativa. Contribuindo para a recuperação da atividade do devedor, recebem tratamento diferenciado no plano de recuperação judicial, surgindo a figura comumente conhecida como subclasse.

Os tribunais têm entendido que a criação de subclasses, por si, não gera nulidades, a não ser que constituam manobra para direcionar votos e manipular os quóruns de votação.[402]

401 Galea, Felipe Evaristo dos Santos; Lima, Igor Silva de. Credor Parceiro e Princípio da Par Conditio Creditorum. In: Elias, Luís Vasco (coord.). *10 anos da lei de recuperação de empresas e falência: reflexões sobre a reestruturação empresarial no Brasil.* São Paulo: Quartier Latin, 2015, p. 139.

402 Agravo Interno no Agravo em Recurso Especial. Empresarial. Decisão da Presidência. Reconsideração. Agravo de Instrumento. Aprovação do Plano de Recuperação Judicial com Divisão em Subclasses. Possibilidade. Consonância com Orientação desta Corte Superior. Tribunal Estadual Concluiu que a Divisão em Subconjuntos Atendeu a Critérios Objetivos. Impossibilidade de Modificar essa Conclusão. Reexame Fático e Probatório. Súmula 7/STJ. Tribunal a que também Destacou que o Plano de Recuperação não Contém Nulidades e Atende à Vontade de Grande Parte dos Credores. Reexame de Provas e de Cláusulas Contratuais. Incidência das Súmulas 5 e 7 do STJ. Divergência Jurisprudencial não Comprovada. Agravo Interno Provido para Conhecer do Agravo e Negar Provimento ao Recurso Especial. 1. A necessidade de impugnação específica – prevista no art. 932, III, do CPC/2015 e Súmula 182/STJ – não se aplica ao fundamento relativo à violação de norma constitucional, pois se trata de matéria a ser apreciada no recurso extraordinário. Com isso, reconsidera-se a decisão agravada, passando-se a novo exame do recurso. 2. *"A criação de subclasses entre os credores da recuperação judicial é possível desde que seja estabelecido um critério objetivo, justificado no plano de recuperação judicial, abrangendo credores com interesses homogêneos, ficando vedada a estipulação de descontos que impliquem em verdadeira anulação de direitos de eventuais credores isolados ou minoritários"* (REsp 1.700.487/MT, Rel. p/ acórdão Ministro Marco Aurélio Bellizze, Terceira Turma, julgado em 02/04/2019, DJe de 26/04/2019). 3. O eg. Tribunal estadual, mediante análise soberana das provas existentes nos autos, con-

Na I Jornada de Direito Comercial do Conselho da Justiça Federal foi aprovado enunciado tratando da matéria nos seguintes termos: "57. *O plano de recuperação judicial deve prever tratamento igualitário para os membros da mesma classe de credores que possuam interesses homogêneos, sejam estes delineados em função da natureza do crédito, da importância do crédito ou de outro critério de similitude justificado pelo proponente do plano e homologado pelo magistrado.*"

Estabeleceu-se a necessidade de tratamento igualitário entre credores da mesma classe que possuam *interesses homogêneos* delineados em função: i) da natureza do crédito; ii) da importância do crédito ou; iii) doutro critério justificado pelo devedor.

Felipe Galea e Igor Lima trazem alguns critérios que podem ser observados na verificação dessa questão pelos julgadores:

> (...) apontamos neste trabalho, alguns cuidados que, se observados poderiam ratificar a legitimidade de tratamento especial a credores parceiros:
>
> (i) incluir no plano de recuperação judicial disposições específicas e detalhadas a respeito dos requisitos e benefícios de potencial tratamento desigual;
>
> (ii) oferecer a todos os credores, em igualdade de condições, a oportunidade de aderirem às disposições aplicáveis aos credores parceiros;
>
> (iii) garantir que os benefícios atribuídos aos credores parceiros atendam a um critério de razoabilidade em relação ao tratamento a ser concedido aos demais credores da mesma classe; e
>
> (iv) fazer com que o tratamento diferenciado a credores parceiros corresponda a uma justa e equilibrada contrapartida à postura colaborativa

cluiu que o plano de recuperação judicial foi devidamente aprovado e atende às peculiaridades dos créditos a ele submetidos. A pretensão de alterar esse entendimento demandaria revolvimento fático e probatório dos autos e das cláusulas contratuais, providência incompatível com o recurso especial, a teor das Súmulas 5 e 7/STJ. 4. A incidência da Súmula 7/STJ impede também o exame de dissídio jurisprudencial, na medida em que falta identidade entre os paradigmas apresentados e os fundamentos do acórdão recorrido. 5. Agravo interno provido para reconsiderar a decisão agravada e, em novo exame, conhecer do agravo para negar provimento ao recurso especial. (AgInt no AREsp 1510244/RJ, Rel. Ministro Raul Araújo, Quarta Turma, julgado em 21/11/2019, DJe 03/02/2020) (grifamos).

assumida por eles, devendo haver, portanto, relação de proporcionalidade entre o benefício recebido e a cooperação por ele prestada."[403]

Entendemos que os critérios apontados pelos autores são realmente úteis à verificação da eventual violação ao princípio da *par condicio creditorum*, especialmente no que tange à oportunização, pelo devedor, das mesmas condições a todos os credores, demonstrando absoluta boa-fé que deve ser prestigiada nesse caso.

Esse é somente um exemplo de discussão levada aos tribunais acerca da violação de princípios no plano de recuperação judicial. Reiteramos nosso posicionamento de que a violação de princípios gera nulidade da cláusula e, não sendo possível separá-la das demais, do plano de recuperação judicial.

A aplicação desse conceito, a nosso ver, deve ser realizada com a parcimônia necessária, de forma a não causar insegurança jurídica aos agentes econômicos envolvidos e, sempre visando os objetivos impostos no artigo 47 da LFR.

5.3.1.3. Cláusulas em que há abuso de direito

O abuso de direito está previsto no artigo 187 do Código Civil que assim determina: "*Também comete ato ilícito o titular de um direito que, ao exercê-lo, excede manifestamente os limites impostos pelo seu fim econômico ou social, pela boa-fé ou pelos bons costumes.*"

Trata-se de conceito sobre o qual impera discussão na doutrina e na jurisprudência, tanto acerca da sua natureza como dos seus limites. O Código Civil de 2002 tratou do abuso de direito como uma espécie de ato ilícito e não como uma categoria autônoma.[404]

403 GALEA, Felipe Evaristo dos Santos; LIMA, Igor Silva de. Credor Parceiro e Princípio da Par Conditio Creditorum. In: ELIAS, Luís Vasco (coord.). *10 anos da lei de recuperação de empresas e falência: reflexões sobre a reestruturação empresarial no Brasil*. São Paulo: Quartier Latin, 2015, p. 139.

404 Caio Mário da Silva Pereira comenta: "O problema do abuso de direito provocava a mais viva celeuma entre os escritores modernos, e até a promulgação do Código Civil de 2002 (art. 187) não se podia afirmar a existência de uma solução satisfatória. A controvérsia começava na sustentação da teoria em si mesma, pois se havia autores que defendiam a sua procedência, não faltava quem (Planiol) se insurgisse contra ela, apontando na expressão mesma de sua designação uma contradictio in adiectio, pois que a ideia de abuso já é a

Admitido o abuso de direito como uma modalidade de ato ilícito, importante estudar quais os limites de sua aplicação. Ao que nos parece, alguns pontos são relevantes para sua configuração: i) o exercício de um direito; e, ii) exceder, manifestamente, os limites do seu fim econômico ou social, pela boa-fé ou pelos bons costumes.

Com relação ao exercício de um direito, bem esclarece Venosa: "*No abuso de direito, pois, sob a máscara de ato legítimo esconde-se uma ilegalidade. Trata-se de ato jurídico aparentemente lícito, mas que, levado a efeito sem a devida regularidade, ocasiona resultado tido como ilícito.*"[405]

Manuel Atienza e Juan Ruiz Manero ensinam que: "*O abuso de direito entraria em jogo se se dá um contraste entre a permissão jurídica de certas ações em certas circunstâncias e a convicção moral coletiva de que tais ações, em tais circunstâncias, deveriam se encontrar proibidas.*"[406]

Assim, para se configurar o abuso de direito deve haver uma permissão legal, ou seja, o agente age, aparentemente, dentro dos limites fixados pela lei. O problema está nos limites do exercício da permissão legal. Configura-se abuso de direito quando o agente excede, manifestamente, os limites de seu fim econômico ou social, pela boa-fé ou pelos bons costumes.

Perceba-se que o legislador fez questão de mencionar o termo manifestamente, determinando que somente será considerado abusivo o exercício do direito que extrapola, em muito, os valores preceituados pelo artigo 187 do Código Civil.

Silvio de Salvo Venosa afirma que o abuso de direito é protegido pela Lei de Introdução às Normas do Direito Brasileiro, quando dispõe, em seu artigo 5º, que o juiz atenderá, na aplicação da lei, os fins sociais a que ela se dirige e às exigências sociais do bem comum. Explica o autor: "*Melhor concluir, aderindo a parte da doutrina, que o critério mais eficaz é o finalístico adotado pelo direito pátrio. O exercício abusivo de um direito não se restringe aos casos de intenção de prejudicar. Será abusivo o exercício do direito fora*

negação do direito, enquanto o conceito de direito repele a noção de abuso." (*Instituições de direito civil.* Rio de Janeiro: Editora Forense, 2010, v. I. p. 30-31).

405 *Direito civil: parte geral.* 13. ed. São Paulo: Atlas, 2013, v. I, p. 565.

406 *Ilícitos atípicos: sobre o abuso de direito, fraude à lei e desvio de poder.* São Paulo: Marcial Pons, 2014, p. 51.

dos limites da satisfação de interesse lícito, fora dos fins sociais pretendido pela lei, fora, enfim, da moralidade." [407]

No mesmo sentido é a lição de Newton de Lucca: (...) *há um direito prévio que pode evidentemente ser usado, mas desde que não ultrapasse os limites funcionais desse mesmo direito. Em outras palavras: o exercício do direito é regular quando não excede os limites de sua verdadeira função. Se extrapola esses limites, o uso do direito se convola em abuso, e passa a ser contrário ao Direito.*[408]

Com relação à boa-fé, conceito tradicional do direito contratual, deve-se considerar: "*No tocante à conduta, a boa-fé objetiva impõe, a par dos deveres expressos no contrato, deveres anexos, como lealdade, probidade, eticidade, auxílio no cumprimento da obrigação, dever de informação, de confiança, dentre outros.*"[409]

Assim, também com relação aos bons costumes: "(...) *Bons costumes, portanto, diz respeito à moral de uma determinada sociedade. Não se confunde com os costumes, que diz respeito ao direito consuetudinário, ligado à ideia de uso reiterado por determinada comunidade acreditando ser ele obrigatório.*"[410]

Sendo o abuso de direito uma modalidade de ato ilícito, a consequência prevista pelo Código Civil para a sua prática é a responsabilidade civil, nos termos do artigo 927: "*Aquele que, por ato ilícito (arts. 186 e 187), causar dano a outrem, fica obrigado a repará-lo.*"

No âmbito do direito concursal, Caio Mário da Silva Pereira entende que a regra disposta no artigo 101 da LFR, que estabelece indenização no caso de dolo no pedido de falência é um exemplo da aplicação do abuso de direito.[411]

[407] *Direito civil: parte geral.* 13. ed. São Paulo: Atlas, 2013, v. I, p. 565.

[408] Abuso do direito de voto de credor na assembleia geral de credores prevista nos arts. 35 a 46 da Lei 11.101/2005. In: Adamek, Marcelo Vieira Von. *Temas de direito societário e empresarial contemporâneos.* São Paulo: Malheiros, 2011, p. 645.

[409] Lunardi, Fabrício Castagna. A teoria do abuso de direito no direito civil constitucional: novos paradigmas para os contratos. *Revista de Direito Privado.* v. 34/2008, p. 105-135, abr.-jun./2008.

[410] Lunardi, Fabrício Castagna. A teoria do abuso de direito no direito civil constitucional: novos paradigmas para os contratos. *Revista de Direito Privado.* v. 34/2008, p. 105-135, abr.-jun./2008.

[411] *Instituições de direito civil.* Rio de Janeiro: Editora Forense, 2010, v. I. p. 577.

Ocorre que, considerando o ato abusivo um ilícito, ainda que com aparência de lícito, como entendeu o legislador, entendemos que está eivado de invalidade, ou seja, que é nulo, pois viola a ordem jurídica.

Na recuperação judicial, muito se discute sobre o abuso do direito de voto na assembleia geral de credores. Sobre esse assunto, ensina Eduardo Secchi Munhoz:

> Seriam considerados abusivos e, portanto, anuláveis, votos proferidos pelo credor pautados por um interesse externo, absolutamente estranho ao crédito, como, por exemplo, o de eliminar o seu concorrente. É o caso do credor que votaria contra o plano de recuperação, embora tal plano lhe propiciasse o recebimento de seu crédito.[412]

Gabriel Saad Kik Buschinelli, ao tratar do voto abusivo, entende que:

> (...) se não são respeitados os limites impostos pela boa-fé, pela função social e pelos usos e costumes, o exercício do direito revela-se abusivo e o ordenamento jurídico reputa-o inválido. O ato abusivo é considerado ilícito pela lei (CC, art. 187) e, portanto, o voto proferido abusivamente deveria ser considerado nulo. Entretanto, é diverso o regime de invalidade da deliberação. Tendo em vista a necessidade de estabilidade, presume-se a sua validade até que advenha a anulação da deliberação, mesmo que tenha ocorrido voto nulo.[413]

A I Jornada de Direito Comercial do Conselho da Justiça Federal aprovou o Enunciado 45, nos seguintes termos: "O magistrado pode desconsiderar o voto de credores ou a manifestação de vontade do devedor, em razão de abuso de direito."

Com a reforma da Lei nº 14.112/2020, o voto abusivo passou a ser tratado expressamente no artigo 39, §6ª, da LRF[414], atribuindo o legislador

[412] Anotações sobre o limite do poder jurisdicional. *Revista de Direito Bancário e do Mercado de Capitais.* ano 10, n. 36, p. 185-199, abr.-jun./2007.

[413] *Abuso do direito de voto na assembleia geral de credores.* São Paulo: Quartier Latin, 2014, p. 169.

[414] Art. 39. (....) § 6º O voto será exercido pelo credor no seu interesse e de acordo com o seu juízo de conveniência e poderá ser declarado nulo por abusividade somente quando manifestamente exercido para obter vantagem ilícita para si ou para outrem.

a nulidade do voto quando manifestamente exercido para obter vantagem ilícita para si ou para outrem.

Apesar desse não ser o tema central do nosso trabalho, tal questão é relevante para fundamentar a ideia de que, configurado o abuso de direito, o ato abusivo deve ser banido com a nulidade.

Giovanni Ettori Nanni entende que o ato abusivo pode ser nulo: "*Não se ignora que na maioria das vezes a consequência deverá ser a reparação do dano, mas nada impede que seja o negócio jurídico declarado nulo ou anuláveis por essa circunstância.*"[415]

Com relação propriamente ao conteúdo do plano de recuperação judicial, objeto central do nosso estudo, têm-se encontrado algumas situações em que, apesar de não haver violação à LRF, poderiam configurar abuso de direito.

Trata-se, especificamente, das questões de prazo para pagamento dos créditos sujeitos, bem como, da possibilidade de concessão de desconto pelos credores, o chamado deságio ou *haircut*. A LFR não traz nenhum dispositivo acerca de tais questões, limitando-se a estipular o prazo para pagamento dos créditos trabalhistas, prazo esse que não pode ser derrogado pelo plano. Com relação aos demais credores, a LRF nada mencionou. Ademais, como se considerou que o rol de meios de recuperação, previstos no artigo 50, é exemplificativo, os credores ficam sujeitos a um sem número de propostas, sem que haja um limite legalmente previsto.

Por isso, os tribunais têm reconhecido a abusividade de algumas propostas que preveem deságio em percentual considerado alto, ou ainda, parcelamento em prazos muito extensos.[416] A questão, porém, não é pacífica, especialmente, após a consolidação do entendimento do Superior Tri-

[415] Abuso de Direito. In: LOTUFO, Renan; NANNI, Giovanni Ettore (coords.). *Teoria geral do direito civil.* São Paulo: Atlas, 2008, p. 759.

[416] Nesse sentido: AGRAVO DE INSTRUMENTO Nº 1.267.052-5, DA SEGUNDA VARA CÍVEL DE UMUARAMA AGRAVANTE: BANCO BRADESCO S/A AGRAVADO: F.A. DISTRIBUIDORA DE AREIA LTDA. RELATOR: JUIZ SUBST. 2º GRAU ANTONIO CARLOS CHOMAAGRAVO DE INSTRUMENTO. *AÇÃO DE RECUPERAÇÃO JUDICIAL. PROVIMENTO DO PLANO DE RECUPERAÇÃO COM DESÁGIO DE 50% E PARCELAMENTO DE 180 MESES SEM JUROS. IMPOSSIBILIDADE.* (TJPR – 18ª C.Cível – AI – 1267052-5 – Umuarama – Rel.: Antonio Carlos Choma – Unânime – J. 22.10.2014) (TJ-PR – AI: 12670525 PR 1267052-5 (Acórdão), Relator: Antonio Carlos Choma, Data de Julgamento: 22/10/2014, 18ª Câmara Cível, Data de Publicação: DJ: 1454 13/11/2014) (grifamos).

bunal de Justiça[417] sobre a impossibilidade de intervenção judicial sobre o conteúdo econômico do plano de recuperação judicial. Os tribunais[418-419]

[417] "O juiz está autorizado a realizar o controle de legalidade do plano de recuperação judicial, sem adentrar no aspecto da sua viabilidade econômica, a qual constitui mérito da soberana vontade da assembleia geral de credores" (REsp 1.660.195/PR, Rel. Ministra Nancy Andrighi, Terceira Turma, julgado em 4/4/2017, DJe 10/4/2017).

[418] Homologação de Plano de Recuperação Judicial. Prazo Inicial para Pagamento. Deságio de 50%. Previsão de Incidência de Taxa Referencial e de Juros Remuneratórios. Venda de Ativos. Fiscalização pelo Juiz. Ausência de Comitê de Credores. Créditos Sujeitos à Recuperação. Cobrança Contra Coobrigados Desarrazoada. Previsão de Notificação para Mora. Possibilidade de Purgação. Plano em Conformidade com as Decisões das Câmaras Empresariais do Tribunal. Impugnação Injustificada. Recurso não Provido. 1. Plano de recuperação judicial. Homologação. Aprovação pela expressiva maioria dos credores em assembleia designada para tal fim. Impugnação. Descabimento. 2. Tarefa difícil se apresenta ao Magistrado e ao Tribunal, diante destas premissas, o exame do plano de recuperação judicial aprovado pelos credores, que bem conhecem – melhor do que o Tribunal, certamente – a realidade vivida pela empresa em dificuldades e sabem das possibilidades de receber efetivamente os seus créditos. Avançar com maior profundidade no exame do plano de recuperação nestas condições, inclusive sobre a viabilidade de recuperação da empresa, parece trazer o risco, que não se deve correr, de substituir critérios de legalidade por critérios de conveniência e oportunidade, o que o Tribunal não está legitimado a fazer, porque nesse ponto a legitimidade é reservada aos credores. Não se afirma que o Tribunal deva se abster de verificar se as condições aprovadas prejudicam os credores, ou grupos de credores, ou se o plano concede vantagens contrárias à ordem pública ou fere a igualdade. Ao contrário, o que se defende é justamente que o Tribunal se contenha no exame da legalidade, da boa-fé e da ordem pública. 3. Prazo para início de pagamento. Manutenção. A empresa precisa de tempo para se reorganizar, para reforçar seu caixa e ganhar o fôlego financeiro do qual necessita para quitar suas dívidas, de maneira que a moratória se mostra essencial ao soerguimento da empresa. 4. Deságio de 50%. A Lei nº 11.101/2005 não prevê percentual de deságio, deixando a cargo dos credores referida deliberação, que certamente leva em consideração o conhecimento da situação da empresa. 5. Previsão de Taxa Referencial e juros remuneratórios de 1% ao ano. Possibilidade. 6. Venda de ativos. Fiscalização pelo Magistrado. Ausência de formação do comitê de credores. 7. O crédito submetido à recuperação judicial e contemplado pelo plano aprovado será pago pela empresa devedora no processo recuperacional e nos moldes em que aprovado na proposta. Incide na recuperação judicial o princípio da *par conditium creditorum*, do qual é corolário a isonomia. Os terceiros coobrigados não se submetem ao pedido. 8. Descumprimento do plano. A regra da Lei nº 11.101/2005 é que o descumprimento de qualquer obrigação assumida no plano causa o decreto de falência (art. 73, inc. IV) e não há qualquer previsão na lei sobre a necessária interpelação da empresa para constituição da mora ou concessão de prazo para sua purga. Não se pode

têm entendido pela possibilidade de aplicação do deságio, por ausência de previsão legal que estipule parâmetros para sua aplicação. No mesmo sentido é o já citado Enunciado 46, da I Jornada de Direito Comercial do Conselho da Justiça Federal.

Diante da controvérsia apresentada e da ausência de previsão legal nesse sentido, entendemos que poderia ser aplicável o conceito de abuso de direito, se configurados os pressupostos do artigo 187 do Código Civil.

É cediço que o devedor, ao apresentar sua proposta aos credores, o faz exercendo o direito garantido pela LRF, já que só há limites legais com relação aos créditos trabalhistas. O ponto a ser estudado é se o devedor poderia, ao exercer o seu direito, *exceder manifestamente seu fim econômico ou social, a boa-fé ou os bons costumes.*

Também é incontroverso que o fim econômico e social da recuperação judicial está definido nos parâmetros estabelecidos pelo artigo 47 da

estabelecer no plano disposição contrária à lei de regência da recuperação judicial, assim como não deve ser admitido maior encargo aos credores, que já estão sujeitos ao prazo de carência para o início dos pagamentos e os pesados deságios, como ocorre no caso dos autos. Cláusula nº 15.5 inválida. Pode o Juiz, entretanto, intimar o devedor antes de decidir sobre a falência e suas graves consequências. Homologação do plano da recuperanda que deve ser mantida, considerada não escrita a cláusula 15.5. Recurso parcialmente provido. (Relator(a): Carlos Alberto Garbi; Comarca: São Carlos; Órgão julgador: 2ª Câmara Reservada de Direito Empresarial; Data do julgamento: 16/11/2015; Data de registro: 18/11/2015).

[419] Agravo de Instrumento. Recuperação Judicial. Aprovação do Plano pela Assembleia Geral de Credores. Expressa Previsão na Alínea "A", do Inciso I, do Art. 35, da Lei nº 11.101/05. Homologação pelo Juizo. Ausência de Vicíos de Legalidade. Recurso não Provido – A competência para aprovar, rejeitar ou modificar o Plano de Recuperação Judicial apresentado pelo devedor é exclusiva da Assembleia Geral de Credores, nos termos da alínea "a", do inciso I, do art. 35, da Lei nº 11.101/05. – Visando a recuperação judicial a possibilitar a realização de negociação entre o devedor e os credores, para a preservação da empresa, deve ser privilegiada a decisão da Assembleia, a qual é soberana e somente deve ser alterada em casos excepcionais, caso constatada flagrante ilegalidade ou abuso de direito. – *Aprovado o plano pela Assembleia Geral de Credores e preservados os interesses da recuperanda e dos credores, não devem impedir a homologação judicial as consolidações relativas ao deságio e ao prazo de pagamento, na hipótese em que ausente qualquer violação à legalidade.* – Recurso não provido. (TJMG – Agravo de Instrumento-Cv 1.0000.20.460684-2/000, Relator(a): Des.(a) Corrêa Junior, 6ª Câmara Cível, julgamento em 02/03/2021, publicação da súmula em 12/03/2021) (grifamos).

LFR, quais sejam: manutenção da atividade produtora, do emprego dos trabalhadores e dos interesses dos credores, a fim de atingir a sua função social e a preservação da empresa.

Manoel Justino Bezerra Filho, ao comentar o artigo 47 da LFR, ensina:

> (...) a Lei, não por acaso, estabelece uma ordem de prioridade nas finalidades que diz perseguir, colocando como primeiro objetivo a "manutenção da fonte produtora", ou seja, a manutenção da atividade empresarial em sua plenitude tanto quanto possível, com o que haverá possibilidade de manter também o "emprego dos trabalhadores". Mantida a atividade empresarial e o trabalho dos empregados, será possível então satisfazer os "interesses dos credores". Esta é a ordem de prioridades que a Lei estabeleceu – o exame abrangente da Lei poderá indicar se o objetivo terá condições de ser alcançado.[420]

De acordo com tais princípios, a recuperação judicial tem como fim a preservação da atividade econômica, estando aí inserida a manutenção dos empregos dos trabalhadores e, por outro lado, a preservação dos interesses dos credores.

Daniel Cárnio Costa, ao tratar da divisão equilibrada do ônus no processo de recuperação judicial, lembra o conceito trazido por Fábio Konder Comparato, chamado dualismo pendular[421], que consiste num movimento pendular constante que oscila entre a proteção dos interesses do credor e do devedor. Explica o autor, ao tratar da evolução histórica da legislação concursal: "*Desde então, esses institutos vêm evoluindo, sendo evidente que o pêndulo de proteção legal oscila entre os polos da relação de crédito e débito. Ora protege-se mais os interesses dos credores (liquidação rápida do patri-*

[420] *Lei de recuperação de empresas e falência comentada: Lei nº 11.101/2005: comentário artigo por artigo.* 11. ed. rev. ampl. e atual. São Paulo: Editora Revista dos Tribunais, 2015, p. 155.

[421] Aspectos jurídicos da macro-empresa. São Paulo: RT, 1970, p. 102 apud COSTA, Daniel Cárnio. Reflexões sobre Processos de Insolvência: Divisão Equilibrada de Ônus, Superação do Dualismo Pendular e Gestão Democrática de Processos In: ELIAS, Luís Vasco (coord.). *10 anos da lei de recuperação de empresas e falência: reflexões sobre a reestruturação empresarial no Brasil.* São Paulo: Quartier Latin, 2015, p. 99.

mônio do devedor), ora a proteção é voltada mais ao interesse do devedor, dando-se a ele maiores possibilidades de moratória e recuperação".[422]

O autor propõe a superação desse dualismo pendular em prol do fim precípuo da recuperação judicial: "*Assim, a interpretação correta, quando se trata de recuperação de empresas, por exemplo, será sempre aquela que prestigiar a recuperação da atividade empresarial em função dos benefícios sociais relevantes que dela resultam.*"[423]

Newton de Lucca, por sua vez, preconiza:

> (...) torna-se evidente ser necessário garantir ao mutuante do crédito certo grau de segurança – o que não significa dizer segurança *absoluta* – em relação à recuperação do crédito oferecido. Mais que nunca torna-se imperiosa a noção de *equilíbrio* entre, de um lado, favorecer a manutenção da unidade produtiva, aceitando-se como naturais os revezes empresariais, e, de outro, proporcionar aos mutuantes a provável satisfação de seus créditos, de maneira tal que os conduza sempre a recolocá-los em circulação em benefício de toda a coletividade.[424]

De tudo isso, é possível extrair parâmetros para definir o fim econômico e social buscado na recuperação judicial: a manutenção da atividade empresarial sem perder de vista a recuperação do crédito.

Eduardo Secchi Munhoz[425], ao estudar a legislação norte-americana sobre recuperação de empresas, apresenta princípios que servem de

[422] Costa, Daniel Cárnio. Reflexões sobre processos de insolvência: divisão equilibrada de ônus, superação do dualismo pendular e gestão democrática de processos. In: Elias, Luís Vasco (coord.). *10 anos da lei de recuperação de empresas e falência: reflexões sobre a reestruturação empresarial no Brasil.* São Paulo: Quartier Latin, 2015, p. 99.

[423] Costa, Daniel Cárnio. Reflexões sobre Processos de Insolvência: Divisão Equilibrada de Ônus, Superação do Dualismo Pendular e Gestão Democrática de Processos In: Elias, Luís Vasco (coord.). *10 anos da lei de recuperação de empresas e falência: reflexões sobre a reestruturação empresarial no Brasil.* São Paulo: Quartier Latin, 2015, p. 101.

[424] Abuso do direito de voto de credor na assembleia geral de credores prevista nos arts. 35 a 46 da Lei 11.101/2005. In: Adamek, Marcelo Vieira Von. *Temas de direito societário e empresarial contemporâneos.* São Paulo: Malheiros, 2011, p. 658.

[425] Encontra-se no direito falimentar norte-americano, como também no direito falimentar alemão, como de resto em inúmeros outros países, uma série de requisitos para aprovação do plano de recuperação judicial que não se baseiam apenas na verificação de determinados quóruns nas votações nas assembleias. A não-observância desses requisitos permite ao juiz intervir sobre a vontade manifestada pela assembleia geral de credores, ou mesmo pelo

base para que o juiz homologue o plano de recuperação judicial. Um deles é o *best interest of creditors* que estabelece como parâmetro para a concessão da recuperação judicial a verificação se o credor teria maior eficácia no recebimento do seu crédito nos termos do plano aprovado ou em caso de falência.

Na vigência da Lei nº 2024, de 1908, esse era um dos fundamentos que poderiam ser utilizados pelos credores dissidentes para embargar a decisão da assembleia na concessão da concordata. Previa o artigo 108:

> Art. 108. Os embargos que os credores dissidentes, presentes á assembléa, podem oppôr, deverão ter por fundamento:
>
> 1. Inobservancia das formalidades e dos requisitos estabelecidos por lei para a formação da concordata, a inclusão indevida de credores, cujos votos influiram na acceitação da proposta ou violação das regras prescriptas para a convocação e reunião dos credores.
>
> 2. **Maior sacrificio aos credores que a liquidação na fallencia, attendendo á proporção entre o valor do activo e a porcentagem offerecida.**
>
> 3. Conluio entre o devedor e um ou mais credores, ou entre estes, para acceitarem a concordata. Presume-se o conluio entre o devedor e o credor que desistir de suas garantias para votar na concordata, quando nenhum interesse de ordem economica lhe aconselhava esse procedimento e o seu voto influiu na formação da concordata.

devedor, de modo a aprovar, ou a rejeitar, o plano de recuperação da empresa. A análise de alguns desses requisitos é interessante para o estudo da lei brasileira. O primeiro desses requisitos é denominado pela doutrina norte-americana de best-interest-of creditors (Brankruptcy Code, § 1.129 [a][7]). Esse dispositivo estabelece que o plano de recuperação judicial somente pode ser confirmado pelo juiz se todos os credores das classes que aprovaram receberem, por conta da recuperação, valor igual ou superior ao que receberiam no caso de liquidação. (...) Um segundo princípio informador da recuperação judicial, encontrado no direito norte-americano e alemão, guardadas as respectivas especificidades, é o do unfair discrimination. Por esse princípio, o plano não pode dispensar tratamento diferenciado entre credores integrantes da mesma classe ou com créditos da mesma natureza. (...) uma das condições para que o plano seja considerado fair and equitable em relação a uma classe de credores não-privilegiados (unsecured creditors): não prever o pagamento de nenhum valor a classe de credores com prioridade inferior na classificação dos créditos, salvo se a classe prioritária receber o pagamento integral de seus créditos (§ 1.129 [b][2][B][ii], Bankruptcy Code.) (Anotações sobre o limite do poder jurisdicional. *Revista de Direito Bancário e do Mercado de Capitais.* ano 10, n. 36, p. 185-199, abr.-jun./2007).

> 4. Qualquer acto de fraude ou de má fé praticado pelo devedor e que influa na concordata.
> 5. Inexactidões do relatorio e das informações dos syndicos ou liquidatarios, com intento de facilitar a acceitação da proposta de concordata apresentada pelo devedor. (grifamos).

No mesmo sentido, dispunha o Decreto nº 5.746, de 1929, no seu artigo 108. Essa regra deixou de existir na vigência do Decreto-Lei nº 7.661/45 que reformou o instituto da concordata e passou a considerá-la um favor legal.

Constata-se, assim, que o princípio *best interest of creditors*, além dos demais parâmetros já mencionados, podem ser aplicados aos casos em que precisa se verificar se há ou não abuso de direito na proposta apresentada pelo devedor e aprovada pelos credores.

A título de *lege ferenda*, interessante é a solução trazida pela legislação espanhola, Ley nº 22/0006, que prevê em seu artigo 124[426], quóruns diferenciados de acordo com os prazos de pagamento e percentuais de

[426] Artículo 124 Mayorías necesarias para la aceptación de propuestas de convenio. 1. Para que una propuesta de convenio se considere aceptada por la junta serán necesarias las siguientes mayorías: a) El 50 por ciento del pasivo ordinario, cuando la propuesta de convenio contenga quitas iguales o inferiores a la mitad del importe del crédito; esperas, ya sean de principal, de intereses o de cualquier otra cantidad adeudada, con un plazo no superior a cinco años; o, en el caso de acreedores distintos de los públicos o los laborales, la conversión de deuda en préstamos participativos durante el mismo plazo. No obstante lo dispuesto en el párrafo anterior, cuando la propuesta consista en el pago íntegro de los créditos ordinarios en plazo no superior a tres años o en el pago inmediato de los créditos ordinarios vencidos con quita inferior al veinte por ciento, será suficiente que vote a su favor una porción del pasivo superior a la que vote en contra. A estos efectos, en los supuestos de propuesta anticipada y de tramitación escrita, los acreedores deberán, en su caso, manifestar su voto en contra con los mismos requisitos previstos para las adhesiones en el artículo 103 y en los plazos, según sea el caso, de los artículos 108 y 115 bis. b) El 65 por ciento del pasivo ordinario, cuando la propuesta de convenio contenga esperas con un plazo de más de cinco años, pero en ningún caso superior a diez; quitas superiores a la mitad del importe del crédito, y, en el caso de acreedores distintos de los públicos o los laborales, la conversión de deuda en préstamos participativos por el mismo plazo y a las demás medidas previstas en el artículo 100. 2. A efectos del cómputo de las mayorías previstas en el apartado anterior, se consideran incluidos en el pasivo ordinario del concurso los acreedores privilegiados que voten a favor de la propuesta. 3. La aprobación del convenio implicará la extensión de sus efectos a los acreedores ordinarios y subordinados que no hubieran votado a favor,

desconto propostos pelo devedor. Há regra semelhante na lei uruguaia, Ley nº 18.387, de 2008, artigo 144[427].

Poderia se argumentar que a adoção de tal critério interviria diretamente na autonomia da vontade, o que representa uma verdade, mas ao menos traria mais segurança jurídica aos credores e evitaria abusos do devedor.

Como não há nada nesse sentido na legislação brasileira, a nosso ver, não é possível estabelecer uma regra geral sobre a questão dos prazos e dos eventuais descontos que o devedor queira propor aos credores, além de outras eventuais controvérsias não previstas na LFR.

A análise deve ser realizada caso a caso, apurando o magistrado se houve *excesso manifesto* na proposta aprovada, de forma a coibir os casos que se mostrem efetivamente abusivos. Reconhecida a abusividade, entendemos que haverá nulidade do plano de recuperação judicial.

5.3.2. Causas de anulabilidade do plano de recuperação judicial

A invalidade também pode ser reconhecida por anulabilidade. O artigo 171 do Código Civil determina as causas que tornam o negócio jurídico anulável: i) a incapacidade relativa do agente; ii) os vícios resultantes de erro, dolo, coação, estado de perigo, lesão ou fraude contra credores. São denominados pelo Código Civil de "Defeitos do negócio jurídico". Silvio de Salvo Venosa ensina que: *"Quando, porém, a vontade é manifestada, mas*

sin perjuicio de lo dispuesto en el artículo 134. Si no se alcanzaren las mayorías exigidas se entenderá que el convenio sometido a votación queda rechazado.

[427] Artículo 144. (Mayorías necesarias para la aceptación de la propuesta). – Para que la propuesta de convenio se considere aceptada, será necesario que voten a favor de la misma acreedores que representen, como mínimo, la mayoría del pasivo quirografario del deudor. Sin perjuicio de lo dispuesto en el inciso anterior: A) Cuando la propuesta de convenio implique el otorgamiento de quitas superiores al 50% (cincuenta por ciento) del monto de los créditos quirografarios y/o plazos de pago superiores a diez años, será necesario que voten a favor de la misma, acreedores quirografarios que representen las dos terceras partes del pasivo quirografario con derecho a voto. B) Cuando la propuesta de convenio consista en el pago íntegro de los créditos quirografarios en plazo no superior a dos años o en el pago inmediato de los créditos quirografarios vencidos con quita inferior al 25% (veinticinco por ciento), será suficiente que voten a favor acreedores que representen una porción del pasivo del deudor con derecho a voto superior a la que vote en contra, siempre que los votos favorables representen, como mínimo, la cuarta parte del pasivo quirografario del deudor, deducido el pasivo sin derecho a voto.

com vício ou defeito que a torna mal dirigida, mal externada, estamos, na maioria das vezes, no campo do ato ou negócio jurídico anulável, isto é, o negócio terá vida jurídica somente até que, por iniciativa de qualquer prejudicado, seja pedida a sua anulação." A incapacidade relativa ocorre na hipótese do agente possuir mais de 16 anos e menos de 18 anos ou nos casos previstos no artigo 4º do Código Civil.[428-429] Nesse caso, para que o negócio seja válido, devem ser representados ou assistidos.

As hipóteses de erro, dolo, coação, estado de perigo e lesão configuram os vícios no consentimento. Já a fraude contra credores é chamada de vício social, pois não está relacionada à manifestação de vontade, mas à intenção do agente em se desfazer de seu patrimônio para furtar o pagamento dos credores.

Trata-se de situações que envolvem interesse privado, como ressalta Carlos Roberto Gonçalves: "*Quando a ofensa atinge o interesse particular de pessoas que o legislador entendeu proteger, sem estar em jogo interesses sociais, faculta-se a estas, se o desejarem, promover ação para anulação do ato.*"[430]

O erro pode ser definido como uma falsa aparência da realidade que vicia a vontade do agente quando da celebração do negócio jurídico. O Código Civil afirma que o erro somente será causa para anulação do negócio se for substancial, relacionado à interesse do negócio, ao objeto, à identidade ou qualidade essencial da pessoa (arts. 138 e 139 do Código Civil).

Já o dolo é a falsa aparência da realidade provocada maliciosamente por outrem que afirma ou omite fatos com o objetivo de induzir a outra à realização do negócio jurídico (art. 145 do Código Civil).

A coação é o ato de incutir fundado temor de dano iminente ou considerável à pessoa, à sua família, ou aos seus bens. Está regulada no artigo 151 do Código Civil.

O estado de perigo é a hipótese em que o agente assume obrigação excessivamente onerosa premido da necessidade de salvar-se ou de sal-

[428] *Direito civil: parte geral.* 13. ed. São Paulo: Atlas, 2013, v. I, p. 568.

[429] Art. 4º São incapazes, relativamente a certos atos ou à maneira de os exercer: (Redação dada pela Lei nº 13.146, de 2015) I – os maiores de dezesseis e menores de dezoito anos; II – os ébrios habituais e os viciados em tóxico; III – aqueles que, por causa transitória ou permanente, não puderem exprimir sua vontade; IV – os pródigos.

[430] *Direito civil brasileiro: parte geral – De acordo com a Lei n. 12.874/2013.* 12. ed. São Paulo: Saraiva, 2014, p. 477.

var pessoa de sua família de grave dano conhecido da outra parte. Foi contemplada no Código Civil de 2002 e não era regulada pelo Código Civil de 1916.

Também a lesão, não regulada no antigo Código Civil, é a situação em que o agente celebra o negócio jurídico sob premente necessidade ou por inexperiência, obrigando-se a prestação manifestamente desproporcional ao valor da prestação oposta.

A fraude contra credores é definida no artigo 158 do Código Civil que assim determina: "Os negócios de transmissão gratuita de bens ou remissão de dívida, se os praticar o devedor já insolvente, ou por eles reduzido à insolvência, ainda quando o ignore, poderão ser anulados pelos credores quirografários, como lesivos dos seus direitos."

Trata-se da hipótese em que o devedor age com o intuito de desviar bens do seu patrimônio para que não possam responder por suas obrigações.

Aplicando tais conceitos ao plano de recuperação judicial, percebe-se que tais vícios estão intrinsecamente ligados à assembleia geral de credores e não propriamente ao plano de recuperação judicial, pois têm por base a manifestação de vontade dos credores e do devedor.

O presente trabalho não trata da validade das manifestações de vontade tomadas em assembleia, porém, é importante observar que, a nosso ver, em se tratando de manifestação de vontade viciada, alguns cuidados devem ser tomados.

Com relação ao devedor, considerando que é empresário, em razão das circunstâncias do processo de recuperação judicial, ficaria difícil sustentar anulações por erro, dolo, estado de perigo ou lesão na negociação do plano de recuperação judicial.

Já com relação aos credores, entendemos que, havendo comprovado vício na manifestação da vontade que possa configurar uma das hipóteses mencionadas, deve o seu voto ser desconsiderado, mantendo-se a higidez do plano.[431]

[431] Erasmo Valladão A. e N. França ensina: "(...) com efeito, não se anula uma deliberação por erro, ou por dolo, exemplificamente. Anula-se o voto viciado. Se ele foi determinante para a formação da maioria deliberante, anula-se a deliberação não porque seja ela contaminada pelo erro ou pelo dolo, mas sim por violação às regras cogentes dos arts. 42, 45 e 46, da Lei 11.101, que exigem aprovação das propostas por maioria. Anulado o voto decisivo, cai a maioria. A disciplina da invalidade das deliberações, assim, encontra correspondência

A hipótese de fraude contra credores também é difícil de ser encontrada no plano de recuperação judicial, pois não é o negócio no qual o devedor normalmente pratica atos de disposição sobre o seu patrimônio.

Assim, configuradas quaisquer dessas hipóteses, poderá o juiz anular a parte viciada no plano ou a sua totalidade, se não for possível separá-la do todo.

Pretendeu-se, dessa forma, sem esgotar o tema, sistematizar critérios para o reconhecimento da nulidade ou anulabilidade das possíveis cláusulas previstas nos planos de recuperação judicial, de forma a garantir maior segurança jurídica aos agentes econômicos envolvidos na recuperação judicial.

no princípio da legalidade: as deliberações contrárias à lei podem ser invalidadas. Nulidade ou anulabilidade? Mas, qual a sanção aplicável a uma deliberação tomada contrariamente à lei? Nulidade ou anulabilidade? A Lei 11.101, nos dois únicos dispositivos que se referem à questão, fala genericamente em invalidade, dizendo o seguinte: "As deliberações da Assembleia-Geral não serão invalidadas..." (art. 39, § 2º); "No caso de posterior invalidação de deliberação da assembleia..." (art. 39, § 3º). De sua parte, o Código Civil não contém, incompreensivelmente, uma norma como a do art. 286 da Lei de S/A, que prevê, como regra geral, a anulabilidade das deliberações. Mas, de algumas disposições isoladas do Código Civil, pode-se verificar ter sido seguida a regra da anulabilidade, a saber: os § 3º e 4º, combinados, do art. 1.078, e o art. 48 e seu parágrafo único. Os dois primeiros preveem que a aprovação, sem reservas, das demonstrações financeiras ali mencionadas, exonera de responsabilidade os administradores e os membros do Conselho Fiscal, extinguindo-se em dois anos o direito de anular tal deliberação. Os dois últimos, referentes às pessoas jurídicas em geral, dispõem que, se a pessoa jurídica tiver administração coletiva, as decisões se tomarão, em princípio, pela maioria de votos dos presentes, decaindo em três anos o direito de anular tais decisões, quando violarem a lei ou estatuto, ou forem eivadas de erro, dolo, simulação ou fraude. O que se pode extrair desses dispositivos é que, em se tratando de deliberações coletivas, o Código Civil adota sempre a regra da anulabilidade, como ocorre, aliás, nas legislações dos mais diversos países. Com amparo na lei supletiva, é lícito concluir, assim, que as deliberações das assembleias de credores estão sujeitas também à regra geral da anulabilidade. (França, Erasmo Valladão A. e N. Da Assembleia-Geral de Credores. In: Souza Junior, Francisco Satiro; Pitombo, Antônio Sérgio A. de Moraes. *Comentários à lei de recuperação de empresas e falência: Lei 11.101/2005.* São Paulo: Editora Revista dos Tribunais, 2007, p. 193-194).

5.4. Plano da eficácia

O negócio jurídico pode ser existente e válido, porém, poderá não produzir efeitos jurídicos, ou seja, ser ineficaz. Marcos Bernardes de Mello conceitua ineficácia jurídica:

> *Ineficácia jurídica* é possível ser definida como a inaptidão, temporária ou permanente, do fato jurídico para irradiar os efeitos próprios e finais que lhe são imputados pela norma jurídica. A expressão *ineficácia jurídica* pode ser empregada:
>
> (a) em sentido lato, quando se refere a toda e qualquer situação em que o fato jurídico não produz efeito, ou ainda não produziu, como ocorre em casos em que a ineficácia é inerente ao próprio fato jurídico ou decorre de certas vicissitudes a que estão sujeitos os atos jurídicos, *v.g.*, nulidade, anulabilidade, resolubilidade; ou
>
> (b) em sentido estrito, quando diz respeito às espécies em que a eficácia própria e final não se irradiou ainda (testamento, antes da morte do testador, negócio jurídico sob condição suspensiva, negócio jurídico dependente de elemento integrativo do suporte fáctico, *e.g.*) ou, se já produzida, foi excluída do mundo jurídico.[432]

A ineficácia é a ausência de produção dos efeitos desejados pelas partes no momento da constituição do negócio jurídico. Como já esclarecido, adotamos aqui o entendimento de que a inexistência, a invalidade e a ineficácia são planos distintos do negócio jurídico e devem ser analisados a partir de suas particularidades.

Assim, como explica Marcos Bernardes de Mello[433], a ineficácia, em sentido amplo, pode derivar da nulidade ou da anulabilidade, ou seja, da invalidade do negócio jurídico. O autor entende, ainda, que não é propriamente adequado tratar da ineficácia do negócio jurídico inexistente, pois, como um nada que é não poderia produzir efeitos.[434]

[432] *Teoria do fato jurídico: plano da eficácia: 1ª parte.* 10. ed. São Paulo: Saraiva, 2015, p. 79.

[433] *Ob. cit.*

[434] Marcos Bernardes de Mello esclarece: "A afirmativa de que a ineficácia constitui consequência da inexistência, por exemplo, importa reprovável redundância, porque o que não existe já por si não pode produzir efeito. Por outro lado, dizer que *ato inexistente* é ineficaz implica incontornável contrassenso, precisamente porque o que não existe não pode ser qualificado. Do mesmo modo, não é admissível relacionar a ineficácia à invalidade do ato.

Já a ineficácia, em sentido estrito, diz respeito à produção de efeitos próprios do negócio jurídico, os efeitos queridos pelas partes no momento da sua celebração.

A ineficácia pode ser absoluta ou relativa. Marcos Bernardes de Mello entende que não há ato jurídico absolutamente ineficaz, pois, a sua existência implica a produção de efeitos, ainda que não se produzam todos os efeitos esperados pelas partes (ineficácia parcial).

Pode haver, porém, ineficácia relativa, como conceitua Pontes de Miranda: "*Diz-se que há ineficácia relativa quando o negócio jurídico é ineficaz para um, ou para algumas pessoas, e eficaz para outra, ou para outras.*"[435]

As partes, ainda, podem subordinar os efeitos do negócio jurídico a fatos certos ou incertos. Ensina Marcos Bernardes de Mello: "*Especificamente nos negócios jurídicos (...) os figurantes podem, negocialmente, estabelecer condições e termos, fazendo com que sua eficácia, para iniciar-se ou permanecer no mundo jurídico, dependa de que ocorram.*"[436]

A condição, o termo e o encargo são chamados de elementos acidentais do negócio jurídico, pois são introduzidos voluntariamente pelas partes, apesar de não serem necessários à existência do negócio jurídico.[437]

As partes, valendo-se de tais elementos, estabelecem regras específicas com relação aos efeitos que o negócio jurídico produzirá. A condição, o termo e o encargo estão previstos nos artigos 122 a 137 do Código Civil.

Em geral, o que é nulo é ineficaz, mas nem sempre. Há atos jurídicos nulos que são eficazes conforme anotamos antes. Ser, valor e ser eficaz, em verdade, são situações distintas e inconfundíveis, em que se podem encontrar os fatos jurídicos." (Teoria do fato jurídico: plano da eficácia: 1ª parte. 10. ed. São Paulo: Saraiva, 2015, p. 79).

435 *Tratado de direito privado: parte geral: tomo V: Eficácia jurídica. Determinações inexatas e anexas. Direitos. Pretensões. Ações.* 4. ed. São Paulo: Editora Revista dos Tribunais, 1983, v. V, p. 73.

436 *Teoria do fato jurídico: plano da eficácia: 1ª parte.* 10. ed. São Paulo: Saraiva, 2015, p. 253.

437 Segundo Carlos Roberto Gonçalves: "(...) Elementos acidentais são, assim, os que se acrescentam à figura típica do ato para mudar-lhe os respectivos efeitos. São cláusulas que, apostas a negócios jurídicos por declaração unilateral ou pela vontade das partes, acarretam modificações em sua eficácia ou em sua abrangência (...)" (*Direito civil brasileiro: parte geral – De acordo com a Lei n. 12.874/2013.* 12. ed. São Paulo: Saraiva, 2014, p. 376).

Neste trabalho, não trataremos do encargo, pois trata-se de um elemento acidental próprio do negócio jurídico gratuito, sendo incompatível com o presente estudo[438].

A condição, por sua vez, nos termos do que dispõe o artigo 121 do Código Civil é: "(...) *a cláusula que, derivando exclusivamente da vontade das partes, subordina o efeito do negócio jurídico a evento futuro e incerto.*"

O primeiro ponto a ser destacado é que a condição é voluntária, ou seja, deriva *exclusivamente* da vontade das partes, nos termos do citado dispositivo legal. As chamadas condições legais, na verdade, são pressupostos do próprio negócio jurídico, como a condição estabelecida pelo vendedor de que a aquisição do prédio fica condicionado a lavratura da escritura pública.[439]

Assim, a condição é uma cláusula estabelecida pelas partes que condiciona a produção dos efeitos próprios do negócio jurídico a evento futuro e incerto. Silvio de Salvo Venosa explica que:

> A condição deve referir-se a fato futuro. Fato passado não pode constituir-se em condição. Se disser respeito a fato pretérito, o fato já ocorreu ou deixou de ocorrer. Se o fato ocorreu, o negócio deixou de ser condicional, tornando-se puro ou simples. Se o fato deixou de ocorrer definitivamente, sem possibilidade de se realizar, a estipulação tornou-se ineficaz, pois não houve implemento da condição.[440]

O evento deve ser incerto, ou seja, pode ou não ser realizado no futuro. Continua o autor: "(...) *Se o fato avençado for certo, inexorável, como, por exemplo, a morte de uma pessoa, não haverá condição, mas termo.*"[441]

As condições se classificam em: i) suspensivas ou resolutivas; ii) lícitas ou ilícitas; e; iii) possíveis ou impossíveis.

[438] Carlos Roberto Gonçalves explica: "Trata-se de cláusula acessória às liberalidades (doações, testamentos), pela qual se impõe uma obrigação ao beneficiário. É admissível, também, em declarações unilaterais de vontade, como na promessa de recompensa. Não pode ser aposta em negócio jurídico a título oneroso, pois equivaleria a uma contraprestação." (*Direito civil brasileiro: parte geral – De acordo com a Lei nº 12.874/2013.* 12. ed. São Paulo: Saraiva, 2014, p. 396).

[439] GONÇALVES, Carlos Roberto. *Direito civil brasileiro: parte geral – De acordo com a Lei nº 12.874/2013.* 12. ed. São Paulo: Saraiva, 2014, p. 380.

[440] *Direito civil: parte geral.* 13. ed. São Paulo: Atlas, 2013, v. I. p. 481.

[441] *Direito civil: parte geral.* 13. ed. São Paulo: Atlas, 2013, v. I. p. 481.

Condição suspensiva é aquela por meio da qual se determina que o direito somente será adquirido pela parte após o implemento do evento futuro e incerto. Está disciplinada no artigo 125 do Código Civil.[442]

A condição resolutiva é aquela que determina a cessação de efeitos do negócio jurídico da realização do evento futuro e incerto. O negócio jurídico produzirá efeitos desde logo até o momento do implemento da condição como dispõe o artigo 127 do Código Civil.[443]

De acordo com o artigo 122 do Código Civil: "*São lícitas, em geral, todas as condições não contrárias à lei, à ordem pública ou aos bons costumes; entre as condições defesas se incluem as que privarem de todo efeito o negócio jurídico, ou o sujeitarem ao puro arbítrio de uma das partes.*"

Nesse sentido, é ilícita a condição que: a) contraria a lei, a ordem pública ou os bons costumes; b) que priva o negócio jurídico de todo o efeito, e; c) que sujeita a eficácia do negócio jurídico ao puro arbítrio de uma das partes.

A condição que contraria a lei, a ordem pública ou os bons costumes é ilícita. O negócio jurídico que contenha condição ilícita ou condição de fazer coisa ilícita é nulo, nos termos do artigo 123, II, do Código Civil.[444]

A condição que priva o negócio jurídico de todo o efeito é denominada de condição perplexa ou contraditória. Ensina Carlos Roberto Gonçalves:

> São as condições *perplexas* ou *contraditórias*, que não fazem sentido e deixam o intérprete perplexo, confuso, sem compreender o propósito da estipulação (...) Exemplo de condição dessa espécie: 'Instituo A meu herdeiro universal, se B for meu herdeiro universal'. Estando a eficácia do negócio jurídico subordinada a essa espécie de condição, jamais será ela alcançada.[445]

[442] Art. 125. Subordinando-se a eficácia do negócio jurídico à condição suspensiva, enquanto esta se não verificar, não se terá adquirido o direito, a que ele visa.

[443] Art. 127. Se for resolutiva a condição, enquanto esta se não realizar, vigorará o negócio jurídico, podendo exercer-se desde a conclusão deste o direito por ele estabelecido.

[444] Art. 123. Invalidam os negócios jurídicos que lhes são subordinados: I – as condições física ou juridicamente impossíveis, quando suspensivas; II – as condições ilícitas, ou de fazer coisa ilícita; III – as condições incompreensíveis ou contraditórias.

[445] *Direito civil brasileiro: parte geral – De acordo com a Lei nº 12.874/2013*. 12. ed. São Paulo: Saraiva, 2014, p. 387-388.

É nulo, portanto, o negócio jurídico que contém essa espécie de condição, nos termos do artigo 123, III, do Código Civil.

A condição que sujeita a eficácia do negócio jurídico ao puro arbítrio de uma das partes é chamada de condição potestativa. Segundo Silvio de Salvo Venosa, "*a* condição potestativa *é aquela que depende da vontade de um dos contraentes. Uma das partes pode provocar ou impedir a sua ocorrência.*"[446]

Carlos Roberto Gonçalves explica que a condição potestativa pode ser *puramente potestativa* ou *simplesmente potestativa*, sendo consideradas ilícitas somente as condições *puramente potestativas*:

> As condições potestativas dividem-se em *puramente potestativas* e *simplesmente potestativas*. Somente as *primeiras* são consideradas ilícitas pelo art. 122 do Código Civil, que as inclui entre as "condições defesas", por sujeitarem todo o efeito do ato "*ao puro arbítrio de uma das partes*", sem a influência de qualquer fator externo. É a cláusula *si voluero* (se me aprouver), muitas vezes sob a forma de "se eu quiser", "seu eu levantar o braço" e outras, que dependem de mero capricho.
>
> As *simplesmente* ou *meramente potestativas* são admitidas por dependerem não só da manifestação de vontade de uma das partes como também de algum acontecimento ou circunstância exterior que escapa ao seu controle. Por exemplo: "dar-te-ei este bem se fores a Roma". Tal viagem não depende somente da vontade, mas também da obtenção de tempo e de dinheiro.[447]

O art. 123, II, do Código Civil, determina que o negócio jurídico será nulo se contiver condições ilícitas. Como visto, a condição *puramente potestativa*, por vincular a sua implementação ao *puro arbítrio* de uma das partes invalida o negócio jurídico.

A condição pode ser, ainda, possível ou impossível. Define Carlos Roberto Gonçalves: "Fisicamente impossíveis *são as que não podem ser cumpridas por nenhum ser humano, como no exemplo clássico 'dar-te-ei 100 se tocares o céu com um dedo'* (...) *Condição* juridicamente impossível *é a que*

[446] *Direito civil: parte geral*. 13. ed. São Paulo: Atlas, 2013, v. I. p. 484.

[447] *Direito civil brasileiro: parte geral – De acordo com a Lei nº 12.874/2013*. 12. ed. São Paulo: Saraiva, 2014, p. 386.

esbarra em proibição expressa do ordenamento jurídico ou fere a moral e os bons costumes."[448]

As condições impossíveis, física ou juridicamente, se suspensivas, invalidam o negócio jurídico, nos termos do artigo 123, I, do Código Civil. Já se resolutivas, são tidas por inexistentes.

Percebe-se a diferença no tratamento para as condições impossíveis, se suspensivas ou resolutivas. O negócio jurídico que tem sua eficácia subordinada a condição suspensiva ainda não produziu nenhum efeito; havendo condição impossível, será nulo. Já o negócio jurídico subordinado a condição resolutiva já produziu efeitos desde a sua constituição, razão pela qual preferiu o legislador resguardar os efeitos já implementados, determinando-se que a condição seja considerada inexistente e mantendo-se a higidez do negócio.

Assim, como ensinam Humberto Theodoro Júnior e Helena Lanna Figueiredo, apesar da condição ser elemento de eficácia do negócio jurídico, poderá ser elemento de inexistência ou invalidade, nas seguintes hipóteses: "(...) A condição pode invalidar o negócio jurídico a que está subordinada se: i) sendo suspensiva, for física ou juridicamente impossível; ii) for ilícita ou de fazer coisa ilícita; e, iii) for incompreensível ou contraditória (art. 123). Por outro lado, são consideradas inexistentes as condições que, sendo resolutivas, forem impossíveis, ou de não fazer coisa impossível (art. 124)".[449]

Ainda, a eficácia do negócio jurídico ainda pode ser subordinada a evento futuro e certo: o termo. Diferencia Venosa: "*Denomina-se termo inicial (ou suspensivo ou* dies a quo*) aquele a partir do qual se pode exercer o direito; é termo final (ou extintivo ou* dies ad quem*) aquele no qual termina a produção de efeitos do negócio jurídico).*[450]

O artigo 131 do Código Civil determina que: "*O termo inicial suspende o exercício, mas não a aquisição do direito.*" Assim, diferentemente da condição suspensiva, o direito é adquirido desde o momento da constituição

[448] *Direito civil brasileiro: parte geral – De acordo com a Lei nº 12.874/2013.* 12. ed. São Paulo: Saraiva, 2014, p. 383.

[449] Theodoro Júnior, Humberto; Figueiredo, Helena Lanna. *Negócio jurídico.* Rio de Janeiro: Forense, 2021, p. 105.

[450] *Direito civil: parte geral.* 13. ed. São Paulo: Atlas, 2013, v. I. p. 496.

do negócio jurídico, mas somente poderá ser exercido a partir do termo inicial até o momento do implemento do termo final.

O artigo 135 do Código Civil[451] determina que se aplicam ao termo as disposições relativas às condições resolutivas e suspensivas. Por isso, Carlos Roberto Gonçalves ressalva que: "(...) Desse modo, aplicam-se ao termo todas as disposições relativas às condições, desde que não contrariem a sua natureza. E, no tocante às consequências da impossibilidade do termo (p. ex., se for estipulado o dia 31 de fevereiro ou o 367º dia do ano) constata-se uma equiparação. O termo inicial impossível demonstra a inexistência da vontade real de obrigar-se e gera a nulidade do negócio, a exemplo da condição suspensiva. Sendo final, o termo impossível deve ser considerado inexistente, pois demonstra que as partes não desejam que o negócio se resolva (...).[452] Entende o autor que o termo inicial impossível pode ser equiparado à condição suspensiva, culminando com a nulidade o negócio que o contemple. Já o termo final impossível poderia ser equiparado à condição resolutiva e, sendo impossível, ser considerado inexistente. Tal equiparação se dá tendo em conta os efeitos que o termo inicial e o termo final produzem. O termo inicial pode ser equiparado à condição suspensiva, na medida em que, determina o momento em que os efeitos do negócio se iniciarão. Já o termo final pode ser comparado à condição resolutiva, pois, determina o momento em que tais efeitos cessarão.

A partir de tais conceitos, passemos a analisar a eficácia do plano de recuperação judicial.

5.4.1. Momento a partir do qual o plano de recuperação judicial produzirá efeitos

O momento a partir do qual o plano de recuperação judicial produzirá efeitos é motivo de controvérsia. Sendo aprovado pela coletividade de credores, a questão que se impõe é a seguinte: produzirá efeitos a partir da simples aprovação ou os efeitos ficam condicionados à homologação judicial com a concessão da recuperação judicial?

451 Art. 135. Ao termo inicial e final aplicam-se, no que couber, as disposições relativas à condição suspensiva e resolutiva.

452 *Direito civil brasileiro: parte geral – De acordo com a Lei nº 12.874/2013.* 12. ed. São Paulo: Saraiva, 2014, p. 394.

A nosso ver, o plano de recuperação judicial produzirá efeitos a partir da decisão que conceder a recuperação judicial, já que entendemos que tal decisão tem natureza constitutiva.[453]

Nesse sentido dispõe a legislação espanhola, Ley nº 22/2003 que, em seu artigo 133[454], estabelece que o plano produzirá efeitos desde a sentença, salvo se houver decisão expressa em sentido contrário. O principal efeito produzido pelo plano de recuperação judicial é a novação dos créditos sujeitos aos seus efeitos, nos termos do artigo 59, *caput*, da LFR.

Ainda, consideramos que tais efeitos são produzidos a partir do momento em que a decisão é proferida, uma vez que a sentença, em regra, produz efeitos imediatos, não havendo que se aguardar o trânsito em julgado. Ademais, como tal decisão é combatida com o recurso de agravo de instrumento que, em regra, também não possui efeito suspensivo, não há razão para postergar a produção de efeitos até o momento do trânsito em julgado.

[453] Nesse sentido já decidiu o Tribunal de Justiça de São Paulo: Recuperação Judicial. Processamento do Pedido. Requerimento incidental, da empresa que postula a recuperação, de suspensão dos apontamentos que pendem sobre seu nome nos cadastros da Serasa e da publicidade dos protestos tirados em seu desfavor nos respectivos Cartórios. Impossibilidade. Elementos dos autos que revelam existir Plano de Recuperação Judicial PRJ apresentado, contudo, ainda não aprovado pelos credores ou homologado pelo Juízo. *Requerimento cujo cabimento se dá somente com a aprovação e homologação do PRJ, quando então se dará a novação legal dos créditos sujeitos à recuperação. Inteligência do disposto no artigo 59 da Lei nº 11.101/2005. Precedente jurisprudencial do E. Superior Tribunal de Justiça.* Conclusão consentânea com a mens legis do sistema de recuperação judicial introduzido pela Lei nº 11.101/2005. Preservação da publicidade da situação de endividamento da requerente, que se insere em um sistema de proteção a terceiros, além de resguardar os direitos dos credores precedentes em relação à eventual desmedida elevação do passivo. Agravo de instrumento desprovido. (Relator(a): José Reynaldo; Comarca: São Bernardo do Campo; Órgão julgador: 2ª Câmara Reservada de Direito Empresarial; Data do julgamento: 25/03/2013; Data de registro: 28/03/2013).

[454] Artículo 133 Comienzo y alcance de la eficacia del convenio. 1. El convenio adquirirá eficacia desde la fecha de la sentencia que lo apruebe, salvo que el juez, por razón del contenido del convenio, acuerde, de oficio o a instancia de parte, retrasar esa eficacia a la fecha en que la aprobación alcance firmeza. Al pronunciarse sobre el retraso de la eficacia del convenio, el juez podrá acordarlo con carácter parcial. (...).

5.4.2. Eficácia do plano de recuperação judicial em relação aos créditos não sujeitos

O plano de recuperação aprovado implica novação que somente atingirá os créditos a ele sujeitos, ou seja, aqueles existentes na data do ajuizamento do pedido de recuperação judicial, ainda que não vencidos.

O artigo 49, da LRF, estabelece o marco temporal de sujeição dos créditos aos processos de Recuperação Judicial: a data do ajuizamento do pedido de recuperação. Percebe-se que o critério adotado pelo legislador para determinação desse marco temporal foi a existência da obrigação e não a sua exigibilidade. Assim, as obrigações constituídas até a data do ajuizamento estão sujeitas aos efeitos do plano de recuperação a ser objeto de deliberação, enquanto as constituídas após tal data não estão sujeitas, sendo chamadas de extraconcursais, ou mais especificamente, de pós concursais, garantindo-se, portanto, aos credores a possibilidade de buscar a satisfação do crédito fora do âmbito recuperacional.

Ao estabelecer esse marco temporal, o legislador, de forma muito objetiva e necessária, possibilitou ao devedor se reorganizar em relação ao passado, mas, ao mesmo tempo, ter ciência de que continuará sua atividade cumprindo os compromissos dali em diante, pois haverá possibilidade, inclusive, de ter a sua falência requerida por credor eventualmente inadimplido em razão de obrigação constituída após o pedido de recuperação judicial. [455]

Da mesma forma, os créditos decorrentes de contrato de alienação fiduciária em garantia, arrendamento mercantil, compra e venda com reserva de domínio, compromisso de compra e venda de imóvel e adiantamento a contrato de câmbio, como disposto expressamente nos §§3º e 4º, do artigo 49, LRF, não estão sujeitos à recuperação judicial, todos também chamados de extraconcursais. Ainda, o Código Tributário Nacional, em seu artigo 187, exclui os créditos de natureza tributária de concurso de credores.

[455] Dispõe o art. 73, §1º, LRF: Art. 73. O juiz decretará a falência durante o processo de recuperação judicial: (...) § 1º O disposto neste artigo não impede a decretação da falência por inadimplemento de obrigação não sujeita à recuperação judicial, nos termos dos incisos I ou II do caput do art. 94 desta Lei, ou por prática de ato previsto no inciso III do caput do art. 94 desta Lei.

Em razão de tais regras, o juízo recuperacional será incompetente para julgar questões relacionadas aos créditos não sujeitos ou extraconcursais, e por conseguinte, o plano de recuperação judicial não poderá contemplar créditos e credores não sujeitos à recuperação judicial, visto que sobre eles a LFR não atribuiu nenhum efeito jurídico.[456]

Dois pontos, porém, merecem atenção. O primeiro deles diz respeito à possibilidade de adesão voluntária de credores não sujeitos ao plano de recuperação judicial: considerando a sua natureza contratual, não haveria óbice para tanto, como já decidiu o Tribunal de Justiça de São Paulo.[457] Assim, o plano de recuperação judicial pode produzir efeitos em relação aos credores extraconcursais que expressamente aderirem aos seus termos.

O segundo diz respeito aos eventuais aditivos ou modificativos aos planos aprovados e já homologados judicialmente: entendemos que a submissão de propostas de modificação do plano aos credores não altera

[456] Nesse sentido já entendeu o Tribunal de Justiça de São Paulo que declarou ineficazes as cláusulas que subordinavam todos os credores, sujeitos e não sujeitos, ao plano de recuperação judicial: Agravo de Instrumento. Recuperação Judicial. Decisão que concede a recuperação judicial. Agravantes que apontam cláusulas que devem ser declaradas ineficazes. Verificação de sua legalidade pelo Poder Judiciário Possibilidade cláusulas que ferem o art. 49 da LRE e a boa-fé, por apresentarem-se de forma absolutamente genérica. Compensação que deve ser concedida judicialmente. Provimento, em parte, para declarar ineficazes as cláusulas 1.2.14, 7.1, 7.2, 7.6.2, 7.7.1, 7.11 e 7.9. (Relator(a): Enio Zuliani; Comarca: Sumaré; Órgão julgador: 1ª Câmara Reservada de Direito Empresarial; Data do julgamento: 09/12/2014; Data de registro: 12/12/2014).

[457] Habilitação de Crédito. Decisão de improcedência. Manutenção. Pedido de recuperação judicial distribuído aos 07 de novembro de 2013. Dispensa do trabalhador após distribuição do pedido de moratória. Crédito trabalhista não constituído anteriormente – não ao menos em sua integralidade – e, portanto, não sujeito aos efeitos da recuperação judicial, nos termos do art. 49 da Lei nº 11.101/2005. *Plano de recuperação, com previsão de adesão voluntária de credores não sujeitos aos efeitos da recuperação. Mera faculdade de adesão ao Plano por credores não sujeitos à recuperação, pena de violação ao teor da norma cogente prevista no art. 49 da LRF.* Agravado instado a manifestar, em contraminuta, eventual interesse no prosseguimento da habilitação. Silêncio eloquente, à vista da ressalva feita por este Relator de que a ausência de manifestação expressa sobre a adesão ao Plano importaria na manutenção da improcedência. Recurso desprovido. (TJSP; Agravo de Instrumento 2237069-92.2016.8.26.0000; Relator (a): Francisco Loureiro; Órgão Julgador: 1ª Câmara Reservada de Direito Empresarial; Foro de Catanduva – 1ª Vara Cível; Data do Julgamento: 07/06/2017; Data de Registro: 07/06/2017)

o marco temporal de sujeição dos créditos. Dessa forma, eventual inclusão de proposta para os créditos pós concursais somente produzirá efeitos em relação àqueles que expressamente aderirem a ela, como também já decidiu o Tribunal de Justiça de São Paulo.[458]

Ressaltamos que não se trata de negativa de prestação jurisdicional ou de excesso de formalismo, mas da necessidade de se estabelecer, objetivamente, os limites dos efeitos do plano recuperacional a fim de proporcionar maior segurança jurídica ao mercado e aos agentes envolvidos com a atividade empresarial.

5.4.3. Eficácia do plano em relação às cláusulas que contêm condição ou termo

O plano de recuperação judicial, como negócio jurídico que entendemos que é, também pode ter sua eficácia subordinada à condição e ao termo. Como já ressalvado, entendemos que o encargo não pode ser aplicado nesse caso, pois é próprio dos negócios jurídicos gratuitos.

A condição eventualmente estipulada pode ser suspensiva ou resolutiva, mas não poderá violar a lei, a ordem pública ou os bons costumes. Ainda, não poderá privar todo o efeito do negócio jurídico, tampouco deixar a sua implementação ao *puro arbítrio* de uma das partes, nos termos do artigo 122 do Código Civil.

Esclareça-se que a condição é aquela que subordina os efeitos do plano de recuperação judicial a evento futuro e incerto. A legislação brasileira não possui nenhuma norma específica sobre o assunto. A legisla-

[458] Recuperação Judicial – Decisão Homologatória de Aditivo ao Plano – Falta de Interesse Recursal da Agravante – A agravante pretende que seja excluída do Aditivo ao Plano de Recuperação Judicial – Falta de interesse recursal diante da ausência de gravame – *O MM. Juízo "a quo" já declarou a ilegalidade do aditivo no que se refere à inclusão compulsória dos credores extraconcursais no quadro de credores, condicionando tal previsão à expressa concordância do credor, ou seja, sua adesão voluntária* – Assim, a pretensão recursal de declaração específica que a exclua dos rol dos credores vinculados ao Aditivo não se mostra necessária, implicando, portanto, ausência de interesse recursal por inexistir gravame à recorrente – Recurso não Conhecido. (TJSP; Agravo de Instrumento 2198479-41.2019.8.26.0000; Relator (a): Sérgio Shimura; Órgão Julgador: 2ª Câmara Reservada de Direito Empresarial; Foro Central Cível – 2ª Vara de Falências e Recuperações Judiciais; Data do Julgamento: 02/07/2020; Data de Registro: 02/07/2020). Ressalvamos, porém, que entendemos não se tratar de ilegalidade, mas sim de ineficácia de tal cláusula em relação aos créditos não sujeitos.

ção espanhola, Ley nº 22/2003[459] e a legislação uruguaia, Ley nº 18.387, de 2008[460], têm normas expressas proibindo o estabelecimento de condições nas propostas apresentadas pelos devedores.

Diante da omissão da legislação vigente, tem sido muito comum a inclusão de cláusula no plano de recuperação judicial que condiciona o pagamento ao percentual de faturamento do devedor nos anos em que o plano será cumprido. Há julgados entendendo que tal cláusula seria nula por ser puramente potestativa.[461-462]

[459] Artículo 101 Propuestas condicionadas. 1. La propuesta que someta la eficacia del convenio a cualquier clase de condición se tendrá por no presentada. 2. Por excepción a lo dispuesto en el apartado anterior, en caso de concursos conexos, la propuesta que presente uno de los concursados podrá condicionarse a que se apruebe con un contenido determinado el convenio de otro u otros.

[460] Artículo 140. (Prohibición de propuestas condicionales). – Las propuestas que sometan la eficacia del convenio a cualquier clase de condición se tendrán por no presentadas. Se exceptúa de lo dispuesto precedentemente el caso de concurso de sociedades del mismo grupo, en que la propuesta que presente cualquiera de ellas podrá condicionarse a la aprobación judicial del convenio de una o varias sociedades del mismo grupo.

[461] Recuperação Judicial. Credor trabalhista que requer a decretação da falência ou, subsidiariamente, a anulação do plano de recuperação judicial em razão de violação do art. 54 da Lei nº 11.101/2005. Natureza novativa do plano. Autonomia privada que não supera violação de norma cogente. Aprovação do plano de recuperação judicial pela assembleia de credores que não o torna imune à verificação, pelo Poder Judiciário, sobre aspectos de sua legalidade e de obediência a princípios cogentes do direito contratual. Clara afronta ao art. 54 da Lei nº 11.101/2005, já que o plano ultrapassou em muito o limite de um ano para pagamento dos créditos trabalhistas. Norma cogente. *Plano ilíquido que contém condição puramente potestativa, vedada pelo artigo 122 do Código Civil. Pagamentos subordinados a futuro faturamento líquido da recuperanda. Incremento do faturamento que depende de fatores que dizem respeito à própria administração da empresa e sobre os quais os credores não exercem influência alguma.* Precedentes deste Tribunal. Anulação do plano. Recurso provido. (Relator(a): Francisco Loureiro; Comarca: Barueri; Órgão julgador: 1ª Câmara Reservada de Direito Empresarial; Data do julgamento: 06/02/2014; Data de registro: 07/02/2014).

[462] Recuperação Judicial. Homologação do Plano Apresentado pela Recuperanda, após Aprovação pela Assembléia-Geral de Credores. Possibilidade, ante a natureza negocial do plano de recuperação, de controle judicial da legalidade das respectivas disposições. Precedentes das C. Câmaras Especializadas de Direito Empresarial. Previsão de deságio da ordem de 70% (setenta por cento). Inadmissibilidade. Remissão parcial dos débitos que, nesses termos, desborda da razoabilidade, impondo sacrifício excessivo aos credores quirografários e aos com garantia real. *Subordinação dos pagamentos previstos no plano a futura e eventual faturamento da devedora. Descabimento, ante a evidente incerteza das obri-*

No caso concreto, entendemos que a cláusula que condiciona o pagamento dos credores a percentual de faturamento do devedor é puramente potestativa, na medida em que o devedor poderá, por exclusiva vontade, simplesmente diminuir o volume de suas atividades empresariais de forma a reduzir o valor faturado e deixar de pagar os credores.[463] Entendemos que tal cláusula deixaria de ser puramente potestativa se trouxesse parâmetros mais precisos, como: i) estabelecesse um valor mínimo de pagamento, caso o faturamento não atingisse determinado patamar; ii) estabelecesse outra forma de pagamento caso o valor auferido com o percentual sobre o faturamento não fosse suficiente para quitar suas obrigações no prazo estipulado no plano, dentre outras possibilidades.

O Código Civil de 2002, em seu artigo 122, veda a inclusão de cláusulas puramente potestativas, ou seja, aquelas que deixam a sua implementação ao puro arbítrio de uma das partes. Constatada a presença dessa

gações assumidas pela recuperanda, a inviabilizar até mesmo a fiscalização em torno do cumprimento do plano. Impossibilidade, ademais, de livre alienação de bens da devedora à míngua de controle por parte do Poder Judiciário. Inteligência dos arts. 66 e 142 da Lei nº 11.101/2005. Prazo de carência para o início dos pagamentos, por seu turno, que não se mostra irregular, pois inferior ao lapso bienal de supervisão judicial. Ausência de previsão de pagamento de juros, bem como de incidência de correção monetária apenas a partir da concessão da recuperação judicial. Possibilidade. Disposição em torno da extensão dos efeitos da homologação do plano aos coobrigados da recuperanda. Ineficácia. Tema que não constitui objeto da recuperação judicial, desbordando das matérias passíveis de análise pela assembléia-geral de credores. Decisão de Primeiro Grau, homologatória do plano de recuperação judicial, reformada. Agravo de instrumento da credora a que se dá provimento. (Relator(a): Fabio Tabosa; Comarca: Diadema; Órgão julgador: 2ª Câmara Reservada de Direito Empresarial; Data do julgamento: 31/08/2015; Data de registro: 03/09/2015) (grifamos).

[463] O Desembargador Francisco Loureiro, em voto proferido no Agravo de Instrumento n 0119660-37.2013.8.26.0000, ponderou: "(...) Da leitura do plano é possível perceber que o pagamento dos credores fica condicionado à existência, ou não, de determinada quantia líquida mensal, o que retira a liquidez do plano. Trata-se, em verdade, de uma condição que depende exclusivamente do próprio devedor, que pode, ou não, adotar medidas para que seu faturamento supere o valor das despesas. Evidente que, a par das condições do mercado, o modo como se administra uma empresa é de fundamental importância para gerar receita líquida. O incremento do faturamento depende de investimentos estratégicos, redução de custos e captação de clientes, fatores que dependem unicamente da própria empresa recuperanda e sobre os quais os credores não exercem influência alguma (...)."

cláusula, segundo o artigo 123 do Código Civil, não se tratará de caso de ineficácia, mas de nulidade da cláusula que estabelecer a condição[464].

Ainda, será nula a cláusula do plano de recuperação judicial que contiver condições suspensivas impossíveis, ilícitas ou contraditórias.

Por outro lado, serão tidas por inexistentes as cláusulas que contiverem resolutivas impossíveis, nos termos do artigo 124, do Código Civil. Da mesma forma, ocorrerá em caso de fixação de termo impossível, física ou juridicamente, nos termos do artigo 135, do Código Civil.

Assim, caberá ao Poder Judiciário analisar as eventuais cláusulas inseridas no plano de recuperação judicial, a fim de reconhecer eventuais problemas e os efeitos que produzirão.

5.4.4. Eficácia do plano de recuperação judicial em relação aos credores titulares de garantias reais e fidejussórias

O artigo 50, § 1º, da LFR, dispõe: "*Art. 50: Constituem meios de recuperação judicial, observada a legislação pertinente a cada caso, dentre outros: (...) §1º. Na alienação de bem objeto de garantia real, a supressão da garantia ou sua substituição somente serão admitidas mediante aprovação expressa do credor titular da respectiva garantia.* (...)" No mesmo sentido dispõe o art. 164, §4º, da LRF[465], ao tratar do plano de recuperação extrajudicial.

[464] Nesse sentido: Agravo de Instrumento. Decisão que Homologou Plano de Recuperação Judicial. Insurgência de Credor Quirografário não Financeiro. Tempestividade. Recurso Interposto Dentro do Prazo Contado em Dias Úteis. Lei 14.112/2020. Caixa de Distribuição e Instrumentos de Pagamento que Tornam o Plano Ilíquido. Impossibilidade de Fiscalização do Cumprimento do Plano pelos Credores. Prazo Excessivo. Art. 122 do Código Civil. Necessidade de Modificação. Credores tem o Direito de Saber quando e quanto irão Receber. Alienação de Bens. Determinação do Magistrado para Observação dos Dispositivos Legais. Recurso Parcialmente Provido. (TJSP; Agravo de Instrumento 2236265-85.2020.8.26.0000; Relator (a): Alexandre Lazzarini; Órgão Julgador: 1ª Câmara Reservada de Direito Empresarial; Foro Central Cível – 1ª Vara de Falências e Recuperações Judiciais; Data do Julgamento: 24/02/2021; Data de Registro: 25/02/2021)

[465] Art. 163. O devedor poderá também requerer a homologação de plano de recuperação extrajudicial que obriga todos os credores por ele abrangidos, desde que assinado por credores que representem mais da metade dos créditos de cada espécie abrangidos pelo plano de recuperação extrajudicial. (...) § 4º Na alienação de bem objeto de garantia real, a supressão da garantia ou sua substituição somente serão admitidas mediante a aprovação expressa do credor titular da respectiva garantia.

Ao tratar dos créditos com garantia real, tais dispositivos determinam que a eficácia de eventual previsão de alienação de bem objeto de garantia real, a supressão da garantia ou a sua substituição no plano de recuperação judicial ou extrajudicial depende da aprovação expressa pelo credor titular da respectiva garantia.

Ainda, o artigo 49, § 1º, da LFR, ao tratar das garantias fidejussórias, determina: "*Art. 49. Estão sujeitos à recuperação judicial todos os créditos existentes na data do pedido, ainda que não vencidos. § 1º Os credores do devedor em recuperação judicial conservam seus direitos e privilégios contra os coobrigados, fiadores e obrigados de regresso. (...)*"

Por fim, o artigo 59, da LRF, estabelece que a aprovação do plano implica novação dos créditos anteriores ao pedido de recuperação judicial, *sem prejuízo das garantias.*

Percebe-se, assim, que o legislador buscou preservar as garantias reais e fidejussórias mesmo diante da concessão da Recuperação Judicial, de forma que, os credores titulares de garantias possam: i) com a manutenção das garantias reais, preservar o privilégio na classificação dos créditos em caso de convolação da recuperação judicial em falência, nos termos do artigo 83, II, da LRF; e, ii) na hipótese das garantias fidejussórias, continuar buscando a satisfação do seu crédito em face dos coobrigados, nos termos do artigo 49, §1º, supracitado.

Apesar de tais regras, tornou-se comum a inserção de cláusulas prevendo a alienação de bens objeto de garantia real, bem como, a supressão ou a substituição de garantias reais e fidejussórias em planos de recuperação judicial, cláusulas estas que devem ser apreciadas pelos credores juntamente com as demais disposições do plano.

Assim, havendo a aprovação do plano de recuperação com referidas cláusulas, as perguntas que se impõem são as seguintes: tais cláusulas são válidas ou nulas? Produzem efeitos em relação aos credores que votaram contra a aprovação do plano? Produzem efeitos em relação aos credores que votaram a favor do plano, mas as ressalvaram expressamente? Ainda, produzem efeitos em relação aos credores que estavam ausentes ou que se abstiveram no momento da votação?

A controvérsia chegou ao Superior Tribunal de Justiça que já apreciou alguns casos, todos julgados por maioria. No julgamento do

Recurso Especial nº 1.794.209/SP[466], o Ministro Luís Felipe pontuou a existência de quatro correntes:

> (...) i) a **primeira** entende que **é ilegal a cláusula de supressão de garantias prevista no plano de recuperação**, uma vez que acaba impondo aos credores a desconsideração das garantias prestadas nos contratos que deram origem aos créditos objeto da novação, exonerando coobrigados, fiadores e avalistas; por conseguinte, deve haver o prosseguimento das execuções e ações ajuizadas contra terceiros devedores solidários ou coobrigados, já que o plano vincula apenas às partes envolvidas (devedor em recuperação e credores);
>
> ii) a **segunda** corrente, adotada pela il Relatora, advoga a tese de que **o Plano de Recuperação poderá novar a dívida dos coobrigados, desde que a eficácia de tal cláusula supressória se limite aos credores que a aprovaram sem ressalvas**, não podendo alcançar os credores ausentes, os que não votaram (apesar de presentes) e os que votaram contrariamente à aprovação do plano – entendimento consubstanciado por parcela da Terceira Turma (Ministros Ricardo Villas Bôas Cueva e Nancy Andrighi), conforme se extrai de votos prolatados nestes autos e no Resp nº 1.700.487/MT;
>
> (iii) a **terceira** corrente, por sua vez, defende que **a cláusula supressória será existente, válida e eficaz para todos os credores da recuperanda, ainda que tenham votado contra os termos do plano ou efetivado qualquer ressalva sobre referida disposição, bastando para tanto**

466 Recurso Especial. Direito Empresarial. Recuperação Judicial. Plano de Recuperação. Novação. Extensão. Coobrigados. Impossibilidade. Garantias. Supressão ou Substituição. Consentimento. Credor Titular. Necessidade. 1. Recurso especial interposto contra acórdão publicado na vigência do Código de Processo Civil de 2015 (Enunciados Administrativos nºs 2 e 3/STJ). 2. *Cinge-se a controvérsia a definir se a cláusula do plano de recuperação judicial que prevê a supressão das garantias reais e fidejussórias pode atingir os credores que não manifestaram sua expressa concordância com a aprovação do plano. 3. A cláusula que estende a novação aos coobrigados é legítima e oponível apenas aos credores que aprovaram o plano de recuperação sem nenhuma ressalva, não sendo eficaz em relação aos credores ausentes da assembleia geral, aos que abstiveram-se de votar ou se posicionaram contra tal disposição. 4. A anuência do titular da garantia real é indispensável na hipótese em que o plano de recuperação judicial prevê a sua supressão ou substituição.* 5. Recurso especial interposto Tonon Bioenergia S.A., Tonon Holding S.A. e Tonon Luxemborg S.A. não provido. Agravo em recurso especial interposto por CCB Brasil – China Construction Bank (Brasil) Banco Múltiplo não conhecido. (REsp 1794209/SP, Rel. Ministro Ricardo Villas Bôas Cueva, Segunda Seção, julgado em 12/05/2021, DJe 29/06/2021).

> **que tenha havido a aprovação pelo quorum legal, devidamente homologado pelo juízo.** É a tese majoritária da Terceira Turma do STJ, corroborada pelos Ministros Marco Aurélio Bellizze, Moura Ribeiro e Paulo de Tarso Sanseverino (conforme manifestações no Resp nº 1.700.487/MT).
>
> (...)
>
> (iv) a **quarta**, capitaneada pelo professor Fábio Ulhoa Coelho, é uma solução intermediária e que, conforme será demonstrado, é a por mim defendida.
>
> (...)
>
> Em verdade, penso que se deve adotar um meio-termo entre aquelas soluções adotadas pela Terceira Turma do STJ: **a depender do tipo de garantia do crédito, poderá ser exigida ou não a concordância do credor titular, ainda que a cláusula de supressão tenha sido aprovada pelo plano de recuperação judicial.** (grifos no original).

As quatro correntes apresentadas pelo Min. Luís Felipe Salomão sintetizam a análise da controvérsia. Como dito, a primeira corrente é a que entende pela invalidade da cláusula que prevê a alienação do bem objeto da garantia real, a supressão ou a substituição de garantias reais ou fidejussórias. Assim, tais cláusulas seriam nulas por impedir aos credores o exercício dos seus direitos em face dos coobrigados.

Entendemos que a cláusula que prevê a alienação do bem objeto da garantia real, a supressão ou a substituição de garantias reais e fidejussórias não é ilícita, pelo contrário, é plenamente válida, na medida em que, as respectivas garantias são absolutamente disponíveis e podem ser livremente renunciadas ou modificadas pelas partes. O Ministro Ricardo Villas Boas Cueva, no julgamento do referido Recurso Especial, é expresso ao entender pela validade de tais cláusulas:

> A princípio, não há falar em nulidade dessas cláusulas, visto não esbarrar em nenhuma das hipóteses estabelecidas no artigo 166 do Código Civil de nulidade do negócio jurídico: (i) ser celebrado por pessoa absolutamente incapaz; (ii) for ilícito, impossível ou indeterminável o seu objeto; (iii) for o motivo determinante, comum a ambas as partes, ilícito; (iv) não revestir a forma prescrita em lei; (v) for preterida alguma solenidade que a lei considere essencial para sua validade; (vi) tiver por objetivo fraudar lei imperativa, e (vii) ser taxativamente declarado nulo por lei, ou proibir-lhe a prática, sem impor sanção. As cláusulas também não encontram óbice nas

situações de anulabilidade do negócio jurídico elencadas nos artigos 138 e ss. do Código Civil. Trata-se, assim, de negócio jurídico válido, sendo necessário perquirir acerca de sua eficácia, especialmente no que concerne aos credores ausentes e aos presentes na assembleia que não votaram ou votaram contrariamente à aprovação do plano.

Como bem destacou o Nobre Ministro, a inserção de cláusulas dessa natureza não encontra nenhum óbice legal considerando as regras de validade dos negócios jurídicos, não havendo, portanto, que se falar em nulidade. Da mesma forma, não sendo constatada qualquer modalidade de vício no consentimento das partes envolvidas, também não há que se falar em anulabilidade.

Dessa forma, entendemos que a discussão encontra esteio na seara da eficácia e não da validade, o que abrange as outras três correntes mencionadas pelo Ministro Luis Felipe Salomão.

A segunda corrente adota o entendimento de que o plano de recuperação judicial poderá novar a dívida dos coobrigados, suprimir ou alterar as garantias prestadas, desde que a eficácia se limite aos credores que expressamente aprovaram a respectiva cláusula. Dessa forma, a cláusula que substitui ou suprime a garantia real ou fidejussória ou autoriza a alienação do bem objeto da garantia real somente produzirá efeitos em relação aos credores que expressamente concordaram com ela, sem ressalvas.

Essa corrente contrapõe frontalmente a terceira que entende que a cláusula supressória será existente, válida e eficaz contra todos os credores da devedora em recuperação judicial se aprovada pela assembleia geral de credores, ainda que em relação aos que votaram contra os termos do plano, apresentaram ressalvas, se abstiveram ou estavam ausentes. Por essa corrente, a vontade da maioria assemblear supre a vontade dos titulares da garantia atingida pela cláusula.

Analisando os julgamentos realizados pelo Superior Tribunal de Justiça até aqui, a controvérsia está na aplicação dessas duas correntes: nos Recursos Especiais 1.532.943/MT, 1.700.48/MT, 1.863.842/RS e 1.850.287/SP a terceira corrente prevaleceu, sempre por maioria. No julgamento do Recurso Especial 1.794.209/SP prevaleceu a segunda corrente, também por maioria.

O cerne da controvérsia está em saber se a vontade manifestada pela assembleia geral de credores ao aprovar a cláusula de alteração, substituição ou supressão da garantia real ou fidejussória substitui a necessidade de concordância expressa do credor titular da respectiva garantia.

Analisando-se as correntes apontadas pelo Min. Salomão, percebe-se que a segunda corrente, que entende pela necessidade de concordância expressa do titular da garantia, está consubstanciada na interpretação literal do texto do artigo 50, §1º, 49, §1º, e 59, *caput*, da LRF.

Ademais, a segunda corrente se coaduna com a Súmula 61 do TJSP, que assim dispõe: "*Súmula 61: Na recuperação judicial, a supressão da garantia ou sua substituição somente será admitida mediante aprovação expressa do titular.*"

Essa também foi a conclusão manifestada pelo Ministro Ricardo Villas Bôas Cueva no julgamento do Recurso Especial 1.794.209/SP:

> Assim, a conclusão que melhor equaciona o binômio "preservação da empresa viável x preservação da atividade econômica com um todo" é a de que a cláusula que estende a novação aos coobrigados seria apenas legítima e oponível aos credores que aprovarem o plano de recuperação sem nenhuma ressalva, não sendo eficaz, portanto, no tocante aos credores que não se fizeram presentes quando daassembleia geral de credores, abstiveram-se de votar ou se posicionaram contra tal disposição.
>
> (...)
>
> Solução em sentido contrário, ou seja, a submissão ao plano de recuperação de credores que votaram contra a cláusula que prevê a exclusão de garantias, importa verdadeira afronta à segurança jurídica e seus consectários, visto que um credor que concede crédito e recebe em troca uma garantia, certamente precisa de segurança mínima de que essa garantia será respeitada, mesmo em caso de recuperação ou falência, na forma como prevista na Lei nº 11.101/2005

Manoel de Queiroz Pereira Calças entende que as cláusulas que tratem da extensão da novação aos coobrigados não produzem efeitos em relação aos credores que não aderirem expressamente:

> (...) na ótica dos postulados da lógica, é intuitivo que a cláusula extensiva da novação aos coobrigados da sociedade em recuperação judicial não tenha eficácia em relação aos credores que, expressamente, dela discordaram, votando contra a aprovação do plano ou, mais ainda, àqueles que formularam objeção, atacando direta e frontalmente a ilegalidade da aludida cláu-

sula. Tais credores poderão executar normalmente os fiadores, os avalistas ou os coobrigados de regresso, prosseguindo regularmente nas execuções já em andamento (que não se suspendem) ou, eventualmente, poderão iniciar as execuções a partir do vencimento das dívidas garantidas.[467]

A nosso ver, parece inequívoco que o legislador condicionou a eficácia da cláusula que altera ou suprime a garantia real ou autoriza a alienação do bem dado em garantia à concordância expressa do credor titular da respectiva garantia.

O mesmo tratamento foi dispensado às garantias fidejussórias, pois o texto do artigo 49, §1º, da LRF, resguarda aos credores o direito de buscar a satisfação de seus créditos em face dos coobrigados, avalistas, fiadores e obrigados em regresso. Esse é o entendimento consolidado pelo Superior Tribunal de Justiça pelo julgamento do Tema 885[468], bem como, pelo enunciado da Súmula 581[469].

Em sentido contrário, o Ministro Marco Aurélio Bellizze, vencido no julgamento do Recurso Especial 1.794.209/SP, ao defender a terceira corrente, pontua: "(...) *É na exclusiva hipótese de haver aprovação pela assembleia geral de credores, com detida observância ao quórum legal, que a aludida cláusula supressiva produz efeitos para todos os credores indistintamente da correspondente classe. Isso porque, no processo concursal, o consentimento se dá por meio do atendimento aos quóruns previstos na lei, e não individualmente. A concordância individual do titular do crédito não é exigida por lei para as garantias reais, mas também não o é para as garantias (pessoais) fidejussórias.* (...)"

[467] Novação recuperacional. *Revista do Advogado*. São Paulo: Associação dos Advogados de São Paulo, nº 105, setembro de 2009, p. 128. O mesmo entendimento é manifestado pelo autor na obra: A novação recuperacional. In: Coelho, Fábio Ulhoa. (org.). *Tratado de direito comercial – Falência e recuperação de empresa e direito marítimo*. São Paulo: Saraiva, 2015, v. 7, p. 313.

[468] Tema 885, STJ: A recuperação judicial do devedor principal não impede o prosseguimento das execuções nem induz suspensão ou extinção de ações ajuizadas contra terceiros devedores solidários ou coobrigados em geral, por garantia cambial, real ou fidejussória, pois não se lhes aplicam a suspensão prevista nos arts. 6º, caput, e 52, inciso III, ou a novação a que se refere o art. 59, caput, por força do que dispõe o art. 49, § 1º, todos da Lei nº 11.101/2005.

[469] Súmula 581, STJ: A recuperação judicial do devedor principal não impede o prosseguimento das ações e execuções ajuizadas contra terceiros devedores solidários ou coobrigados em geral, por garantia cambial, real ou fidejussória.

Como dito, a discussão reside em saber se a vontade da maioria, manifestada na assembleia geral de credores pode derrogar a regra estabelecida pelos mencionados dispositivos da LRF.

No que se refere às garantias reais, importante perceber que no texto do artigo 50, §1º, da LRF[470], o legislador optou por utilizar o termo "somente", e não a expressão "não pode" ou a palavra "proibido", estabelecendo, portanto, uma limitação de eficácia, o que, a nosso ver, parece ser uma exceção ao princípio da vontade majoritária dos credores e que somente pode ser derrogada por vontade expressa daquele credor titular da garantia.

Da mesma forma, no artigo 59, *caput*, da LRF, o legislador ressalvou "(...) *sem prejuízo das garantias.*", sem fazer qualquer exceção.

Trata-se, a nosso ver, da aplicação do conceito de ineficácia relativa, acima estudado, situação em que o negócio não produz efeitos em relação a determinado agente que não é sujeito à norma que estatui a categoria de negócio jurídico celebrado.

Como se não bastasse, importa ressaltar o texto do artigo 114, do Código Civil, que determina: "*Art. 114. Os negócios jurídicos benéficos e a renúncia interpretam-se estritamente.*"[471] Ora, a cláusula que autoriza alienação do bem dado em garantia, substitui ou suprime a respectiva garantia implica renúncia de direitos pelo credor. Considerar que o credor ausente, dissidente ou aquele que se absteve terá o seu direito suprimido pela maioria representa interpretar extensivamente uma cláusula de renúncia de direitos em negócio jurídico, qual seja, o plano de recuperação judicial, o que nos parece violar o Código Civil.

Manoel Justino Bezerra Filho traz outro ponto relevante a ser analisada: "(...) *Essa supressão da garantia afeta o direito do credor garantido e, eventualmente, esse credor garantido pode não estar sujeito aos efeitos da recuperação e, portanto, não ter direito a voto. Nesse caso específico, o juiz da causa, verificando*

[470] Art. 50. Constituem meios de recuperação judicial, observada a legislação pertinente a cada caso, dentre outros: § 1º Na alienação de bem objeto de garantia real, a supressão da garantia ou sua substituição ***somente*** serão admitidas mediante aprovação expressa do credor titular da respectiva garantia. (...)

[471] Ensina Carlos Maximiliano: (...) Para prevaleceram devem ser expressas as disposições de que resultem fiança ou garantia, renúncia, cessão, transação, e interpretam-se estritivamente como os contratos benéficos. (...) (*Hermenêutica e aplicação do direito.* 21. ed. Rio de Janeiro: Forense, 2018, p. 314).

tal situação, deve despachar no sentido de decidir que, com relação a esse ponto específico, o credor passa a ter direito de voz e voto, vez que a também eventual liberação dos coobrigados passará a atingir seus direitos. Não se afigura juridicamente possível que uma assembleia venha a suprimir direitos de qualquer credor sem que se dê a esse credor o direito de voz e voto."[472]

Como destacado pelo autor, é possível que o titular da garantia não seja credor sujeito aos efeitos da recuperação judicial, hipótese em que, não seria convidado a participar da deliberação sobre o plano de recuperação judicial, o que agravaria, em muito, a sua situação com a adoção da terceira corrente, já que, teria o seu direito suprimido em deliberação sobre a qual não participou e, mais, não tinha direito de participar.

Situação delicada ainda é a do credor com garantia real que, diante do postulado do artigo 50, §1º, da LRF, sabendo da necessidade da sua concordância expressa para qualquer alteração em sua garantia, opta por não comparecer à assembleia e acaba por ter o seu direito suprimido pela maioria. Nessa hipótese, considerada a terceira corrente, o seu silêncio implicaria autorização para alienação do bem objeto da garantia, renúncia ou substituição da garantia.

Carlos Maximiliano, ao tratar a ressalta que: "(...) *A declaração pode não ser explícita, e, sim,* presumida apenas. (...) *Entretanto, como se encontra a hipótese em desacordo com a regra geral visto que o silêncio só* excepcionalmente *supre a falta de declaração expressa, ele terá esse efeito quando conferido pelo Direito vigente, escrito ou consuetudinário.*"[473]

Assim, caberia ao legislador dispensar a vontade expressa do credor titular da garantia para permitir a alienação do bem, substituição ou supressão da garantia. Ao contrário disso, o artigo 50, §1ª, da LRF, entende pela necessidade da declaração expressa.

Dessa forma, entender que o silêncio do credor implica renúncia aos seus direitos do garantidor parece, de fato, violar ordenamento jurídico vigente.

Por fim, ainda no embate sobre a segunda e terceira correntes, o Ministro Bellizze, no julgamento supramencionado, fundamenta o seu posicionamento no artigo 49, §2º, da LRF que dispõe: "*Art. 49. Estão*

[472] *Lei de recuperação de empresas e falência: Lei 11.101/2005: comentada artigo por artigo.* 15. ed. rev., atual. e ampl. São Paulo: Thomson Reuters Brasil, 2021, p. 227.

[473] *Hermenêutica e aplicação do direito.* 21. ed. Rio de Janeiro: Forense, 2018, p. 310.

sujeitos à recuperação judicial todos os créditos existentes na data do pedido, ainda que não vencidos. (...) § 2º As obrigações anteriores à recuperação judicial observarão as condições originalmente contratadas ou definidas em lei, inclusive no que diz respeito aos encargos, ***salvo se de modo diverso ficar estabelecido no plano de recuperação judicial.*** (...)" (grifamos).

Entende o Nobre Ministro que o plano de recuperação judicial pode estabelecer alterações na estrutura das obrigações, inclusive renúncia às garantias originalmente estipuladas.

A nosso ver, a autorização genérica de alteração nas condições originalmente contratadas pelo plano de recuperação judicial não derroga as regras previstas nos artigos 50, §1º, 49, §1º, e 59, *caput*, da LRF. O conteúdo de tais dispositivos pode ser interpretado em harmonia com o mencionado artigo 49, §2º, da LRF.

Assim, entendemos que o artigo 49, §2º, autoriza a alteração das condições originalmente contratadas pelo plano de recuperação judicial, mas não afasta a necessidade de autorização expressa do credor titular da garantia, tampouco, suprime do credor a possibilidade de continuar buscando seus créditos em face dos coobrigados.

Corroboramos o entendimento destacado pelo Ministro Villas Bôas Cueva pois adotar a terceira corrente implica trazer insegurança jurídica ao mercado, na medida em que, nega vigência a dispositivos da LRF, contraria entendimento do próprio Superior Tribunal de Justiça e prejudica diretamente os interesses dos credores titulares de garantia real ou fidejussória que, na condição de empreendedores e investidores se sentirão desestimulados em conceder crédito a outros empresários e sociedades empresárias, o que pode ocasionar, inclusive, o aumento do custo do crédito de maneira global

Por fim, a quarta corrente trazida pelo Min. Salomão e por ele adotada, traz um entendimento híbrido. Consigna do Ministro no julgamento do Recurso Especial 1.794.209/SP: "(...) *Em verdade, penso que se deve adotar um meio-termo entre aquelas soluções adotadas pela Terceira Turma do STJ:* ***a depender do tipo de garantia do crédito, poderá ser exigida ou não a concordância do credor titular, ainda que a cláusula de supressão tenha sido aprovada pelo plano de recuperação judicial.*** (...)"

De acordo com esse entendimento, com relação às garantias fidejussórias, não haveria possibilidade de afastá-las pela simples aprovação do plano de recuperação com cláusula supressória, pois, tal entendimento violaria o artigo 49, §1º, da LRF, que garante aos credores a possibilidade a conservação de seus direitos em face dos coobrigados. O Min. Salomão destaca, ainda, que o artigo 148, do Decreto-Lei nº 7.661/45, antiga Lei de Falências, continha regra no mesmo sentido.

Assim, a cláusula supressória somente produziria efeitos em relação aos credores titulares de garantias fidejussórias se esses aprovassem o plano de recuperação judicial. Destaca o Min. Salomão no julgamento do citado Recurso Especial: "(...) *Portanto, só há falar em eficácia da cláusula extensiva da novação aos coobrigados ('cláusula supressória') se houver manifestação do credor titular da garantia fidejussória nesse sentido (bastando que o credor se posicione favoravelmente à proposta assemblear de soerguimento para se conferir eficácia à cláusula) ou, ainda, se futuramente iver a existir previsão legal específica conferindo tal autorização.*"

Já com relação aos credores com garantia real, o entendimento do Min. Salomão é outro: "(...) *Com efeito, não havendo nenhum dispositivo da legislação de regência que obste a novação de direitos reais de garantia, mostra-se plenamente possível, a meu juízo, que o plano de recuperação aprovado pela assembleia, tenha o poder de novar o crédito principal e suas correspondentes* ***garantias de direito real****, inclusive suprimindo-as, reduzindo-as ou substituindo-as, sob pena de equipará-los aos créditos não sujeitos aos efeitos da recuperação. Assim, ainda que o credor venha a se opor ou a votar pela rejeição da supressão de suas garantias reais, deverá submeter-se à decisão soberana do órgão máximo representativo dos credores, nos termos do quórum dos arts. 37 e 45 da Lei de regência. (...)*"

Assim, de acordo com o entendimento do Min. Salomão, não há previsão legal que obste a novação em relação aos credores titulares de direitos reais de garantia. O magistrado entende que a regra prevista no artigo 50, §1º, da LRF[474] não é suficiente para impedir a novação quando o plano de recuperação judicial for aprovado pela maioria dos credores.

Esse também é o entendimento de Fábio Ulhoa Coelho: "(...) *Em suma, o plano de recuperação aprovado pela assembleia de credores pode* novar *o crédito suportado em direito real de garantia, inclusive suprimindo, reduzindo*

[474] Art. 50. Constituem meios de recuperação judicial, observada a legislação pertinente a cada caso, dentre outros: (...) § 1º Na alienação de bem objeto de garantia real, a supressão da garantia ou sua substituição somente serão admitidas mediante aprovação expressa do credor titular da respectiva garantia.

ou substituindo a garantia real. (...) Ressalte-se, contudo, que eventual convolação da recuperação judicial em falência acarretará a desconstituição da novação recuperacional. Neste caso, para assegurar que o credor hipotecário, pignoratício ou anticrético possa exercer sua preferência na liquidação falimentar, a LF estabelece que o bem onerado não pode ser alienado sem a concordância daquele (art. 50, §1ª). A finalidade deste direito resume-se a tornar efetiva a preferência na hipótese de convolação em falência e não importa em limitar a sua sujeição aos efeitos da recuperação judicial. (...)[475]"

De acordo com tal entendimento, não haveria nenhum impeditivo para que a novação operada pela aprovação do plano de recuperação judicial suprimisse, reduzisse ou substituísse a garantia real titularizada pelo credor.

Ainda, o artigo 50, §1º, da LRF, não obstaria a operacionalização dos efeitos da novação, pois teria a intenção, somente, de garantir ao credor a possibilidade de manutenção da sua condição em caso de convolação da recuperação judicial em falência.

A quarta corrente não prevaleceu no julgamento do Recurso Especial 1.794.209/SP, tampouco nos outros casos citados.

Percebe-se, portanto, que a questão está longe de ser pacificada e que o posicionamento do Superior Tribunal de Justiça oscila a depender da composição da turma julgadora no caso concreto.

Reafirmamos, com todo respeito aos posicionamentos contrários, o nosso entendimento pela aplicação da segunda corrente por estarmos convictos que a interpretação dos artigos 49, §1º, 50, §1º e 59, todos da LRF, nos conduz à inequívoca conclusão de que a eficácia da cláusula do plano de recuperação judicial que prevê a alteração, substituição ou supressão da garantia real ou fidejussória depende da aprovação expressa do credor titular da garantia.

Dessa forma, entendemos que o credor que se manifesta contrariamente à referida cláusula, seja rejeitando o plano de recuperação, seja apresentando ressalva específica em relação a ela, não pode ter a sua garantia alterada, suprimida ou substituída. A mesma conclusão deve ser adotada em relação ao credor ausente e àquele que se absteve na vota-

[475] *Comentários à Lei de Falências e de Recuperação de Empresas*. 15. ed. rev., atual. e ampl. São Paulo: Thomson Reuters Brasil, 2021, p. 189.

ção, já que, o silêncio não importará em renúncia aos direitos do titular da garantia.

5.4.5. Eficácia do plano em relação aos créditos em moeda estrangeira

Por fim, a norma prevista no artigo 50, § 2º[476], da LRF, determina que nos créditos em moeda estrangeira, a variação cambial será conservada como parâmetro de indexação da correspondente obrigação e só poderá ser afastada se o credor, titular do respectivo crédito, aprovar expressamente previsão diversa no plano de recuperação judicial.

Da mesma forma, o artigo 163, §5º, da LRF[477], estabelece a mesma regra para os créditos em moeda estrangeira nos planos de recuperação extrajudicial levados à homologação.

Assim, estabelece a necessidade de concordância do credor titular de crédito em moeda estrangeira para alteração do parâmetro de indexação da variação cambial.

Dessa forma, como ocorre nos casos de créditos com garantias, entendemos que a cláusula do plano de recuperação judicial ou extrajudicial que altere o parâmetro de indexação do crédito em moeda estrangeira somente produzirá efeitos em relação aos credores que expressamente concordarem com ela.

Trata-se, mais uma vez, da aplicação do conceito de ineficácia relativa, acima estudado, situação em que o negócio não produz efeitos em relação a determinado agente, nesse caso, os credores titulares de créditos em moeda estrangeira que votaram contrariamente à cláusula, que a ressalvaram ou que não compareceram à assembleia geral de credores.

[476] Art. 50. Constituem meios de recuperação judicial, observada a legislação pertinente a cada caso, dentre outros: (...) § 2º Nos créditos em moeda estrangeira, a variação cambial será conservada como parâmetro de indexação da correspondente obrigação e só poderá ser afastada se o credor titular do respectivo crédito aprovar expressamente previsão diversa no plano de recuperação judicial.

[477] Art. 163. O devedor poderá também requerer a homologação de plano de recuperação extrajudicial que obriga todos os credores por ele abrangidos, desde que assinado por credores que representem mais da metade dos créditos de cada espécie abrangidos pelo plano de recuperação extrajudicial. (...) § 5º Nos créditos em moeda estrangeira, a variação cambial só poderá ser afastada se o credor titular do respectivo crédito aprovar expressamente previsão diversa no plano de recuperação extrajudicial.

5.5. Consequências da inexistência, da invalidade e da ineficácia do plano de recuperação judicial ou de suas cláusulas

Apontamos as possíveis causas de inexistência, invalidade e ineficácia das cláusulas ou do próprio plano de recuperação judicial. Nesse item, pretendemos analisar as consequências da identificação de tais situações no caso concreto.

Como dissemos, a inexistência ocorre quando não houver manifestação de vontade, finalidade negocial ou quando o objeto for inidôneo para a categoria jurídica de negócio celebrado.

Trata-se de hipóteses pouco encontradas em plano de recuperação judicial, em razão das peculiaridades do instituto e da forma como ele é negociado entre o devedor e os credores. Com a reforma da Lei nº 14.112/2020, entendemos que eventual plano alternativo apresentado por credor que obtenha a concordância expressa do devedor será considerado inexistente. Não há que se falar em produção de efeitos de negócio jurídico inexistente.

A declaração de nulidade, por sua vez, é mais complexa, pois está vinculada ao interesse público do negócio, à sua adequação aos preceitos legais e de ordem pública. Por isso, o ato nulo não pode ser confirmado pelas partes e não se convalesce.

Assim, qualquer pessoa pode alegar uma das causas de nulidade mencionadas, inclusive o Ministério Público e, ainda, podem ser identificadas pelo juiz *ex officio*.

No caso da recuperação judicial, entendemos que tanto o juízo de primeira instância quanto o Tribunal podem declarar a nulidade de cláusulas ou do próprio plano. A decisão que reconhecer a nulidade tem natureza declaratória.[478]

[478] O Tribunal de Justiça de São Paulo proferiu decisão sobre o momento adequado para o exercício do controle de legalidade: Recuperação judicial – *Agravo de instrumento com pedido de efeito suspensivo em face da decisão que realizou controle de legalidade e determinou a alteração do Plano de Recuperação Judicial antes que ele fosse submetido à Assembleia Geral de Credores (controle de legalidade prévio à AGC) – Apesar da boa intenção na realização do controle de legalidade prévio, ele não possui previsão legal, afeta o prosseguimento da recuperação judicial e, sobretudo, aparta os credores do debate – Além disso, o controle prévio de legalidade não impede que, após a Assembleia, os credores discutam judicialmente outros pontos, criando novos impasses à regularidade do trâmite da recuperação judicial* – Diante do exposto, mantém-se o efeito suspensivo concedido anteriormente em decisão monocrática. (TJSP; Agravo de Instrumento 2021062-33.2021.8.26.0000;

Diferente a hipótese de anulabilidade que somente poderá ser reconhecida a requerimento da parte prejudicada em ação que deve ser proposta nos prazos previstos pelo Código Civil (arts. 178 e 179). O negócio eivado de vício no consentimento ou celebrado em fraude contra credores pode ser confirmado pelas partes e somente será considerado anulado após a sentença que possui natureza constitutiva negativa ou desconstitutiva, não podendo o magistrado manifestar-se de ofício.

Outro ponto relevante é o previsto no artigo 184 do Código Civil: "*Respeitada a intenção das partes, a invalidade parcial de um negócio jurídico não o prejudicará na parte válida, se esta for separável; a invalidade da obrigação principal implica a das obrigações acessórias, mas a destas não induz a da obrigação principal.*"

Trata-se da possibilidade de invalidade parcial do negócio jurídico, que é admitida pelo legislador quando a parte nula ou anulável pode ser separada, mantendo-se a higidez do negócio.

Sobre essa questão, ensina Marcos Bernardes de Mello: "*Vige, nos sistemas jurídicos,* o princípio da conservação *dos atos jurídicos (...) Na verdade, encontra-se na orientação imprimida pelo legislador moderno aos principais sistemas jurídicos a preocupação de salvar da invalidade, ao máximo, os atos jurídicos, evitando-se sempre que possível, que se percam as consequências práticas que os figurantes dos negócios pretenderam alcançar.*"[479]

Aplicando-se tais conceitos ao plano de recuperação judicial, entendemos que a presença de uma causa de nulidade ou anulabilidade poderá implicar a invalidade do plano de recuperação judicial ou de suas cláusulas, se for possível separá-las do todo. A jurisprudência tem entendido pela manutenção do plano sempre que possível.[480-481]

Relator (a): Grava Brazil; Órgão Julgador: 2ª Câmara Reservada de Direito Empresarial; Foro Central Cível – 2ª Vara de Falências e Recuperações Judiciais; Data do Julgamento: 09/03/2021; Data de Registro: 18/03/2021).

479 *Teoria do fato jurídico: plano da validade.* 14. ed. São Paulo: Saraiva, 2015, p. 274.

480 Recuperação Judicial. Homologação do plano aprovado em assembleia geral. Insurgência por haver suposta nulidade de cláusulas. Créditos quirografários com deságio de 40%, que não se mostra excessivamente elevado. Ausência de iliquidez do plano. Ausência de ilegalidade a previsão de possibilidade de alienação de ativos imobilizados e quotas sociais, observadas as formalidades exigidas pela LFR. Inadmissibilidade de cláusula que subordina o termo inicial do prazo para pagamento dos credores do trânsito em julgado da decisão que homologa o plano de recuperação. Termo inicial que deve ser certo, jamais

Com relação aos efeitos, a doutrina civilista traz a clássica definição *ex tunc* para os atos nulos que não produzem efeitos e; *ex nunc* para os atos anuláveis que produzem efeitos até a decisão que os reconhece como tal.

Eduardo Secchi Munhoz sustenta que: "(...) *Se o julgamento do recurso, passados meses ou anos, puder levar à superveniente anulação de negócios jurídicos implementados sob a proteção da decisão judicial recorrida, as partes envolvidas não terão a segurança necessária para efetivá-los.*"[482]

O autor propõe a adoção da *mootness doctrine*, instituto criado pela jurisprudência norte-americana, pelo direito brasileiro. Explica:

> (...) a doutrina do *equitable mootness* corresponde a uma construção jurisprudencial, pela qual se reconhece que determinados recursos interpostos no âmbito de processos falimentares (v.g. *Chapter 11*) tornam-se obsoletos (*moot*), já não podendo levar à anulação de determinados atos, ou à retração

incerto e sujeito à possibilidade de interposição de recursos. Ilegalidade de cláusula que prevê a possibilidade de a recuperanda purgar a mora decorrente do descumprimento de qualquer parcela no prazo de 90 dias, sem ônus, após os vencimentos das parcelas pactuadas. Ilegalidade de cláusula que libera garantias e desobriga devedores solidários e subsidiários. *Nulidade de cláusulas pontuais que preserva as demais aprovadas pela assembleia de credores, sem a necessidade de convocação de novo ato.* Recurso provido em parte. (Relator(a): Francisco Loureiro; Comarca: Catanduva; Órgão julgador: 1ª Câmara Reservada de Direito Empresarial; Data do julgamento: 09/09/2015; Data de registro: 10/09/2015).

481 EMENTA: AGRAVO DE INSTRUMENTO – AÇÃO DE RECUPERAÇÃO JUDICIAL – HOMOLOGAÇÃO DO PLANO DE RECUPERAÇÃO JUDICIAL – CONTROLE DE LEGALIDADE – CLÁUSULAS EM DESCONFORMIDADE COM A LEI Nº 11.101/2005 – NULIDADE – PRESERVAÇÃO DO PLANO – POSSIBILIDADE – RECURSO PARCIALMENTE PROVIDO. – Há de se ressaltar a possibilidade de o Poder Judiciário proceder ao controle de legalidade do Plano de Recuperação Judicial, respeitada a soberania da Assembleia de Credores. – *No caso dos autos, verificou-se a nulidade integral da cláusula 08 e a nulidade parcial da cláusula 09 do Plano de Recuperação Judicial, no que tange ao seu último parágrafo, vez que tais cláusulas não estão em consonância com a Lei nº 11.101/2005*, que regula a recuperação judicial, a extrajudicial e a falência do empresário e da sociedade empresária. – *Possibilidade de preservação do Plano de Recuperação Judicial quando a anulação de cláusula não implica no comprometimento do restante.* – Recurso parcialmente provido. (TJMG – Agravo de Instrumento-Cv 1.0000.17.107534-4/001, Relator(a): Des.(a) Carlos Roberto de Faria, 8ª CÂMARA CÍVEL, julgamento em 18/10/2018, publicação da súmula em 24/10/2018) (grifamos).

482 *Mootness doctrine* e o direito brasileiro. Preservação dos atos validamente implementados no âmbito da recuperação judicial. In: ELIAS, Luís Vasco (coord.). *10 anos da Lei de recuperação de empresas e falência: reflexões sobre a reestruturação empresarial no Brasil*. São Paulo: Quartier Latin, 2015, p. 115.

ao *status quo ante*, após sejam estes implementados substancialmente, com fundamento em decisão anterior.[483]

A teoria apresentada pelo autor se pauta em dois fundamentos: o primeiro é o de que o tempo para julgamento dos recursos não se coaduna com a necessidade de recuperação da empresa; o segundo estaria ligado à insegurança provocada no mercado pela possibilidade de reversão do plano aprovado e dos negócios jurídicos previstos no plano e já celebrados, é o que denomina de *consumação substancial.*[484]

Dessa forma, seria necessária determinar-se a concessão de efeito suspensivo ao recurso, já que no Brasil não há, em regra, efeito suspensivo ao recurso de agravo ou determinar-se que "(...) *após a consumação substancial dos negócios correspondentes, desde que observadas determinadas circunstâncias, ficam obstados de anular os atos praticados anteriormente de forma válida, ou determinar a volta das partes ao* status quo ante."[485]

O autor, por fim, apresenta quais seriam as circunstâncias que denotariam a aplicação da *mootness doctrine* ao plano de recuperação judicial declarado inválido:

> Seriam elas: (i) a aprovação do plano, ou do ato de alienação ou oneração de bens do ativo permanente, por decisão judicial validamente exarada no âmbito de processo de recuperação judicial, observado o contraditório e o devido processo legal; (ii) a inexistência de efeito suspensivo concedido no âmbito de recurso; (iii) a implementação substancial dos atos e negócio contemplados; (iv) a impossibilidade de retroagir ao estado anterior sem violar direitos de terceiros; e (v) a impossibilidade de aguardar o julga-

483 *Mootness doctrine* e o direito brasileiro. Preservação dos atos validamente implementados no âmbito da recuperação judicial. In: Elias, Luís Vasco (coord.). *10 anos da Lei de Recuperação de Empresas e Falência: reflexões sobre a reestruturação empresarial no Brasil.* São Paulo: Quartier Latin, 2015, p. 116.

484 *Mootness doctrine* e o direito brasileiro. Preservação dos atos validamente implementados no âmbito da recuperação judicial. In: Elias, Luís Vasco (coord.). *10 anos da lei de recuperação de empresas e falência: reflexões sobre a reestruturação empresarial no Brasil.* São Paulo: Quartier Latin, 2015, p. 117.

485 *Mootness doctrine* e o direito brasileiro. Preservação dos atos validamente implementados no âmbito da recuperação judicial. In: Elias, Luís Vasco (coord.). *10 anos da lei de recuperação de empresas e falência: reflexões sobre a reestruturação empresarial no Brasil.* São Paulo: Quartier Latin, 2015, p. 121.

mento do recurso para a implementação dos atos e negócios para a recuperação da empresa.[486]

O autor ressalta que o artigo 61, § 2º, da LFR, ao determinar a convolação da recuperação judicial em falência em caso de descumprimento do plano já determina a ressalva: "(...) *aos atos validamente praticados no âmbito da recuperação judicial", o que significaria a adoção dos princípios inspiradores da teoria norte-americana.*

Data maxima venia, entendemos que a questão pode ser solucionada à luz da legislação brasileira. O artigo 182 do Código Civil determina que: *"Anulado o negócio jurídico, restituir-se-ão as partes ao estado em que antes dele se achavam, e, não sendo possível restituí-las, serão indenizadas com o equivalente."*

Assim, tanto no caso de reconhecimento da nulidade como no caso a anulabilidade, não sendo possível reconstituir o *status quo ante*, a questão se resolve em perdas e danos.

Nesse ponto, ressalta-se a lição de Carlos Roberto Gonçalves: "(...) *a afirmação que o ato nulo não produz nenhum efeito não tem um sentido absoluto e significa, na verdade, que é destituído dos efeitos que normalmente lhe pertencem."*

No mesmo sentido é o Enunciado nº 537, da VI Jornada de Direito Civil do Conselho da Justiça Federal: *"A previsão contida no art. 169 não impossibilita que, excepcionalmente, negócios jurídicos nulos produzam efeitos, a serem preservados quando justificados por interesses merecedores de tutela."*

Como exemplo, podemos pensar: se já decorreu o prazo de um ano para pagamento dos créditos trabalhistas, mas eles ainda não receberam a totalidade do seu crédito porque o plano previa o pagamento em três anos; declarada a nulidade da cláusula, o pagamento do saldo devedor deve ser realizado imediatamente.

Ainda, se havia cláusula prevendo a alienação de bens do ativo permanente sem necessidade de autorização judicial. Vendido o bem e declarada nula a cláusula, não há razão para se reverter a venda reali-

[486] *Mootness doctrine* e o direito brasileiro. Preservação dos atos validamente implementados no âmbito da recuperação judicial. In: ELIAS, Luís Vasco (coord.). *10 anos da lei de recuperação de empresas e falência: reflexões sobre a reestruturação empresarial no Brasil.* São Paulo: Quartier Latin, 2015, p. 121.

zada, devendo a questão ser resolvida em perdas e danos, se houver prejuízo demonstrado.

Entendemos assim, que o magistrado deve ponderar a necessidade ou viabilidade da recomposição ao *status quo ante*, caso a caso.

No plano da eficácia, no caso de reconhecimento da ineficácia em relação a determinadas cláusulas ou credores, o plano aprovado será mantido, restando sem efeito apenas a cláusula ineficaz. A decisão que reconhecer a ineficácia tem natureza declaratória.

Reconhecendo-se a ineficácia, por exemplo, da cláusula que estende os efeitos da novação aos coobrigados, ficará o credor livre para ajuizar ou continuar ação própria com a expropriação de seus bens, independente da recuperação judicial.

Tratando-se de cláusula ilícita, suspensiva eivada de impossibilidade, contraditória ou puramente potestativa o plano será nulo, por força do artigo 123 do Código Civil. Tratando-se de cláusula impossível, mas resolutiva, o artigo 124 do Código Civil permite que seja considerada inexistente, mantendo-se a integridade do plano com relação às demais disposições. As mesmas regras se aplicarão ao termo, por força do artigo 135 do Código Civil.

Por fim, mesmo que reconhecida a invalidade do plano de recuperação judicial, tem prevalecido o entendimento de que não haverá convolação em falência, oportunizando-se ao devedor a possibilidade de apresentação de novo plano.[487] Entendemos que tal medida se mostra

[487] Nesse sentido: Agravos de instrumentos – Recuperação judicial – Homologação do plano – *Controle de legalidade – Nulidades – Cláusulas essenciais – Anulação do plano – Apresentação de novo plano – Possibilidade* – Primeiro e segundo recursos parcialmente providos – Terceiro recurso desprovido. *1. Na homologação do plano de recuperação judicial, a atuação do Poder Judiciário fica restrita à verificação de eventuais nulidades, não restando jurídico analisar sua viabilidade econômica. 2. Nos casos em que for manifesta a insubsistência do plano depois do reconhecimento da nulidade de suas principais cláusulas, inexiste óbice para a determinação de apresentação de um novo plano de recuperação judicial à assembleia-geral de credores.* Agravo de Instrumento 1.0000.17.019024-3/015 – Comarca de Passos – 3ª Vara Cível – Agravantes: Auto Passos Ltda., Novo Rumo Comércio de Veículos e Peças Ltda., Rio Grande Motors Ltda. – Interessados: Banco Gmac S/A, Banco Votorantim, Aymore Crédito, Banco do Brasil, Cred Prático Investimentos e Particiações Eireli. (TJMG – Agravo de Instrumento-Cv 1.0000.17.019024-3/015, Relator(a): Des.(a) Marcelo Rodrigues, 2ª Câmara Cível, julgamento em 14/05/2019, publicação da súmula em 15/05/2019) (grifamos).

compatível com a LRF, pois não há previsão legal para convolação em falência na hipótese de nulidade, mas somente na hipótese de rejeição e não aprovação do plano.

Ainda, se coaduna com os princípios basilares da recuperação judicial, na medida em que preserva a atividade empresarial, a fonte produtora e o emprego dos trabalhadores.

CONSIDERAÇÕES FINAIS

O presente trabalho teve por objeto o estudo do plano de recuperação judicial, especialmente, a sua natureza jurídica e a análise dos seus elementos de existência, requisitos de validade e fatores de eficácia.

Iniciamos a abordagem do tema pela síntese da evolução histórica do instituto da recuperação judicial, passando pelo conceito e particularidades da concordata.

Após, estudamos a recuperação judicial, com os seus pormenores, como o sujeito ativo, competência, créditos sujeitos, bem como, o procedimento estabelecido pela Lei nº 11.101/2005.

No terceiro capítulo, passamos ao estudo do plano de recuperação judicial e sua natureza jurídica. Tratamos de questões relevantes como a forma de apresentação e aprovação pelos credores.

Com relação à natureza do plano de recuperação judicial, entendemos tratar-se de negócio jurídico. Isto porque, a sua aprovação, com exceção da hipótese de ausência de objeções, decorre de ampla negociação travada na assembleia geral de credores.

A LFR estabeleceu mecanismos para que o devedor apresente proposta de pagamento aos seus credores e estes, por sua vez, manifestem a sua vontade, aceitando, rejeitando ou propondo alterações.

Não há como negar a natureza negocial do plano, mesmo considerando que as tratativas serão realizadas nos autos do processo recuperacional. A doutrina e os tribunais têm manifestado entendimento nesse sentido, como demonstrado no decorrer da pesquisa.

Entendemos, porém, que o plano de recuperação judicial não pode ser encarado como um negócio jurídico puramente privado. O objeto do plano é a renegociação das obrigações contraídas e não cumpridas pelo devedor. Tais obrigações serão novadas e, portanto, extintas. Essa renegociação, porém, tem um objetivo maior: preservar a atividade empresarial, alcançando a manutenção dos empregos dos trabalhadores e preservando os interesses dos credores, para que a empresa possa cumprir a sua função social.

O artigo 47 da LFR estabelece esses conceitos, verdadeiros princípios do direito recuperacional, que devem servir de parâmetro para interpretação de todos os outros dispositivos legais relacionados à recuperação judicial.

Admite-se então, a função pública da recuperação judicial, decorrente da tutela dos diversos interesses que gravitam em torno do empresário em crise: interesses do próprio devedor, dos seus sócios e empreendedores, dos trabalhadores, dos credores e, ainda, do Estado, no que tange à arrecadação dos tributos gerados pelo exercício da atividade econômica.

O devedor, ao elaborar o plano, busca discriminar os meios pelos quais pretende superar a crise e manter-se em atividade. Os credores, ao aprovarem ou rejeitarem a proposta apresentada pelo devedor, buscam a satisfação de seus créditos. Cabe ao Poder Judiciário encontrar o equilíbrio entre esses interesses, moldando a vontade negocial aos preceitos estabelecidos pelo artigo 47 da LFR.

Os limites dessa intervenção judicial, porém, são objeto de conflito. Como demonstrado nesse trabalho, o Superior Tribunal de Justiça entende que o magistrado não deve se imiscuir na apuração da viabilidade econômica da atividade empresarial tampouco nos aspectos negociais do plano de recuperação judicial, por se tratar de questões não jurídicas.

É cediço que a LFR pretende proporcionar os meios para recuperação de empresas viáveis. Os tribunais têm entendido que a apuração da viabilidade é de responsabilidade dos credores quando analisam o plano apresentado pelo devedor. Há um entendimento, ainda incipiente, no sentido de se admitir a produção de prova técnica para apurar a questão.

Com relação aos aspectos negociais do plano também há divergência, especialmente, com relação ao conceito de abusividade da proposta aprovada pelos credores.

Incontroversa, porém, é a necessidade de se estabelecer um controle de legalidade do plano de recuperação judicial, ou seja, do Poder Judiciário intervir declarando a nulidade ou ineficácia das disposições contidas no plano ou do próprio plano como um todo.

Entendemos que a realização desse controle de legalidade pode ser concretizada à luz da tricotomia existência-validade-eficácia, adotada por Pontes de Miranda e denominada "Escada Ponteana". Assim, tentamos estabelecer os elementos de existência, os requisitos de validade e os fatores de eficácia do plano de recuperação judicial.

Não analisamos as questões atinentes à assembleia geral de credores, que vão desde as irregularidades na forma de sua convocação e realização, até a efetiva manifestação de vontade dos credores e do devedor. Concentramos nossos esforços no estudo do conteúdo da proposta.

Dessa forma, consideramos como elementos de existência do plano de recuperação judicial, a vontade, manifestada pelas partes, de forma tácita, pela não apresentação de objeções; ou de forma expressa, pela votação na assembleia geral de credores. Ainda, a idoneidade do objeto, representado pelos créditos sujeitos à recuperação judicial, bem como, pela juridicidade, ou seja, pelo tratamento legislativo dispensado pela LFR que atribui efeitos jurídicos à vontade manifestada pelas partes no curso do processo recuperacional.

Aprovado o plano de recuperação judicial, tem-se por existente o negócio e, portanto, passamos à análise de suas qualidades e defeitos, ou seja, do plano da validade.

O plano da validade é composto pela nulidade, representada pela violação de preceitos de ordem pública. Entendemos que o plano pode ser nulo ou pode conter disposições nulas, se não preencher os requisitos de validade estabelecidos pelo Código Civil, artigo 104: capacidade das partes – credores e devedor; objeto lícito, possível, determinado ou determinável, dando relevância para a necessidade de se estabelecer planos claros e líquidos; e, observância da forma prescrita na LFR para sua apresentação.

Consideramos haver nulidade também nos casos em que a disposição contida no plano tenha por objetivo fraudar a própria LRF ou outra norma de natureza cogente, ou, ainda, quando a própria norma atribua a nulidade como consequência de determinada cláusula nele expressa, trazendo como exemplos, hipóteses já julgadas pelos tribunais.

Entendemos que esses limites expressamente trazidos dispostos pela legislação falimentar, especialmente no tocante aos créditos trabalhistas, têm natureza cogente, razão pela qual, não podem ser derrogados pelas partes, mesmo que haja concordância de um grande número de credores ou mesmo da unanimidade deles.

A violação dos princípios aplicáveis à LFR também é considerada hipótese de nulidade, já que, tais princípios são preceitos de ordem pública que não podem ser derrogados pelas partes.

O abuso de direito do devedor no conteúdo da proposta é questão relevante e de delicada constatação, pois, para tanto, o magistrado deverá encontrar, no caso concreto, manifesto excesso aos limites do fim econômico ou social da recuperação ou dos preceitos de boa-fé, o que somente pode ser apurado em análise criteriosa do caso *sub judice*.

O plano da validade ainda é composto pela anulabilidade que deve ser verifica pelo Poder Judiciário, especialmente, no que se refere à presença de vício no consentimento ou de vício social em razão de fraude contra credores, hipóteses em que a manifestação de vontade, a cláusula viciada ou o próprio plano devem ser anulados.

Por fim, a questão da eficácia se mostra relevante, na medida em que, os planos aprovados não podem produzir efeitos em relação àqueles que não são sujeitos à recuperação judicial, como os credores excluídos, os coobrigados, fiadores e obrigados de regresso.

Entendemos também que não produzirão efeitos em relação aos credores que não renunciaram expressamente às garantias e àqueles que não concordaram com a alteração da forma de indexação dos créditos em moeda estrangeira.

Ademais, o devedor pode subordinar a eficácia das obrigações assumidas no plano a condições ou termos, já que a legislação brasileira é omissa nesse sentido. Tais condições ou termos devem atender aos ditames estabelecidos pelo Código Civil, sob pena de nulidade ou ineficácia.

Por fim, salientamos o posicionamento adotado pelos tribunais no sentido de manter a higidez do plano, sempre que possível, apesar do reconhecimento da nulidade, anulabilidade ou inexistência de determinada cláusula ou disposição nela contida.

No mesmo sentido, a opção dos tribunais por oportunizar ao devedor a apresentação de novo plano de recuperação, evitando-se a decretação da falência.

Com esse trabalho, estamos convictos de que o controle de legalidade admitido pela doutrina e jurisprudência retrata um verdadeiro controle de licitude do conteúdo do plano, que não poderá violar a Lei nº 11.101/2005 e outras normas cogentes do nosso ordenamento jurídico, os princípios aplicáveis à recuperação judicial, tampouco exceder manifestamente os limites impostos pela boa-fé ou pelo fim econômico ou social da recuperação judicial, qual seja, a realização dos valores tutelados pelo artigo 47 da LFR.

Trata-se de tarefa árdua que deve ser realizada com a análise minuciosa dos casos *sub judice*. Por isso, entendemos ser necessária a intervenção do Poder Judiciário para sopesar os interesses e proporcionar a verdadeira justiça ao processo recuperacional.

REFERÊNCIAS

ABRÃO, Carlos Henrique; BENETI, Sidnei; ANDRIGHI, Fátima Nancy (coordenadores). *10 anos de vigência da lei de recuperação e falência: (Lei nº 11.101/2005): retrospectiva geral contemplando a Lei nº 13.043/2014 e a Lei Complementar nº 147/2014*. São Paulo: Saraiva, 2015.

ABRÃO, Carlos Henrique. *Pedido de restituição na concordata e na falência*. São Paulo: Livraria e Editora Universitária de Direito, 1991.

ADAMEK, Marcelo Vieira Von. Temas de direito societário e empresarial contemporâneos. São Paulo: Malheiros, 2011.

AMORIM, Pedro Henrique Vizotto. Análise de julgado: o conflito entre a supremacia dos preceitos constitucionais, principiológicos e legais e a soberania da assembleia geral de credores na recuperação judicial. *Revista de Direito Bancário e do Mercado de Capitais*. v. 59/2013, p. 407, jan./2013.

ALMEIDA, Amador Paes de. *Curso de falência e recuperação de empresa: de acordo com a Lei nº 11.101/2005*. 25. ed. São Paulo: Saraiva, 2009.

ALMEIDA, Marcus Elidius Michelli de. *Nova lei de falências e recuperação de empresas – Confrontada e breves anotações*. São Paulo: Quartier Latin, 2005.

ANDRIGHI, Fátima Nancy; BENETI, Sidnei; ABRÃO, Carlos Henrique (coordenadores). *10 anos de vigência da lei de recuperação e falência: (Lei nº 11.101/2005): retrospectiva geral contemplando a Lei nº 13.043/2014 e a Lei Complementar nº 147/2014*. São Paulo: Saraiva, 2015.

ASCARELLI, Tullio. *Problemas das sociedades anônimas e direito comparado*. São Paulo: Quorum, 2008.

ASSIONE SANTOS; Luis Miguel Roa Florentin; SALMAZO, Rodolfo (orgs.); WAISBERG, Ivo; BEZERRA FILHO, Manoel Justino (coords.). *Transformações do Direito de Insolvência: Estudos sob a Perspectiva da Reforma da Lei 11.101/2005*. São Paulo: Quartier Latin, 2021.

ATAÍDE JUNIOR, Jalemiro Rodrigues de. Negócios jurídicos materiais e processuais – existência, validade e eficácia – campo-invariável e campos-dependentes: sobre os limites dos negócios jurídicos processuais. *Revista de Processo*. v. 244/2015, p. 393-423, jun. 2015.

Atienza, Manuel; Manero, Juan Ruiz. *Ilícitos atípicos: sobre o abuso de direito, fraude à lei e desvio de poder*. São Paulo: Marcial Pons, 2014.

Azevedo, Álvaro Villaça. *Teoria geral das obrigações: responsabilidade civil*. 10. ed. São Paulo: Atlas, 2004.

Azevedo, Antônio Junqueira de. *Negócio jurídico*. 4. ed. São Paulo: Saraiva, 2002.

Barreto Filho, Oscar. *Teoria do estabelecimento comercial: fundo de comércio ou fazenda mercantil*. 2. ed. São Paulo: Saraiva, 1988.

Barros Neto, Geraldo Fonseca de. *Aspectos processuais da recuperação judicial*. Dissertação de mestrado: Pontifícia Universidade Católica, 2012.

Beneti, Sidnei; Andrighi, Fátima Nancy; Abrão, Carlos Henrique (coordenadores). *10 anos de vigência da lei de recuperação e falência: (Lei nº 11.101/2005): retrospectiva geral contemplando a Lei nº 13.043/2014 e a Lei Complementar nº 147/2014*. São Paulo: Saraiva, 2015.

Bertasi, Maria Odete Duque; Giansante, Gilberto. *Reforma da Lei de Falências e Recuperação de Empresas*. Leme, SP: Editora Imperium, 2021.

Bezerra Filho, Manoel Justino; Toledo, Paulo Fernando Salles de; Calças, Manoel de Queiroz Pereira; Pugliesi, Adriana Valéria. *Tratado de Direito Empresarial. Recuperação Empresarial e Falência*. 2. ed. rev., atual. e ampl. São Paulo: RT, 2018, v. 5.

Bezerra Filho, Manoel Justino. *Lei de recuperação de empresas e falência: Lei 11.101/2005: comentada artigo por artigo*. 15. ed. rev., atual. e ampl. São Paulo: Thomson Reuters Brasil, 2021.

–. *Lei de recuperação de empresas e falência comentada: Lei nº 11.101/2005: comentário artigo por artigo*. 14. ed. São Paulo: Editora Revista dos Tribunais, 2019.

–. "Trava bancária" e "trava fiscal" na recuperação judicial – Tendências jurisprudenciais atuais. In: Elias, Luis Vasco (coord.). *10 anos da lei de recuperação de empresas e falência: reflexões sobre a reestruturação empresarial no Brasil*. São Paulo: Quartier Latin, 2015.

–. *Lei de recuperação de empresas e falência comentada: Lei nº 11.101/2005: comentário artigo por artigo*. 11. ed. rev. ampl. e atual. São Paulo: Editora Revista dos Tribunais, 2015.

–. *Lei de recuperação de empresas e falência comentada: Lei nº 11.101/2005: comentário artigo por artigo*. 7. ed. rev. ampl. e atual. São Paulo: Editora Revista dos Tribunais, 2011.

–. Recuperação de microempresas e empresas de pequeno porte: modificações introduzidas pela lei complementar nº 147, de 7 de agosto de 2014. *Revista dos Tribunais*. v. 1, p. 35-49, 2015.

–. Resenha de julgado do STJ sobre extensão dos efeitos da falência a sociedades coligadas. *Revista dos Tribunais*. v. 915, p. 437-452, 2012.

–. A responsabilidade do garantidor na recuperação judicial do garantido. *Revista do Advogado*. São Paulo: Associação dos Advogados de São Paulo, nº 105, setembro de 2009, p. 129-134.

–. A verificação e a habilitação de créditos na recuperação judicial e na falência. *Revista do Advogado*. São Paulo: Associação dos Advogados de São Paulo. Ano XXV, nº 83, n. 83, 2005.

–. Os débitos condominiais na recuperação judicial. In: Bruschi, Gilberto Gomes; Couto, Mônica Bonetti; Silva, Ruth Maria Junqueira de A. Pereira e; Pereira, Thomaz Henrique Junqueira de A. (org.). *Direito processual empresarial – Estudos em homenagem a Manoel de Queiroz Pereira Calças*. São Paulo: Elsevier Editora, 2012, v. 1, p. 443--451.

–. *Jurisprudência na nova lei de recuperação de empresas e de falência*. São Paulo: Revista dos Tribunais, 2006.

–. Dissolução, liquidação e extinção da sociedade empresária à luz da legislação civil e falimentar (A falência como causa (ou não) da extinção da personalidade jurídica da sociedade empresária. In: Marcelo Vieira Von Adamek. (org.). *Temas de direito societário e empresarial contemporâneos*. São Paulo: , 2011, v. 1.

–. O Estado, a empresa e o mercado: novas tendências de direito econômico e comercial. *Revista de Direito Bancário e do Mercado de Capitais*. v. 39/2008. p. 24-31, jan.-mar./2008.

–. Entrevista. In: Castro, Rodrigo R Monteiro de; Aragão, Leandro Santos de. (coord.) *Direito societário e a nova lei de falências e recuperação de empresas*. São Paulo: Ed. Quartier Latin, 2006.

Betti, Emílio. *Teoria geral do negócio jurídico*. Campinas: Servanda Editora, 2008.

Bevilaqua, Clovis. *Direito das obrigações*. 2. ed. revista e atualizada por Achiles Bevilaqua, Rio de Janeiro: Editora Paulo de Azevedo, 1954.

Boeira, Alexandre Kosby; Medeiros, Laurence Bica. Recuperação Judicial e o Crédito Trabalhista: A Simplificação dos Procedimentos de Habilitação em Tempos de Pandemia da Covid-19. *In: Transformações do Direito de Insolvência: Estudos sob a Perspectiva da Reforma da Lei 11.101/2005*. São Paulo: Quartier Latin, 2021.

Branco, Gerson Luiz Carlos. O poder dos credores e o poder do juiz na falência e recuperação judicial. *Revista dos Tribunais*. v. 936/2013. p. 43. out./2013.

Bruschi, Gilberto Gomes; Couto, Mônica Bonetti; Silva, Ruth Maria Junqueira de A. Pereira e; Pereira, Thomaz Henrique Junqueira de A. (org.). *Direito processual empresarial – Estudos em homenagem a Manoel de Queiroz Pereira Calças*. Rio de Janeiro: Elsevier, 2012.

Bulgarelli, Waldírio. *Problemas de direito empresarial moderno*. São Paulo: Editora Revista dos Tribunais, 1989.

–. A reforma da lei das falências e concordatas. *Revista de Direito Mercantil, Industrial, Econômico e Financeiro*. Ano XXXI, nº 85, p. 49-56, jan--março/1992.

–. *Tratado de direito empresarial*. 2. ed. São Paulo: Atlas, 1995.

BUSCHINELLI, Gabriel Saad Kik. *Abuso do direito de voto na assembleia geral de credores*. São Paulo: Quartier Latin, 2014.

CALÇAS, Manoel de Queiroz. Novação recuperacional. *Revista do Advogado*. São Paulo: Associação dos Advogados de São Paulo, nº 105, setembro de 2009, p. 115-128.

–; SILVA, Ruth Maria Junqueira de Andrade Pereira e. Reflexões sobre a jurisprudência em face da cessão fiduciária de créditos na recuperação judicial. *Revista Brasileira de Direito Comercial*, v. 01, p. 44-57, 2014.

–; SILVA, Ruth Maria Junqueira de Andrade Pereira e. O empresário no Código Civil e na Lei de Falência e Recuperação. *Revista Jurídica Empresarial*, v. 18, p. 11-26, 2011.

–; SILVA, Ruth Maria Junqueira de Andrade Pereira e. Da cessão fiduciária de créditos na recuperação judicial. *Revista Opinião Jurídica*. v. 3, p. 45-50, 2015.

–. Créditos submetidos à recuperação judicial. In: LUCCA, Newton; VASCONCELOS, Miguel Pestana de. (org.). *Falência, insolvência e recuperação de empresas – Estudos luso-brasileiros*. São Paulo: Quartier Latin do Brasil, 2015, v. 1, p. 189-215.

–. Reflexões sobre o litisconsórcio ativo entre empresas componentes de grupo econômico na recuperação judicial. In: YARSHELL, Flávio Luiz; PEREIRA, Guilherme Setoguti J. (org.). *Processo societário II*. São Paulo: Quartier Latin, 2015, v. 2, p. 01-862.

–. A novação recuperacional. In: COELHO, Fábio Ulhoa. (org.). *Tratado de direito comercial – Falência e recuperação de empresa e direito marítimo*. São Paulo: Saraiva, 2015, v. 7, p. 295-315.

–. A controvérsia sobre a natureza jurídica das contribuições devidas ao Fundo de Garantia por Tempo de Serviço por empresa em recuperação judicial. In: CEREZETTI, Sheila C. Neder; MAFFIOLETTI, Emanuelle Urbano. (org.). *10 ANOS DA LEI Nº 11.101/2005 – Estudos sobre a lei de recuperação e falência*. São Paulo: Almedina, 2015, v. 1, p. 407-414.

–. Falência da sociedade: extensão aos sócios de responsabilidade ilimitada. In: ADAMEK, Marcelo Vieira Von. (org.). *Temas de direito societário e empresarial contemporâneos*. São Paulo: Malheiros, 2011, v. ????, p. 611-623.

–. Do pedido de restituição e dos embargos de terceiro. *Revista de Direito Bancário e do Mercado de Capitais*. ano 10, nº 36, p. 260, abr.-jun./2007.

–. *Sociedade limitada no novo código civil*. São Paulo: Atlas, 2003.

CASTRO, Rodrigo R. Monteiro de; ARAGÃO, Leandro Santos de. (coord.) *Direito societário e a nova lei de falências e recuperação de empresas*. São Paulo: Ed. Quartier Latin, 2006.

CAMPINHO, Sérgio. *Falência e recuperação de empresa: o novo regime da insolvência empresarial*. 3. ed. Rio de Janeiro: Renovar, 2008.

CAVALLI, Cássio. Plano de recuperação. In: COELHO, Fábio Ulhoa. (org.). *Tratado de direito comercial – Falência e recuperação de empresa e direito marítimo*. São Paulo: Saraiva, 2015, v. 7, p. 258-294.

CEREZETTI, Sheila C. Neder. Princípio da preservação da empresa. In: COELHO, Fábio Ulhoa. *Tratado de direito comercial: falência e recuperação de empresa e direito marítimo*. São Paulo: Saraiva, 2015, v. 7, p. 13-36.

COELHO, Fábio Ulhoa. *Tratado de direito comercial: falência e recuperação de empresa e direito marítimo*. São Paulo: Saraiva, 2015, v. 7.

–. *Comentários à Lei de Falências e de Recuperação de Empresas*. 14. ed. rev., atual. e ampl. São Paulo: Thomson Reuters Brasil, 2021.

–. *Comentários à Lei de Falências e de Recuperação de Empresas*. 15. ed. rev., atual. e ampl. São Paulo: Thomson Reuters Brasil, 2021.

–. *Comentários à lei de falências e da recuperação de empresas*. 9. ed. São Paulo: Saraiva, 2013.

–. *Curso de direito comercial: direito de empresa*. 15. ed. São Paulo: Saraiva, 2014, v. 3.

–. *Curso de direito civil: parte geral*. 6. ed. São Paulo: Saraiva, 2013.

–. *Curso de direito civil: obrigações*. 4. ed. São Paulo: Saraiva, 2010.

–. *Princípios do direito comercial: com anotações ao projeto de código comercial*. São Paulo: Saraiva, 2012.

COMISSÃO EUROPEIA. 2014/135/UE: Recomendação da Comissão, de 12 de março de 2014, sobre uma nova abordagem em matéria de falência e de insolvência das empresas. Disponível em: https://eur-lex.europa.eu/legal-content/PT/TXT/?uri=celex:32014H0135. Acesso em 14.09.2021.

COMPARATO, Fábio Konder. *Direito empresarial: estudos e pareceres*. São Paulo: Saraiva, 1995.

–. *Ensaios e pareceres de direito empresarial*. Rio de Janeiro: Forense, 1978.

COSTA, Daniel Cárnio. Reflexões sobre processos de insolvência: divisão equilibrada de ônus, superação do dualismo pendular e gestão democrática de processos. In: ELIAS, Luís Vasco (coord.). *10 anos da Lei de recuperação de empresas e falência: reflexões sobre a reestruturação empresarial no Brasil*. São Paulo: Quartier Latin, 2015, p. 87-112.

–. A divisão equilibrada de ônus na recuperação judicial da empresa. In: DE LUCCA, Newton; VASCONCELOS, Miguel Pestana de. (org.). *Falência, insolvência e recuperação de empresas: estudos luso-brasileiros*. São Paulo: Quartier Latin, 2015, v. 1, p. 47-63.

–; MELO, Alexandre Correa Nasser de. *Comentários à lei de recuperação de empresas e falência: Lei 11.101, de 09 de fevereiro de 2005*. Curitiba: Juruá, 2021.

–; TARTUCE, Flávio; SALOMÃO, Luís Felipe. *Recuperação de empresas e falência: diálogos entre a doutrina e jurisprudência*. 1. ed. Barueri, SP: Atlas, 2021.

–; FAZAN, Eliza. Constatação prévia em processos de recuperação judicial de empresas: o modelo de suficiência recuperacional (MSR). Curitiba: Juruá, 2019.

CRIPPA, Carla Smith de Vasconcellos. *O abuso do direito na recuperação judicial*. Dissertação de mestrado. São

Paulo: Pontifícia Universidade Católica, 2013.

DE LUCCA, Newton; SIMÃO FILHO, Adalberto (coord.). *Comentários à nova lei de recuperação de empresas e de falências*. São Paulo: Quartier Latin, 2005.

–; VASCONCELOS, Miguel Pestana de. (org.). *Falência, insolvência e recuperação de empresas: estudos luso-brasileiros*. São Paulo: Quartier Latin, 2015.

–; DOMINGUES, Alessandra de Azevedo (coord.). *Direito recuperacional – Aspectos teóricos e práticos*. São Paulo: Quartier Latin, 2009.

–; DOMINGUES, Alessandra de Azevedo; LEONARDI ANTONIO, Nilva M. (coord.). *Direito recuperacional II – Aspectos teóricos e práticos*. São Paulo: Quartier Latin, 2012.

DEZEM, Renata Mota Maciel Madeira; BORTOLINI, P. R. *Efeitos da recuperação judicial sobre as garantias prestadas por terceiros*. Cadernos Jurídicos (EPM), v. 16(39), p. 33-58, 2015.

–. Poderes do juiz e dos credores na recuperação judicial: análise da Lei nº 11.101/05 a partir dos interesses envolvidos. In: DE LUCCA, Newton; VASCONCELOS, Miguel Pestana de. (org.). *Falência, insolvência e recuperação de empresas: estudos luso-brasileiros*. São Paulo: Quartier Latin, 2015, v. 1, p. 63-85.

–. A recuperação judicial e as tutelas de urgência. In: LAZARINI, Alexandre Alves; KODAMA, Thais; CALHEIROS, Paulo (org.). *Recuperação de empresas e falência: aspectos práticos e relevantes da lei nº 11.101/2005*. São Paulo: Quartier Latin, 2014.

DINIZ, Maria Helena. *Compêndio de introdução à ciência do direito: introdução à teoria geral do direito, à filosofia do direito, à sociologia jurídica*. 24. ed. São Paulo: Saraiva, 2013.

–. *Lei de introdução às normas do direito brasileiro interpretada*. 17. ed. rev. e atual. São Paulo: Saraiva, 2012.

–. *Curso de direito civil brasileiro: teoria geral do direito civil*. 31. ed. São Paulo: Sarava, 2014.

–. *Curso de direito civil brasileiro: teoria geral das obrigações*. 24. ed. reformulada. São Paulo: Saraiva, 2009.

ELIAS, Luís Vasco (coord.). *10 anos da lei de recuperação de empresas e falência: reflexões sobre a reestruturação empresarial no Brasil*. São Paulo: Quartier Latin, 2015.

FARENGA, Luigi. La reforma del diritto fallimentare in Italia: uma nuova visione del mercato. *Revista de Direito Mercantil, Industrial, Econômico e Financeiro*. Ano XLVI, nº 145, janeiro-março de 2007, p. 9-16.

FARIAS, Cristiano Chaves de; ROSENVALD, Nelson. *Curso de direito civil: parte geral e LINDB*. 13. ed. rev., ampl. e atual. São Paulo: Atlas, 2015.

FAZZIO JUNIOR, Waldo. *Lei de falência e recuperação de empresas*. 5. ed. São Paulo: Atlas, 2010.

FERRAZ JUNIOR, Tercio Sampaio. *Introdução ao estudo do direito: técnica, decisão, dominação*. 3. ed. São Paulo: Atlas, 2001.

FERREIRA, Waldemar. *Tratado de direito comercial*. Saraiva: São Paulo, 1966. v. 14º.

–. *Tratado de direito comercial*. Saraiva: São Paulo, 1966. v. 15º.

FILARDI, Rosemarie Adalardo. *Órgãos específicos da administração da falência e da recuperação judicial das empresas.* Tese de doutorado. São Paulo: Pontifícia Universidade Católica, 2008.

–. Órgãos da recuperação judicial e da falência. In: COELHO, Fábio Ulhoa. *Tratado de direito comercial.* São Paulo: Editora Saraiva, 2015. v. 07. p. 211-257.

FLORIANO NETO, Alex. *Atuação do juiz na recuperação judicial.* Belo Horizonte: Arraes Editora, 2012.

FONSECA, Geraldo. Reforma da Lei de Recuperação Judicial e Falência – Comentada e comparada. São Paulo: Forense, 2021.

FORGIONI, Paula A. *Contratos empresariais: teoria geral e aplicação.* São Paulo: Editora Revista dos Tribunais, 2015.

FRANÇA, Erasmo Valadão Azevedo e Novaes. *Temas de direito societário, falimentar e teoria da empresa.* São Paulo: Malheiros, 2009.

–. Lineamentos da reforma do direito societário italiano em matéria de invalidade das deliberações assembleares. *Revista de Direito Mercantil, Industrial, Econômico e Financeiro.* Ano XLIII, nº 134, p. 12-24, abril-junho de 2004.

–. Da Assembleia-Geral de Credores. In: SOUZA JUNIOR, Francisco Satiro; PITOMBO, Antônio Sérgio A. de Moraes. *Comentários à lei de recuperação de empresas e falência:* Lei 11.101/2005. São Paulo: Editora Revista dos Tribunais, 2007, p. 186-217.

–. Invalidade de deliberações conexas de companhias. *Revista de Direito Mercantil, Industrial, Econômico e Financeiro.* Ano XLVI, nº 145, p. 255-269, janeiro-março de 2007.

–. Assembléia-geral de credores. *Revista do Advogado.* Ano XXV, nº 83, setembro de 2005, p. 42-50.

FRANCO, Vera Helena de Mello; SZTAJN, Rachel. *Falência e recuperação da empresa em crise.* Rio de Janeiro: Elsevier, 2008.

GALGANO, Francesco. *Diritto privato.* 9. ed. Padova: Cedam, 1996.

GAMA, Guilherme Calmon Nogueira da. *Direito civil: obrigações.* São Paulo: Atlas, 2008.

GARBI, Carlos Alberto. *O adimplemento da obrigação e a intervenção judicial no contrato em face do princípio da integridade da prestação e da cláusula geral da boa-fé.* Tese de doutorado. São Paulo: Pontifícia Universidade Católica, 2010.

–. A flexibilização do princípio da integridade da prestação e a possibilidade do parcelamento da dívida. In: LOTUFO, Renan; NANNI, Giovanni Ettore; MARTINS, Fernando Rodrigues (org.). *Temas relevantes do direito civil contemporâneo.* São Paulo: Atlas, 2012, p. 218-252.

GARCIA, Gustavo Filipe Barbosa. *Curso de direito do trabalho.* 11. ed., rev., atual. e ampl. Rio de Janeiro: Forense, 2017.

–. *Manual de processo do trabalho.* 7. ed. rev., ampl. e atual., Salvador: JusPodivm, 2021.

GOMES, Orlando. *Introdução ao direito civil.* Rio de Janeiro: Forense, 2010.

GONÇALVES, Carlos Roberto. *Direito civil brasileiro: parte geral – De acordo com a lei nº 12.874/2013*. 12. ed. São Paulo: Saraiva, 2014.

–. *Direito civil brasileiro: teoria geral das obrigações*. 7. ed. São Paulo: Saraiva, 2010.

KATAOKA, Eduardo Takemi. Plano de recuperação judicial. *Revista dos Tribunais Rio de Janeiro. v.* 4/2014. p. 227-241. mar.abr./2014.

HENTZ, Luiz Antonio Soares. *Manuel de falência e recuperação de empresas: Lei nº 11.101, de 9.2.2015*. São Paulo: Editora Juarez de Oliveira, 2005.

JACKSON, Thomas H. *The logic and limits of bankruptcy law*. Cambridge, Mass.: Harvard University Press, 1986.

LACERDA, José Cândido Sampaio de. *Manual de direito falimentar*. 14. ed. rev. e atual. por Jorge de Miranda Magalhães. Rio de Janeiro: Freitas Bastos, 1999.

LAZARINI, Alexandre Alves; KODAMA, Thais; CALHEIROS, Paulo (org.). *Recuperação de empresas e falência: aspectos práticos e relevantes da lei nº 11.101/2005*. São Paulo: Quartier Latin, 2014.

LEITÃO, Luís Manuel Teles de Menezes. *Código da insolvência e da recuperação de empresas anotado*. 4. ed. Coimbra: Almedina, 2008.

LOBO, Arthur Mendes; SOUZA NETTO, Antônio Evangelista de Souza. Nulidades no processo de recuperação judicial. *Revista de Processo*. v. 237/2014, p. 337-366, nov. 2014.

LOBO, Jorge. *Da recuperação da empresa*. São Paulo: Lumen Juris, 1993.

–. Direito da crise econômica da empresa. *Revista de Direito Mercantil, Industrial, Econômico e Financeiro*. Ano XXXVI, nº 09, p. 64-92, janeiro--março/1998.

LORENZETTI, Ricardo Luis. *Fundamentos de direito privado*. São Paulo: Editora Revista dos Tribunais, 1998.

LOTUFO, Renan; NANNI, Giovanni Ettore (coords.). *Teoria geral do direito civil*. São Paulo: Atlas, 2008.

LUCCAS, Fernando Pompeu (coordenador). *Reforma da Lei de Falências: reflexões sobre direito recuperacional, falimentar e empresarial moderno*. São Paulo: Thomson Reuters Brasil, 2021.

LUNARDI, Fabrício Castagna. A teoria do abuso de direito no direito civil constitucional: novos paradigmas para os contratos. *Revista de Direito Privado*. v. 34/2008, p. 105-135, abr.--jun./2008.

MACHADO, Liv. *O papel do juiz no controle de legalidade na concessão da recuperação judicial*. Dissertação de mestrado. São Paulo: Pontifícia Universidade Católica, 2015.

MACHADO, Rubens Approbato (coord.). *Comentários à nova lei de falências e recuperação de empresas*. 2. ed. São Paulo: Quartier Latin, 2007.

MAMEDE, Gladston. *Direito empresarial brasileiro: falência e recuperação de empresas*. 5. ed. São Paulo: Atlas, 2012, v. 4.

–. *Falência e recuperação de empresas*. 12. ed. Sao Paulo: Atlas, 2021.

MANGE, Eduardo Foz. *Assembleia-geral de credores na recuperação judicial*. Dissertação de mestrado. São Paulo: Pontifícia Universidade Católica, 2010.

MARQUES, André Moraes; ZENEDIN, Rafael Nicoletti. Uma Análise Comparativa do Direito de propor o Plano de Recuperaçao Judicial à Luz das Legislaçoes Americana e Brasileira. In: MARTINS, André Chateaubriand; YAGUI, Márcia. *Recuperação judicial: análise comparada Brasil-Estados Unidos*. São Paulo: Almedina, 2020, p. 161-183.

MARTINS, André Chateaubriand; YAGUI, Márcia. *Recuperação judicial: análise comparada Brasil-Estados Unidos*. São Paulo: Almedina, 2020.

MARTINS-COSTA, Judith. As cláusulas gerais como fatores de mobilidade no sistema jurídico. *Revista dos Tribunais*. v. 680/1992, p. 47-58, jun./1992.

MAXIMILIANO, Carlos. *Hermenêutica e aplicação do direito*. 21. ed. Rio de Janeiro: Forense, 2018.

MELLO, Marcos Bernardes de. *Teoria do fato jurídico: plano da eficácia: 1ª parte*. 10. ed. São Paulo: Saraiva, 2015.

–. *Teoria do fato jurídico: plano da existência*. 20. ed. São Paulo: Saraiva, 2014.

–. *Teoria do fato jurídico: plano da validade*. 14. ed. São Paulo: Saraiva, 2015.

MENDONÇA, José Xavier Carvalho de. *Tratado de direito comercial brasileiro*. 4. ed. Rio de Janeiro: Livraria Editora Freitas Bastos, 1947, v. VII.

MESSINEO, Francesco. *Manuale di diritto civile e commerciale*. Milano: Giuffrè Editore, 1957.

MEZZA NOTTI, Gabriela. *A disciplina da empresa: reflexos da autonomia privada e solidariedade social*. Novo Hamburgo: Feevale, 2003.

MIRANDA, Custódio da Piedade Ubaldino. *Teoria geral do negócio jurídico*. 2. ed. São Paulo: Atlas, 2009.

MIRANDA, Pontes de. *Tratado de direito privado: parte geral: tomo III: negócios jurídicos. Representação. Forma. Prova*. 4. ed. São Paulo: Editora Revista dos Tribunais, 1983, v. III.

–. *Tratado de direito privado: parte geral: tomo IV: Validade. Nulidade. Anulabilidade*. 4. ed. São Paulo: Editora Revista dos Tribunais, 1983, v. IV.

–. *Tratado de direito privado: parte geral: tomo v: eficácia jurídica. Determinações inexatas e anexas. Direitos. Pretensões. Ações*. 4. ed. São Paulo: Editora Revista dos Tribunais, 1983, v. V.

MONTEIRO, Washington de Barros; MALUF, Carlos Alberto Dabus. *Curso de direito civil: direito das obrigações*. 35. ed. São Paulo: Saraiva, 2010.

MONTORO, André Franco. *Introdução à ciência do direito*. 24. ed. São Paulo: Editora Revista dos Tribunais, 1997.

MOREIRA, Alberto Camiña. Poderes da assembleia de credores, do juiz e atividade do Ministério Público. In: PAIVA, Luiz Fernando Valente de. *Direito falimentar e a nova lei de falências e recuperação de empresas*. São Paulo: Quartier Latin, 2005, p. 247-274.

–. Os credores na falência. In: COELHO, Fábio Ulhoa. *Tratado de direito comercial: falência e recuperação de empresa e direito marítimo*. São Paulo: Saraiva, 2015, v. 7.

MUNHOZ, Eduardo Secchi. Anotações sobre o limite do poder jurisdicional. *Revista de Direito Bancário e do Mercado de Capitais*. ano 10, nº 36, p. 185-199, abr.-jun./2007.

–. *Mootness doctrine* e o direito brasileiro. Preservação dos atos validamente implementados no âmbito da recuperação judicial. In: ELIAS, Luís Vasco (coord.). *10 anos da lei de recuperação de empresas e falência: reflexões sobre a reestruturação empresarial no Brasil*. São Paulo: Quartier Latin, 2015, p. 113-122.

–. Pressupostos da recuperação judicial. In: COELHO, Fábio Ulhoa. *Tratado de direito comercial*. São Paulo: Editora Saraiva, 2015. v. 07. p. 164-180.

NANNI, Giovanni Ettore. Abuso de direito. In: LOTUFO, Renan; NANNI, Giovanni Ettore (coords.). *Teoria geral do direito civil*. São Paulo: Atlas, 2008, p. 738-772.

NEGRÃO, Ricardo. *Aspectos objetivos da lei de recuperação de empresas e de falências: Lei nº 11.101, de 9 de fevereiro de 2005*. 4. ed. São Paulo: Saraiva, 2010.

–. *Manual de direito comercial e de empresa*. 7. ed. São Paulo: Saraiva, 2012.

–. *Curso de direito comercial e de empresa, vol. 3: recuperação de empresas, falência e procedimentos concursais administrativos*. 15. ed. São Paulo: Saraiva, 2021.

–. *A eficiência do processo judicial na recuperação de empresa*. São Paulo, Saraiva, 2010.

–. A preservação da função social como objetivo da recuperação judicial de empresa. In: BRUSCHI, Gilberto Gomes (coords.). *Direito processual empresarial: estudos em homenagem ao professor Manoel de Queiroz Pereira Calças*. Rio de Janeiro: Elsevier, 2012.

–. O papel do judiciário na homologação do plano. In: ABRÃO, Carlos Henrique; BENETI, Sidnei; ANDRIGHI, Fátima Nancy (coordenadores). *10 anos de vigência da lei de recuperação e falência: (Lei nº 11.101/2005): retrospectiva geral contemplando a lei nº 13.043/2014 e a lei complementar nº 147/2014*. São Paulo: Saraiva, 2015, p. 91-118.

NOGUEIRA, Ana Beatriz; CAMPI, Ana Cristina Baptista; PIHA, Daniela. Reflexões sobre a Rotineira Prática dos Aditamentos ao Plano de Recuperação Judicial. In: ELIAS, Luís Vasco (coord.). *10 anos da lei de recuperação de empresas e falência: reflexões sobre a reestruturação empresarial no Brasil*. São Paulo: Quartier Latin, 2015, p. 51-63.

NOGUEIRA, Pedro Henrique. *Negócios jurídicos processuais*. Salvador: JusPODIVM, 2016.

OLIVEIRA, Fátima Bayma. *Recuperação de empresas: uma múltipla visão da nova lei: Lei nº 11.101/05 de 09.02.2015*. São Paulo: Pearson Prentice Hall, 2006.

OLIVEIRA FILHO, Paulo Furtado de (coordenador). *Lei de recuperação e falência: pontos relevantes e controversos da reforma*. Indaiatuba, SP: Editora Foco, 2021.

–. A nova disciplina do encerramento do processo de recuperação judicial. *In:* OLIVEIRA FILHO, Paulo Furtado de (coordenador). *Lei de recuperação e falência: pontos relevantes e controversos da reforma*. Indaiatuba, SP: Editora Foco, 2021, p. 57-63.

PACHECO, José da Silva. *Processo de recuperação judicial, extrajudicial e falência: em conformidade com a Lei nº 11.101/2005*. Rio de Janeiro: Forense, 2006.

PAIVA, Luiz Fernando Valente de. *Direito falimentar e a nova lei de falências e recuperação de empresas*. São Paulo: Quartier Latin, 2005.

–. Apresentação do plano de recuperação pelo devedor e a atuação dos credores. *Revista do Advogado*. Ano XXV, nº 83, setembro de 2005, p. 73-81.

PEREIRA, Caio Mario da Silva. *Instituições de direito civil*. Rio de Janeiro: Editora Forense, 2010, v. I.

–. *Instituições de direito civil*. Rio de Janeiro: Editora Forense, 2010, v. II.

PEREIRA, Thomaz Henrique Junqueira de Andrade. *Princípios do direito falimentar e recuperacional brasileiro*. Dissertação de mestrado. São Paulo: Pontifícia Universidade Católica, 2009.

PERIN JUNIOR, *Curso de direito falimentar e recuperação de empresas*. 3. ed. rev., atual. e ampl. São Paulo: Editora Método, 2006.

–. *Preservação da empresa na lei de falências*. São Paulo: Saraiva, 2009.

REQUIÃO, Rubens. *Curso de direito falimentar*. 14. ed. São Paulo: Saraiva, 1998, v. 1.

–. *Curso de direito falimentar*. 14. ed. São Paulo: Saraiva, 1995, v. 2.

–. A crise do direito falimentar brasileiro. *Revista de Direito Mercantil, Industrial, Econômico e Financeiro*. Ano XIII, nº 14, p. 23-33, 1974.

–. Curso de direito comercial. 28. ed. rev. e atual. por Rubens Edmundo Requião. São Paulo: Saraiva, 2009, v. 1.

RESTIFFE, Paulo Sérgio. *Recuperação de empresas: de acordo com a lei 11.101, de 09-02-2005*. Barueri: Manole, 2008.

–. Processo da recuperação judicial. In: COELHO, Fábio Ulhoa. *Tratado de Direito Comercial*. São Paulo: Editora Saraiva, 2015. v. 07. p. 18-210.

ROCCO, Alfredo. *Il concordato nel falimento e prima del falimento: trattato teorico-pratico*. Torino: Fratelli Bocca Editori, 1902.

–. *Princípios de direito comercial*. Trad. Ricardo Rodrigues Gama. Campinas: LZN Editora, 2003.

ROSENVALD, Nelson; FARIAS, Cristiano Chaves de. *Curso de direito civil: parte geral e LINDB*. 13. ed. rev., ampl. e atual. São Paulo: Atlas, 2015.

SCALZILLI, João Pedro; SPINELLI, Luís Felipe; TELLECHEA, Rodrigo. *Recuperação de empresas e falência: teoria e prática na Lei 11.101/2005*. São Paulo: Almedina, 2018.

SACRAMONE, Marcelo Barbosa. *Comentários à lei de recuperação de empresas e falência*. 2. ed. São Paulo: Saraiva Educação, 2021.

–. *Comentários à lei de recuperação de empresas e falência*. São Paulo: Saraiva, 2018.

SADDI, Jairo. Assembleia geral de credores: um ano de experiência da Nova Lei de Falências. Uma avaliação. *Revista de Direito Bancário e do Mercado de Capitais*. ano 10, nº 36, p. 214-223, abr.-jun./2007.

SANTOS, Paulo Penalva; GONÇALVES NETO, Alfredo de Assis (coord.). *A nova lei de falências e de recuperação de empresas: Lei nº 11.101/05*. Rio de Janeiro: Forense, 2006.

SIMÃO FILHO, Adalberto; LUCCA, Newton de (coords.). *Direito empresarial contemporâneo*. 2. ed. São Paulo: Juarez de Oliveira, 2004.

–. Interesses transindividuais dos credores nas Assembleias-Ferais e Sistemas de Aprovação do Plano de Recuperação Judicial. In: DE LUCCA, Newton; DOMINGUES, Alessandra de Azevedo (coord.). *Direito recuperacional – Aspectos teóricos e práticos*. São Paulo: Quartier Latin, 2009, p. 32-64.

SCAVONE JUNIOR, Luis Antonio. *Juros: no direito brasileiro*. 3. ed. rev., atual., e ampl. São Paulo: Editora Revista dos Tribunais, 2009.

SHIMURA, Sergio Seiji. Homologação de plano de recuperação de empresa. Conversão de créditos em ações da empresa recuperanda. Impossibilidade de alteração do plano. Conceito de pagamento. *Revista de Processo*, v. 152, p. 333-337, 2007.

SOUZA JUNIOR, Francisco Satiro; PITOMBO, Antônio Sérgio A. de Moraes. *Comentários à Lei de recuperação de empresas e falência: Lei 11.101/2005*. São Paulo: Editora Revista dos Tribunais, 2007.

SOUZA, Marcelo Papaléo de. *A nova lei de recuperação e falência e as suas consequências no direito e no processo do trabalho*. 3. ed. São Paulo: Ed. LTr, 2006.

SZTAJN, Rachel; VERÇOSA, Haroldo Malheiros Duclerc. *Direito comercial: teoria geral do contrato*. São Paulo: Malheiros, 2011.

–. Recuperação de empresa em crise: incompletude contratual e reputação. *Revista de Direito Empresarial*. v.4/2014, p. 113, jul/2014.

TEPEDINO, Gustavo (coord.). *Obrigações: estudos na perspectiva civil-constitucional*. Rio de Janeiro: Renovar, 2005.

THEODORO JÚNIOR, Humberto; FIGUEIREDO, Helena Lanna. *Negócio jurídico*. Rio de Janeiro: Forense, 2021.

TOLEDO, Paulo F. C. Salles de; ABRÃO, Carlos Henrique (coords.). *Comentários à lei de recuperação de empresas e falência*. 5. ed. rev. atual. e ampl. São Paulo: Saraiva, 2012.

–. Recuperação judicial, a principal inovação da Lei de Recuperação de Empresas – LRE. *Revista do Advogado*. Ano XXV. nº 83, setembro de 2005, p. 98-106.

TOMAZETTE, Marlon. *Comentários à reforma da Lei de Recuperação de Empresas e Falência*. Indaiatuba, SP: Editora Foco, 2021.

TRIMARCHI, Pietro. *Instituzioni di diritto privato*. 11. ed. Milano: Giuffrè Editore, 1996.

TZIRULNIK, Luiz. *Direito falimentar*. 5. ed. rev. e atual. com Súmulas dos Tribunais Superiores. São Paulo: Editora Revista dos Tribunais, 1999.

VALVERDE, Trajano de Miranda. *Comentários à lei de falências: (Decreto-Lei nº 7.661, de 21 de junho de 1945)*. 4. ed. rev. e atual. por J. A. Penalva Santos e Paulo Penalva Santos. Rio de Janeiro: Revista Forense, 1999, v. I.

–. *Comentários à lei de falências: (Decreto-Lei nº 7.661, de 21 de junho de 1945)*. 4. ed. rev. e atual. por J. A. Penalva Santos e Paulo Penalva Santos. Rio de Janeiro: Revista Forense, 1999, v. II.

–. *Comentários à lei de falências: (Decreto-Lei nº 7.661, de 21 de junho de 1945)*. 4. ed. rev. e atual. por J. A. Penalva Santos e Paulo Penalva Santos. Rio de Janeiro: Revista Forense, 1999, v. III.

Vasconcelos, Ronaldo. *Direito processual falimentar.* São Paulo: Quartier Latin, 2008.

Venosa, Silvio de Salvo. *Direito civil: parte geral.* 13. ed. São Paulo: Atlas, 2013, v. I.

–. *Direito civil: teoria geral das obrigações e teoria geral dos contratos.* 10. ed. São Paulo: Atlas, 2010, v. II.

Verçosa, Haroldo Malheiros Duclerc; Sztajn, Rachel. *Direito comercial: teoria geral do contrato.* 1. ed. São Paulo: Malheiros, 2011.

Vivante, Cesare. *Instituições de direito comercial.* Tradução e notas de Ricardo Rodrigues Gama. Campinas: LZN Editora, 2003.

Wald, Arnoldo. *Obrigações e contratos.* 16 ed. rev., ampl. e atual. de acordo com o Código Civil de 2002, com a colaboração do Prof. Semy Glanz. São Paulo: Saraiva, 2004.

Waisberg, Ivo. A garantia real sobre bem de terceiro e a sua classificação para fins da recuperação judicial. *Revista Brasileira de Direito Comercial,* v. 1, p. 73-81, 2014.

–. Da não sucessão pelo adquirente por dívidas trabalhistas e tributárias na aquisição de unidades produtivas isoladas perante a Lei 11.101/2005. *Revista de Direito Empresarial e Recuperacional,* v. 1, p. 159-171, 2010.

–. 10 Anos da Recuperação Judicial – Sugestões para Reforma Legislativa. In: Stajn, Rachel; Salles, Marcos Paulo de Almeida; Teixeira, Tarcisio. (org.). *Direito empresarial: estudos em homenagem ao professor Haroldo Malheiros Duclerc Verçosa.* 1 ed. São Paulo: IASP, 2015, v. 1, p. 337-353.

–. O necessário fim dos credores não sujeitos à recuperação judicial. In: Elias, Luís Vasco. (org.). *10 anos de recuperação de empresas e falências: reflexões sobre a reestruturação empresarial no Brasil.* São Paulo: Quartier Latin, 2015, v. 1, p. 199-209.

–. Breves comentários sobre a fixação da competência na recuperação judicial e na falência. In: Bruschi, Gilberto Gomes; Couto, Mônica Bonetti; Silva, Ruth Maria Junqueira de A. Pereira e; Pereira, Thomaz Henrique Junqueira de A. (org.). *Direito processual empresarial – Estudos em homenagem a Manoel de Queiroz Pereira Calças.* Rio de Janeiro: Elsevier, 2012, v. 1, p. 402-409.

–; Wald, Arnold. Artigos 47 a 49 da Lei 11.101/2005. In: Corrêa-Lima, Osmar Brina; Corrêa-Lima, Sérgio Mourão. (org.). *Comentários à nova lei de falência e recuperação de empresas: lei nº 11.101, de 09 de fevereiro de 2005.* Rio de Janeiro: Forense, 2009, p. 313-352.

–. Justiça do trabalho e recuperação judicial. *Revista de Direito Bancário e do Mercado de Capitais*. v. 37, p. 245, jul./2007.

WARDE JUNIOR, Walfrido Jorge; PEREIRA, Guilherme Setoguti J. Discricionariedade da assembleia geral de credores e poderes do juiz na apreciação do plano de recuperação judicial. In: ELIAS, Luís Vasco (coord.). *10 anos da lei de recuperação de empresas e falência: reflexões sobre a reestruturação empresarial no Brasil*. São Paulo: Quartier Latin, 2015, p. 491-500.